MOOCs

MASSIVE OPEN ONLINE COURSES

글로벌 학습시대

묵스의 이해

| 나일주 편저 |

김선영 · 김종범 · 박소화 · 성은모 · 유미나 · 이선화 · 이지현
이태림 · 임철일 · 장상현 · 정인성 · 정현재 · 최경애 · 최효선
공 저

학지사

머리말

묵스(MOOCs)에 대한 관심은 고등교육 분야에 국한되지 않고 평생학습과 학교교육 분야에까지 확산되고 있다. 묵스는 하버드대학교와 MIT, 스탠포드대학교 같은 명문대학교를 중심으로 무료로 강좌를 개설하고 누구라도 그 강좌를 들을 수 있도록 개방하는 대형공개강좌(Massive Open Online Courses: MOOCs)로서 글로벌 학습시대의 '고급 지식에 대한 문호 개방'이라는 혁신적인 교육적 이상을 실현하는 교육공학적 방법으로 인식된다. 묵스의 물결은 북미 대륙과 북유럽, 남유럽을 거쳐 아시아 대륙으로 확산되고 있고, 또 하루가 다르게 묵스 강좌의 수가 늘어나기 때문에 정확한 상황 파악은 어려우나 현재 약 3,000개에서 5,000개 사이의 강좌가 묵스의 형태로 개설된 것으로 추산된다. 이 중 절반 이상은 2014년 한 해 동안에 새로 개설된 강좌다. 향후 더 많은 기관과 교수들이 참여할 것으로 본다면 그 수요는 지속적으로 증가할 것으로 예측된다. 2014년 말까지로 한정하였을 때, 세계적인 묵스 제공 기관인 미국의 코세라에는 약 1천 5백만 명, 영국의 퓨처런에는 약 2백만 명가량의 학생이 등록한 것으로 보고된다. 에드엑스와 미리아다 엑스 등을 합한다면 적어도 4천만 명 이상의 학생이 세계 방방곡곡에서 이미 묵스를 경험한 것으로 추산해 볼 수 있다.

현재 세계적으로 수백 개의 기관이 묵스를 실현하고 있으며 우리나라의 경우에도 서울대학교, 연세대학교, 카이스트 등 유수 대학이 참가하고 있고 여러 대학이 참여를 준비하거나 고려하고 있다. 또한 국가 차원에서의 서비스도 준비하고 있다. 묵스는 어느새 교육의 한 방식이자 대학 운영의 대안적 요소로 되어 가고 있다고 말할 수 있다.

그렇다면 우리는 과연 묵스를 어떻게 이해하고 활용하여야 하는가? 사실 이 책은 편자의 이러한 순진한 의문에서 시작되었다. 도대체 '묵(MOOC)' 이라는 현상의 현황은 무엇이고 동인은 무엇이며, 또 어떻게 운영되며, 무엇이 필요한지 전반적인 큰 그림이 필요하다고 느꼈다. 그 결과 이 책은 여러 필자의 전문 영역을 중심으로 각 장을 집필하는 방식으로 구성하게 되었다.

묵스에 대한 이해와 활용 방식은 학습자, 교수자, 대학기관, 국가 등 자신이 처한 입장에 따라 다를 것이다. 이 책은 주제별로 종합적 정보를 제공하여 독자들이 각자의 입장에서 묵스를 이해하고 활용할 수 있도록 집필했다. 묵스가 무엇이고 어떤 배경에서 출현하였으며, 어떠한 종류가 있고 어떠한 사례가 있으며, 또 묵스는 어떻게 개발되고 운영되는지, 묵스와 관련된 기술은 어떤 것이 있는지 등 묵스에 대해 총체적으로 이해할 수 있도록 쉽게 집필하려고 노력하였다. 자신의 입장에 따라 이 책의 순서를 바꾸어 읽어도 무방하다.

학습자 입장에서는 내게 필요한 강좌를 개설하고 있는 묵스기관은 어디이며, 어떻게 등록을 하고 수강할 수 있는지 안내받을 수 있을 것이다. 교수자 입장에서는 소극적으로는 자신의 강의실 수업을 개선할 수 있는 방법에 대해 아이디어를 얻기 위해 묵스를 활용하는 것부터 적극적으로는 자신의 강의를 묵스 형태로 운영하는 방법에 대해서 이해할 수 있게 될 것이다. 대학이나 연구소 등 묵스 형태의 강좌를 운영할 수 있는 역량을 가진 기관은 참여나 불참의 의사결정을 위한 정보에서부터 참여하였을 때의 준비사항까지 보다 구체적으로 알 수 있게 될 것이다. 모쪼록 많은 참고가 되어 각자의 위치에서 도약의 계기가 되기를 희망하는 바다.

뜻에 동조하고 집필을 수락해 주신 각 장의 필진에게 감사드린다. 서울대학교 교육학과의 임철일 교수는 코세라와 에드엑스의 인사들과 직접 교류하는 등 서울대학교가 묵스에 동참하는 데 직접적인 역할을 한 연구자다. 또 김선영 교수는 에드엑스에 참여하고 있는 서울대학교의 코스들을 직접 담당하여 운영한 경험이 있는 현장의 연구자다. 한국교육학술정보원의 장상현 박사는 우리나라 OCW(공개강의자료)와 묵스에 대한 대표적인 기관 연구자다. 한국방송통신대학교 이태림 교수는 방송대를 중심으로 한 묵을 구상하고 국제적인 연구를 수행한 거대 원격대학 중심의 묵 연구자다. 한국U러닝협회의 정현재 사무총장은 현장에서 이러닝과 플립러닝의 전파를 담당해 온 현장감을 갖춘 연구자이자 실천가다. 동경의 국제기독교대학 정인성 교수는 세계적으로 명성을 떨치고 있는 원격교육 연구자다. 서울사이버대학교의 박소화 교수는 현재 아세안사이버대학 설립의 중추 역할을 하고 있는 아시아 지역 원격교육의 전문연구자다. 중부대학교의 최경애 교수는 원격교육의 질 관리와 관련한 연구를 자신의 주 연구 분야로 삼고 있으면서 본인이 직접 원격교육을 실천하고 있는 실천가다. 한국청소년정책연구원의 성은모 박사는 청소년의 학습 및 역량과 관련된 학습 생태계 연구를 수행하면서, 이러닝 및 스마트교육의 활용에 대한 교수-학습 방법의 실천적 연구를 수행하고 있다. 중앙대학교 연구교수인 이지현 박사는 플립러닝을 비롯한 블랜디드 러닝 및 이러닝과 인적자원 계발 분야에서 첨단매체의 교육공학적 활용에 대한 이론적·실제적 연구를 수행하고 있다. 서울대학교 평생교육원의 김종범 팀장은 교육원의 운영과 관련된 제반 기술과 운영 방법을 총괄하는 연구자 겸 실천가다. 최효선, 유미나, 이선화 선생은 현재 서울대학교 박사과정 재학 중인 신진 학자들이다. 최효선 선생은 다년간에 걸쳐 한국방송통신대학의 원격교육연구소에서 다양한 원격교육 분야 연구를 수행한 바 있고, 유미나 선생과 이선화 선생은 연구력이 뛰어난 발군의 신진 연구자들이다. 이 책의 편자는 서울대학교 교육학과에서 20여 년 동안 교육공학을 주 연구 분야로 하여 온 학자다.

이 책이 나오기까지 수고하신 분들에게 감사를 드린다. 누구보다도 원고를 작성하신 필진들에게 다시 한 번 감사드린다. 이 책의 집필 기간은 약 3개월 정도로, 비교적 짧은 기간이었으나 모든 분이 최선을 다해 원고를 작성해 주셨다. 필자이면서도 원고를 정리하고 교정을 보아 준 서울대학교 박사과정 유미나 선생에게 감사드린다. 학지사의 김진환 사장님은 제목과 구성만 쓰인 제안서를 흔쾌히 받아들여서 이 책의 출판을 결정해 주셨다. 수고하신 학지사의 모든 분과 작은 곳까지 꼼꼼히 교정을 보아 준 연구실의 석·박사 과정 제자들에게 감사드린다.

2015. 3.
모든 집필진을 대표하여
편자 서울대학교 교육학과 교수
나일주 근지

차 례

■ 머리말 _ 3

제1부 묵이란 무엇인가

묵의 시대가 열리다 _ 나일주 _ 15

1. 묵, 묵스, 온라인 코스, 개방원격교육 그리고
   공개교육자료 16
2. 묵스가 주목받는 이유 19
3. 묵스의 등장과 전개 21
4. 이 책의 구성 25
   ■ 참고문헌 29

묵의 종류 _ 이지현 _ 31

1. 가지가지 묵: 씨묵과 엑스묵 32
2. 묵의 종류가 다양한 이유 35

3. 속속 등장하는 변종과 묵의 확장 42

4. 어떤 묵을 선택해야 하는가 43

■ 참고문헌 45

 03 묵스 페다고지:

　　비판적 분석과 미래 모형의 제안 _ 정인성 _ 47

1. 씨묵의 페다고지: 연계된 지식 네트워크 페다고지 49

2. 엑스묵의 페다고지: 강의실 수업 확장 페다고지 54

3. 혼합형 묵스 페다고지: 씨묵과 엑스묵, 면대면과 온라인,

　 테크놀로지의 혼합 58

4. 미래 묵스의 페다고지 61

5. 결론 69

■ 참고문헌 70

제2부 세계의 묵스

 04 미국의 대표 묵: 코세라와

　　에드엑스의 운영 성과와 시사점 _ 임철일 _ 77

1. 코세라와 에드엑스: 미국 묵의 쌍두마차 77

2. 설립과 발전 및 운영 현황 78

3. 대학 및 강좌 운영의 특성 84

4. 결론 및 시사점 92

■ 참고문헌 94

 05

다양성과 협력을 추구하는
유럽 스타일의 묵스 _ 최효선, 유미나 _ 99

1. 유럽의 묵스 현황 100

2. 유럽 묵스의 성립과 발전 103

3. 유럽 묵스의 주요 사례 106

■ 참고문헌 118

 06

발달하는 아시아 · 태평양 지역의 묵스 _ 박소화 _ 121

1. 아시아 · 태평양 지역의 묵스 현황과 특징 123

2. 경쟁 우위를 지향하는 호주의 묵 129

3. 저비용 고효율을 지향하는 일본의 묵 135

■ 참고문헌 139

 07

국내 최대 원격 교육기관,
한국방송통신대학교의 묵스 _ 이태림 _ 143

1. 한국방송통신대학교의 묵 현황 143

2. 한국방송통신대학교의 개방교육자료 145

3. 한국방송통신대학교 묵을 위한 콘텐츠 보유 현황 150

4. 한국방송통신대학교의 묵 요구도 154

5. 케이묵의 향후 발전 방향 159

■ 참고문헌 161

08 한국의 사례: 서울대학교의 묵스 운영 _ 김선영 _ 163

1. 현 황 163

2. 서울대학교 묵스 추진 배경 및 맥락 164

3. 서울대학교 묵스 운영 내용 167

4. 서울대학교 묵스 운영 결과 및 시사점 172

5. 서울대학교 묵스 향후 발전 방향 178

■ 참고문헌 179

제3부 묵스의 개발과 운영 모델

09 묵스의 운영 목적 설정과 운영 플랫폼의 선정 _ 장상현 _ 183

1. 묵스 운영의 목적 설정 183

2. 묵스 운영을 위한 플랫폼 선정 190

3. 묵스 운영을 위한 고려사항 202

■ 참고문헌 204

10 묵스의 비즈니스 모델 _ 정현재, 이선화 _ 207

1. 묵스로 비즈니스가 가능한가 207

2. 성공적 비즈니스로서의 묵스 215

3. 묵스의 비즈니스 모델 217

4. 묵스를 운영하려는 개인이나 기관을 위한 제언 224

■ 참고문헌 226

11 묵 만드는 기술: 묵스와 관련된 테크놀로지 _김종범 _229

1. 어떤 도구로 묵을 만들어야 하나 230

2. 어떤 재료로 묵을 만들까 241

3. 우리 집 묵 드실래요 249

4. 묵의 장인이 되기 위하여 255

■ 참고문헌 260

12 묵스를 통한 학습 경험과 수료 _성은모 _263

1. 묵스에서의 학습 경험 263

2. 묵스와 수료 273

3. 한국 묵스 운영에의 시사점 277

■ 참고문헌 281

13 묵스의 질, 학점 및 학위 연계 _최경애 _285

1. 고등교육의 질에 대한 제 관점 287

2. 묵스의 고객과 그들의 질 관점 289

3. 묵스의 특징: 개방성과 융통성 291

4. 묵스의 개방성과 교육의 질 294

5. 역사를 통해 본 기존 원격교육의 질 관리 전략 295

6. 묵스의 질 관리 전략과 성과 및 한계 298

7. 묵스의 질 확보를 위한 미래 과제 302

■ 참고문헌 310

14 묵스의 미래 전망 _ 나일주 _ 313

1. 묵 현상을 이해하기 위한 네 가지 개념 도구 315

2. 학습자 입장에서의 묵 대응 전략 317

3. 교수자 입장에서의 묵 대응 전략 319

4. 운영기관(대학) 입장에서의 묵 대응 전략 322

5. 에필로그 324

6. 묵스의 미래: 묵스 현상의 관전 포인트 325

■ 참고문헌 327

■ 찾아보기 _ 329

제1부

묵이란 무엇인가

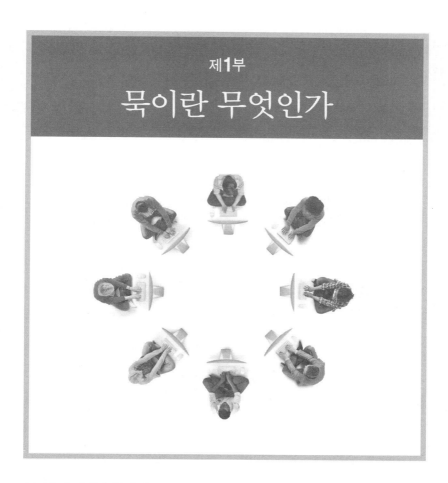

01 묵의 시대가 열리다

02 묵의 종류

03 묵스 페다고지: 비판적 분석과 미래 모형의 제안

01 묵의 시대가 열리다 *

대형 온라인 공개강좌가 세계 고등교육계의 관심을 집중시키고 있다. ODL, OER, OCW, 에드엑스(edX), 코세라(Coursera), 퓨처런(FutureLearn), 아이버시티(Iversity), 미리아다 엑스(Miriada X) 등 이전에는 없었던 새로운 어휘가 속속 등장하고 있고, 고등교육을 받으려고 하거나 고등교육을 시행하려는 사람이라면 누구나 이러한 어휘들이 의미하는 바를 알아야 할 필요가 있게 되었다. '묵(MOOC)'이란 무엇인가? 그리고 새롭게 등장하는 수많은 관련 어휘는 어떻게 이해해야 하는가?

* 나일주(서울대학교 교육학과 교육공학전공 교수, iljurha@snu.ac.kr)

1. 묵, 묵스, 온라인 코스, 개방원격교육
그리고 공개교육자료

묵(MOOC)은 대형 온라인 공개강좌(Massive Open Online Course: MOOC)를 뜻하는 영어의 두문자를 따서 만든 신조어다. 우선 '묵은 인터넷을 통해 무료로 제공되는 대학 강의'라고 이해하면 된다. '묵'이라는 말은 2008년 프린스 에드워드 아일랜드대학교(University of Prince Edward Island)의 데이브 코미르(Dave Cormir)와 미국 국립교양과학원(National Institute for Technology in Liberal Education)의 연구원 브라이언 알렉산더(Bryan Alexander)에 의해 처음으로 명명되었다고 알려져 있다. 묵은 '대형 온라인 공개강좌'를 말하지만 이 말에 포함된 각각의 어휘들은 약간의 변동 폭이 있다. 즉, 얼마나 큰 강좌를 말하는지, 얼마나 무료로 개방되어 제공되어야 하는지, 얼마나 온라인이어야 하는지, 또 얼마나 오래 지속되는 코스인지 등 변동 폭에 따라 형태가 다양하다.

묵스(MOOCs)는 묵의 영어 복수형으로, 여러 종류, 여러 개의 대형 온라인 공개강좌를 통합적으로 일컫는 말이다. 묵의 개념을 이해하기 위해서는 개방원격교육과 공개교육자료의 개념을 먼저 이해하여야 한다. 온라인 테크놀로지 환경에서 전개되는 묵의 배경에는 개방원격교육(Open and Distance Learning: ODL)과 공개교육자료(Open Educational Resources: OER)라는 2개의 커다란 기반이 존재하기 때문이다.

ODL은 원격교육의 전통이 온라인상으로 이동해 온 것으로 보면 된다. 원격교육은 수백년의 역사를 가지고 있는 교육의 종류이며(정인성, 나일주, 2008), 많은 시행착오와 이론적 · 실천적 연구와 운영의 노하우를 축적하며 현재에 이르고 있다. 수백 개에 이르는 원격대학을 비롯, 수천 개에 이르는 원격교육기관이 현재에도 운영 중에 있다. 한국의 한국방송통신대학교와 사이버대학은 그 예다.

OER은 공개 라이센싱(Open Licensing)에 의해서 누구나 사용할 수 있도록 저작권을 풀어서 제공하는 교육 자료로, '공개교육(Open Education)' 철학에 따라 자연스럽게 생성되고 있는 교육 자료 공유의 흐름이다. OER 커먼스(OER commons)는 그 한 예이며, 수많은 공개교육 자료 사이트가 존재한다. 한국의 경우 한국교육학술정보원에서 제공하는 많은 자료가 이에 속한다. OER에는 온라인 강좌도 포함될 수 있다.

OER의 공개 정도는 4R이라 불리는 재사용, 개정, 재공급, 재혼합(Reuse, Revise, Redistribute, Remix)이 가능한 정도에 따라 결정된다. 재사용은 저작권자의 허락을 받지 않고 같은 자료를 여러 번 사용하는 것을 말하고, 개정은 저작물의 내용을 변경하거나 부분적으로 변형하는 것을 말하고, 재공급은 저작권자의 허락 없이 저작물을 타인에게 공급하는 것을 뜻하며, 재혼합은 녹음 자료를 텍스트로 변형하거나 비디오를 녹음 자료로 변형하는 것과 같이 저작물의 성격을 변형하여 사용하는 것을 말한다. OER은 저작권, 즉 카피라이트를 뜻하는 ⓒ라는 표식 대신에 (cc)라고 표시하며 그 옆에 열린 정도를 표시하는 또 다른 표식을 넣어 그 자료가 어디까지 공개되었는지를 표현하게 된다.

온라인 코스(Online Courses)는 온라인을 통해 제공되는 고등학교, 대학교, 대학원 과정과 같은 일정 수준의 코스를 뜻한다. 온라인 코스에서의 '코스'라는 말을 쓰기 위해서는 강좌의 내용, 학습활동의 통제, 평가, 수료에 관한 일련의 절차가 적용된다는 뜻이다. 이는 위키백과사전이나 웹브라우징 또는 OER을 통해 스스로 지식을 습득하는 것과 같은 비정규적 방

식으로 지식을 습득하는 것이 아니라 정해진 목표를 가진 일정 기간 동안
의 교육 활동이 이루어진다는 것이며 학습의 과정이나 학습의 자료가 강
의자에 의해 통제되며 학점이나 성적이 부여된다는 것을 뜻한다.

 묵스는 공개 정도에 따라서 OER인 것도 있고 아닌 것도 있다. 공개 정
도를 파악하기 위해서는 묵스를 제공하는 사이트의 카피라이트를 확인하
여야 한다. 대개는 일반적인 가이드라인만을 사이트에 표시하고 구체적인
사항은 각 강좌별로 달리 표현하고 있으므로 묵스를 공개 자료처럼 사용
하려면 면밀히 검토해야 한다. [그림 1-1]은 온라인에서 성립되는 교육 또
는 그 자료의 상호 관계를 표현한다.

 이러한 온라인상에서 이루어질 수 있는 교육과 교육 자료 간의 관계를
놓고 본다면 묵스는 ODL이면서 온라인 코스를 제공하는 것을 실체로 하
며, 묵스 자체는 OER로 할 수도 있고 안 할 수도 있는 선택권을 가지는 교
육의 한 형태라 할 수 있다.

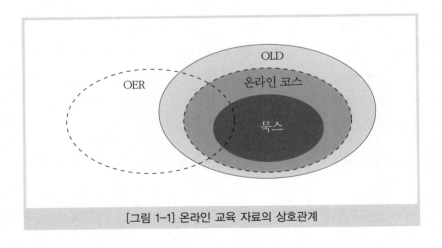

[그림 1-1] 온라인 교육 자료의 상호관계

2. 묵스가 주목받는 이유

묵스가 주목받는 최우선적인 이유는 두 가지다. 하나는 세계에서 가장 유명한 명문 대학의 강의를 공개한다는 것이다. 「타임지」는 2012년을 '묵스의 해'라고 명명하였다. 묵스가 하버드, 스탠포드, MIT 등 명문 대학의 교육을 대중을 상대로 제공할 수 있게 되었다는 것이 이유였다. 묵스는 세계적인 명문 대학이 주체가 되어 확산되고 있다. 명문 대학의 유명 교수 강의는 어떠한 것일까? 비싼 강의를 공짜로 듣는 느낌은 어떠한 것일까? 뭔가 다른 것이 있을 것인가? 명문 대학의 강의를 무료로 공개한다는 것 자체만으로도 대중의 호기심을 끌기에 충분하며 이러한 호기심은 수강생 숫자로 나타난다.

두 번째는 수강생 숫자가 전통적인 교실에서는 상상할 수 없을 만큼 크다는 것이다. 한 예로 2011년 가을 스탠포드대학교는 세 강좌를 묵스 형태로 제공하였고, 각 코스당 10만 명이 넘는 수강생 수를 기록하였다. 스탠포드의 질 높은 교육이 대중에게 무료로 제공되는 역사적 사건이라고 할 수 있었다. 스탠포드대학교의 등록금은 한 학기당 2천만 원이 넘는다. 수강에 부수되는 생활비 등을 합하면 년간 1억 원 정도의 돈이 드는 것이 현실이다. 묵스는 무료로 제공된다. 누구나 수강할 수 있도록 무료로 제공되는 스탠포드의 강좌는 경제적 공헌만 해도 대단한 것이 아닐 수 없다.

이러한 이유로 선진국은 물론이고 개발도상국의 교육자들이 묵스에 대한 희망을 걸게 된다. 혹시 묵스가 경제적 부담이 큰 각국의 고등교육에 대해 값이 싸고도 질이 높은 교육을 공급할 수 있는 대답이 될 수 있지는 않을까 하는 기대가 그것이다. 묵스는 다양한 주체에게 희망과 함께 위협으로 느껴질 수 있다는 점에서도 주목받기에 충분하다.

첫째, 묵스를 하나의 기회로 인식하는 교육기관이 많을 수 있다. 유럽이나 호주의 많은 대학은 학생을 확보하는 기회로 묵스에 관심을 가지며 하버드대학교나 서울대학교 같은 명문 대학은 자신의 명성을 유지하거나 보다 굳건하게 하기 위한 홍보 기회로 삼기도 한다. 자신이 가진 강의를 세계적으로 확산하고자 하는 교수의 입장에서도 묵스는 하나의 기회로 다가온다.

둘째, 묵스를 하나의 위협으로 인식하는 기관도 묵스에 대한 관심을 가질 수밖에 없다. 고등교육 시장도 변화를 거듭한다. 조류와 트렌드가 바뀌면 생존을 위협받을 수도 있다. 많은 고등교육기관은 구조 조정과 통폐합 등을 통해 자신을 변혁하며 환경에 적응해 가고 있다. 묵스는 또 다른 옵션이 되는 환경이며, 이는 고등교육기관이나 고등교육 종사자들에게 직간접적 영향을 미칠 것이다. 자연히 관심을 가질 수밖에 없다. 각 국가들은 자국의 고등교육을 위한 인프라의 관점에서 묵스에 대한 관심을 가진다. 평생학습이 주요 관심사로 떠오르는 우리나라의 경우, 묵스는 기회와 도전을 함께 제공한다. 과연 이러한 도전을 어떻게 받아들여야 하는지 관심을 가질 수밖에 없다. 이는 고등교육에 관심을 가지는 세계의 제국들이 같은 입장에 있다고 해도 과언이 아닐 것이다. 이러한 이유로 묵스는 스포트라이트를 받고 있다. 학습자 입장에 있는 대중에게 묵스는 관심이 아닐 수 없다. 무료로 제공되는 고급 교육은 매력적인 혜택일 것이기 때문이다.

3. 묵스의 등장과 전개

묵스가 나타나게 된 직접적 계기는 인터넷 기술의 발달에 기초한 교육적 실험에 의해서다. 인터넷 기술, 그중에서도 클라우드 기술과 영상 전달 기술 두 가지는 교육 자료를 축적해 놓고 이를 다수의 유저에게 동시에 제공할 수 있게 하는 기술이다. 수십만 명의 학생이 한 사람의 교수가 실시간이나 비디오로 제공하는 강의에 접속하여 각자의 취향에 따라서 수강을 해 나가기 위해서는 인터넷 속도, 비디오를 제공하는 방법, 각종 기술적 제어, 서버의 안정성 등 수많은 기술적 문제를 야기할 수 있으나 현대의 첨단 인터넷 장비는 수십만의 사람이 한 사람의 강의에 동시에 접속하여 자신의 진도(진행 속도)대로 수강하는 것을 가능하게 하였다. 이러한 기술적 바탕에서 묵스라는 실험적 교육 방법이 등장한다.

묵스는 '대규모의 학습자가 참여하는 공개 온라인 강의'를 일컫는다는 점은 이미 기술한 바 있다. 온라인 강의라는 형태의 강의가 어떤 이유로 '공개' 강의로 되었는지에 대한 이유는 분명치 않다. 원래 공개강의는 특강 형태로 대학들이 지식 나눔의 장으로 즐겨 사용하는 방법이었다. 이러한 강의가 온라인에서 이루어지면 온라인 공개강좌가 되기는 하지만 대개 웨비나(웹세미나)나 특강이라는 단편적 성격을 가진다. 학점을 부여할 만큼의 정식 강좌들은 온라인 사이버대학이나 원격교육기관과 같은 권위와 적법성을 부여받은 교육기관이 특정한 수준과 질을 유지하면서 자신의 대학에 입학 자격을 부여받은 학생을 위하여 제공한다. 드물게 '청강생'이라는 제도가 도입된 적도 있으나 적어도 소정의 등록금을 내는 것을 기본 규칙으로 하고 있다. 공개 자료로 제공되는 강좌(OCW)는 강좌의 자료를 제공할 뿐 운영을 하지는 않는다. 어떤 이유로 묵은 무료로 공개하는 강의가 되었을까?

묵스의 시초로 지적되는 강의는 캐나다 매니토바대학교의 '연결주의와 연결적 지식'이라는 강좌였다. 2008년 이 강좌는 2명의 교수 조지 시멘스(George Simens)와 스티픈 다운스(Stephen Downes)가 진행하였다. 수강생으로는 25명의 정식 대학생과 2,300여 명의 무료 온라인 학생이었다고 한다. 즉, 25명은 입학 허가를 받고 등록금을 낸 학생이었고 나머지는 무료로 강의에 참여한 학습자였다는 뜻이 된다. 묵이라는 말도 이 강좌를 듣던 학생들의 채팅 과정에서 등장했다고 한다. 두 사람의 교수가 왜 이 강좌를 무료 공개강좌로 하였는지에 대해서는 분명한 기록이 없다. 다만 이 강의가 대규모의 무료 공개강의에 대한 대중적 필요가 있음을 증명하고 또 이를 대학이 수용할 수 있는 능력이 있음을 보여 주는 한 예로서는 충분한 효시 역할을 한 것으로 평가할 수 있다.

이후 2011년 가을 무렵 스탠포드대학교가 컴퓨터 공학 분야의 3개 강좌를 온라인 무료 공개강좌로 개설하였고, 각각의 강좌에 10만 명이 넘는 수강생이 등록하자 이 강좌들은 글자 그대로 '거대 온라인 공개강좌(MOOC)'가 되었다. 이렇게 많은 학생이 묵스의 강좌에 집결되자 이를 대학에서 분리하여 새로운 교육의 장을 마련할 수 있다는 생각이 싹트게 되었다. 그 결과 당시 강좌를 개설하였던 투룬(Sebastian Thrun) 교수는 유다시티(Udacity, www.udacity.com)를 만들었고, 당시 강사였던 콜러와 응(Daphne Koller & Andrew Ng)은 코세라(coursera, www.Coursera.org)를 만들었다. 현재 유다시티와 코세라는 스탠포드대학교와는 별개의 독립된 운영 주체를 가지는 기관이 되었다.

거의 같은 무렵인 2012년에 MIT와 하버드대학교는 에드엑스(edX,

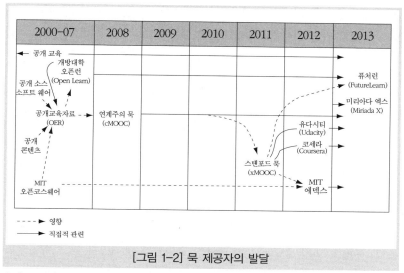

[그림 1-2] 묵 제공자의 발달

출처: Yuan & Powell(2013)의 그림을 번역, 수정.

www.edx.org)를 설립하였다. 에드엑스는 비영리기관으로, 대학 수준의 온라인 공개강좌를 제공하는 것을 목표로 하며 세계 유명 대학의 강좌를 유치하고 있다. 서울대학교도 하버드대학교, MIT, 스탠포드대학교와 함께 에드엑스에 합류하고 있다.

이후 유럽을 비롯 아시아 지역에도 묵스에 대한 관심이 급증하였다. 유럽 묵스는 현재 앨리슨(Alison), 퍼스트 비즈니스 묵(First Business MOOC), 펀(FUN), 퓨처런(FutureLearn), 아이버시티(Iversity), 미리아다 엑스(Miriada X), 오픈 클래스룸즈(Open Classrooms), 오픈 코스 월드(Open Course World), 오픈 에이치피아이(OpenHPI), 오픈 에스에이피(OpenSAP), 유나우(Unow), 언엑스(UnX), 오션(Ocean) 등의 여러 사이트에서 운영되고 있다. 자세한 사항은 제5장을 참고하기 바란다.

아시아 태평양 지역에서도 2012년 이후 묵에 대한 관심이 고조되어

2013년에 중국은 코세라를 대변하는 회사가 생겨났고(moocs.org.cn), 일본은 제이묵(JMOOC)이라 하여 일본 공개온라인교육지원협의회가 결성되어 2014년에 3개의 강좌를 개설하였다(제5장 참조). 우리나라는 2012년 이후 꾸준한 관심을 보이다가 2013년에는 개별 대학들이 거대 묵 서비스 제공자들과 합류하기 시작하였다. 2014년에는 서울대학교가 에드엑스를 통해 3개의 강좌를 개설하였다. 또 국가 차원에서는 2014년에 케이묵(KMOOC)이라 명명된 한국의 묵 제공 시스템을 개발하기로 하고, 플랫폼의 개발과 전개 방식을 두고 정부와 학계가 연구와 정책 방향을 논의하였다. 여기에는 한국방송통신대학교, 한국평생교육진흥원, 한국교육학술정보원, 교육부 대학정책실 등의 기관이 참여하여 우리나라 교육에서 묵의 위치, 이를 주관할 기관과 플랫폼 개발 및 서비스 방식 등에 대해 논의하고 있다. 현시점에서는 일단 한국평생교육진흥원이 케이묵의 플랫폼 개발과 서비스의 중심 역할을 하는 것으로 결정되어 2015년 플랫폼을 개발하고 2016년에는 케이묵을 선보일 것으로 기대하고 있다.

묵에 가까운 교육 자료도 있다. 애플의 아이튠스유(iTunesU)나 칸아카데미(Khan Academy) 등은 학점이나 수료 증명서를 발행하지 않는다는 점에서 묵으로 분류되지는 않으나 묵에 근접하는 온라인 공개강좌의 성격을 가진다. 이들은 각각 10억 번 이상의 다운로드, 5억 번 정도의 강좌 시청률을 가진 거대 교육 제공자이며, 여기에 코스를 제공하는 제공자도 듀크, 예일, 캠브리지, MIT, 옥스포드, 스탠포드, 영국개방대학교 등 유명 대학들이다. 우리나라의 경우, 한국교육학술정보원은 KOCW(Korea Open Course Ware)라고 하여, 우리나라의 여러 대학의 강좌를 비디오 강의 형태로 무료로 제공한다(www.kocw.net).

4. 이 책의 구성

교수자, 학습자, 정책결정자, 개발자 등의 교육 관련자들은 묵스와 직간접적으로 관련된다. 이 책은 각 주체들이 묵스에 대한 이해를 통해 자신의 입장에서 이를 유용하게 활용할 수 있도록 돕기 위해 쓰였다.

이 책은 크게 세 부분으로 나뉜다. 첫 번째 부분은 묵스에 대한 교육적 이해를 위해 할애되었다. 묵스란 무엇이고 어떻게 발달되어 왔으며, 어떤 종류가 있고 이들이 어떠한 교육적 역할을 하며, 어떠한 특징을 가지는지를 다루었다. 두 번째 부분은 묵스의 사례 분석이다. 세계의 각 나라들과 대학들은 묵스를 어떠한 이유로 받아들이고 활용하려 하는지, 현재 진행되고 있는 상황은 어떠한지 지역별로 살펴본다. 세 번째 부분은 묵스의 개발과 운영을 다룬다. 묵스를 개발하려고 하는 주체는 어떠한 목표와 비전을 세워야 하는지 비즈니스 모델은 무엇인지 또 구체적으로 개발에 필요한 기술은 어떠한 것들이 있는지 살펴보고 묵스를 통해 경험하는 학습자의 교육적 경험과 묵스의 질 관리에 대해 다룬다. 마지막 부분에서는 현재까지의 묵스의 전개 과정에서 얻을 수 있는 시사점과 전망을 다룬다. 각 장의 내용을 개관하면 다음과 같다.

(1) 제1부, 묵스의 개념 이해

제1장과 제2장, 제3장은 묵스에 대한 기본적 이해를 위해 제공된다. 제1장에서는 묵스의 개념과 역사를 소개했다. 제2장에서는 세계적으로 제공되고 있는 다양한 묵을 제공자 중심으로 개관한다. 묵 제공의 기본적인 원형이 되는 엑스묵(xMOOC)과 씨묵(cMOOC)의 개념을 알아보고 묵을 형성

하는 각 요인들의 내용물을 살펴 다양한 묵이 등장할 수밖에 없는 이유를
알아본다. 마지막으로 세계의 묵을 일별할 수 있도록 다양한 묵 제공자에
대해 종합한다. 제3장 묵스 페다고지에서는 묵이 가지는 교육적 기능은
무엇이며 어떠한 교육적 목적에 기여해 오고 있으며 추가로 기여할 수 있
는 부분은 무엇인지 살펴본다.

(2) 제2부, 세계의 묵스

제4장에서 제8장까지는 묵스의 전개 사례를 살펴본다. 제4장은 미국 묵
의 쌍두마차라 할 수 있는 코세라와 에드엑스의 사례를 자세히 살펴본다.
여기에서는 이들의 성립과 발전 과정, 운영의 특성, 운영 현황, 코스의 개
발 과정 등이 소개된다. 코세라와 에드엑스는 코스의 다양성과 인기도 등
을 보았을 때 모든 학습자가 일단 관심을 가져야 하는 묵스 제공자다. 이
는 묵스를 운영하고자 하는 교육 관계자에게도 많은 생각거리를 제공할
것이다.

제5장은 유럽의 묵에 대해 살펴본다. 다양성과 협력을 추구하는 유럽
스타일의 묵스라는 제목에서 볼 수 있듯이 유럽의 묵은 다양성을 특징으
로 한다. 그만큼 많은 생각이 반영된 묵을 전개한다. 독자에게 중요한 정
보를 제공할 것이다. 미국보다도 더 열기 있게 전개되고 있는 유럽의 묵스
현황, 성립 과정, 주요 사례를 살펴본다. 언어와 문화가 다양한 유럽에서
의 묵스는 '협력과 다양성'이라는 일견 상반된 어휘로 대변된다.

미국의 경우와는 달리 유럽의 묵스는 원격교육과 원격교육대학에 대한
신뢰를 중심으로 성립한다. 유럽의 묵스는 '명문'이라는 개념에 얽매이지
않으며 원격교육의 확장으로 보는 경향이 있다. 그 결과 스페인의 미리아
다 엑스와 같이 뜻밖의 성공을 거두는 예, 대영박물관과 같은 많은 자료를

보유하고 있는 기관과의 파트너십을 통한 다양한 협력의 예 등을 남기며 교육 관계자들에게 많은 시사점을 남긴다. 이 장은 유럽 스타일의 문화와 언어에 대해 관심을 가진 학습자에게는 특히 좋은 정보가 될 것이다.

제6장 발달하는 아시아 · 태평양 지역의 묵에서는 아시아 지역과 호주의 묵 사례를 살펴본다. 아태 지역은 인도, 중국, 인도네시아 등의 거대 인구권을 형성하고 있으며, 고등교육에 대한 열망이 큰 지역이다. 태동기라 할 수 있는 현 시점에서 이들은 어떠한 생각으로 묵이라는 트렌드를 맞이하고 있는지 개관할 수 있을 것이다.

제7장과 제8장은 우리나라의 사례를 살펴본다. 제7장에서는 한국방송통신대학교의 묵스 관련 사례를 살펴본다. 한국방송통신대학교는 국내 최대의 원격교육기관으로서, 그간 축적한 거대 규모의 콘텐츠와 현재 제공하고 있는 다양한 OER을 보유하고 있는 가운데 묵에 대한 정책적 결정을 앞두고 있다. 이들은 어떠한 자원을 보유하고 있으며, 또 어떠한 방향으로 묵의 트렌드에 합류할 것인지 현재의 상태를 살펴본다.

제8장에서는 글로벌 묵스기관과의 협약을 통하여 실제로 묵스를 운영해 본 경험이 있는 서울대학교의 사례를 살펴본다. 서울대학교는 미국의 에드엑스와 협약을 체결하고 강좌를 운영하였다. 이 장에서는 협약의 체결 과정에서 강좌의 설계와 개발, 운영 그리고 운영의 결과까지 상세히 싣고 있다. 학습자 입장에서는 하나의 강의를 제공하기 위해 일어나는 다양한 과정에 대해 이해할 수 있을 것이며, 교육 관계자의 입장에서는 글로벌 묵스 제공기관과의 협력을 통한 묵스의 운영 과정에 대한 생생한 자료를 제공할 것이다.

(3) 제3부, 묵스의 개발과 운영 모델

제9장에서는 묵스를 운영하는 주체들은 무엇을 추구하는지를 경험적 자료를 통해 살펴보고 묵스를 운영하기 위한 플랫폼 선정에 관하여 집중적으로 다룬다. 여기서는 에드엑스, 무들, 유데미, 블랙보드 등 유명 솔루션을 리뷰하고 자체 개발 플랫폼에 대해서도 다룬다. 묵스를 개발하고 운영하려는 정책결정자들에게는 현실적인 측면에서의 다양한 고려사항을 제공할 것이다.

제10장 묵스의 비즈니스 모델에서는 '공짜'로 제공되는 묵스가 비즈니스로 성립 가능한지 또 지속 가능한지를 살펴본다. 그간 성공적으로 운영되고 있고 수익을 창출하고 있는 묵스기관들의 사례를 통해 가능한 수익 발생 요소를 정리하고, 그들의 성공적인 비즈니스 모델을 소개한다. 묵스를 운영하려는 정책결정자들에게는 결정적으로 중요한 장이 될 것이다.

제11장 묵 만드는 기술에서는 묵스를 위한 코스 개발 방법을 다룬다. 묵과 우리나라 음식인 묵의 발음이 같은 데에서 착안, 묵을 만드는 것에 빗대어 묵스의 개발 방법을 이해하기 쉽게 소개한다. 그러나 개발 방법에 대해서는 필자의 경험을 토대로 묵스를 위한 학습 관리 시스템 구축, 묵스 운영을 위한 부가 기능 등 전문적인 부분까지 세세히 다루고 있다. 아울러 개발된 묵을 홍보하는 방법과 전략도 소개한다. 묵스 개발자에게는 묵스 개발이 어떻게 이루어지는지를 명쾌하게 알려 줄 것이며, 학습자에게는 학습 콘텐츠를 위해 개발자들이 어떠한 노력을 하는지 이해할 수 있는 기회를 제공할 것이다.

제12장에서는 묵스를 통해 경험하는 학습자의 경험이 무엇인지를 살펴본다. 세계의 유명 대학의 유명 강좌들을 직접 수강하는 것은 분명 색다른 경험일 것이다. 이를 넘어서서 학습자가 경험하는 것은 무엇인지 또 이들

이 최종 수료에 도달하지 못하고 대부분 중도에 탈락하는 이유는 무엇인지 살펴본다.

제13장에서는 고등교육의 질에 대한 여러 관점을 살펴보고 묵스의 질을 관리하기 위한 주요 개념을 살펴본다. 역사적으로 본다면 아직 묵스는 태동기에 있기 때문에 그 질을 평가하는 것이 시기상조일 수 있다. 이 장에서는 수백 년의 역사를 가진 원격교육의 질 관리 개념에 비추어 묵스의 질을 관리하기 위한 주요 요인을 살펴보고 미래의 과제를 생각해 본다.

마지막 장인 제14장 묵스의 미래 전망에서는 그간 세계 각국의 묵스 운영 경험에서 배운 몇 가지 확실한 결과를 요약하고, 향후 전개될 미래 묵스의 전개 방향을 개방적인 형태로 제시한다.

참고문헌

정인성, 나일주(2008). 원격교육의 이해. 서울: 교육과학사.

Yuan, L., & Powell, S. (2013). *MOOCs and open education: Implications for higher education, A White Paper*. JISC CETIS. Retrieved from http://publications.cetis.ac.uk/2013/667.

참고사이트

Coursera: www.coursera.org

edX: www.edx.org

Udacity: www.udacity.com

02 묵의 종류*

이 장에서는 대형 온라인 공개강좌(Massive Open Online Course: MOOC)를 보다 구체적으로 소개해 보고자 한다. 현재 시시각각 새롭고 다양한 묵(MOOC)이 개발되어 학습자에게 제공되고 있다. 그 종류를 알아보는 것은 묵을 이해하고 선택하는 데 큰 도움이 될 것이다. 재료의 원산지, 만드는 사람, 영양, 효능 등에 따라 묵의 맛이 달라지듯 묵의 국가, 사업자, 교육 방향 등이 어떤 다양한 종류의 묵 맛을 만들어 내는지 살펴보기로 한다.

* 이지현(중앙대학교 교육학과 연구교수, leeji@cau.ac.kr)

1. 가지가지 묵: 씨묵과 엑스묵

도토리묵, 메밀묵, 청포묵 등 묵에도 다양한 종류가 있듯이, 묵도 종류가 다양하다. 씨묵(cMOOC), 엑스묵(xMOOC), 케이묵(KMOOC), 제이묵(JMOOC) 등과 특별히 이름이 붙어 구분되는 묵 종류도 있고, 속성으로 구분되는 종류도 있다.

케이묵이나 제이묵 같이 플랫폼의 국적을 표시하기 위해 우리나라(Korea) 묵을 케이묵, 일본(Japan) 묵을 제이묵으로 구분하기는 하지만, 묵의 종류를 구분하는 가장 알려진 방식은 교육적 접근에 따라 씨묵(cMOOC)과 엑스묵(xMOOC)을 구분하는 것이다(여기에서 소문자로 표시된 c는 connectivist, 즉 연결주의를 뜻하는 것으로, x는 eXtended, 즉 대학 강의의 확장을 뜻하는 것으로 알려져 있다). 간단히 말해, 전자는 사회적 협동학습을 강조하는 묵이고, 후자는 학습 콘텐츠 전달을 강조하는 묵이다. 최근에는 이 둘을 결합하고, 온오프를 결합한 하이브리드 묵을 에이치묵(hMOOC)이라 칭하기도 한다(Sandeen, 2014). 씨묵과 엑스묵의 구분은 묵의 발달 과정과 교육적인 논쟁에서 주요하게 다루는 개념이므로 다음에서 자세히 살펴보기로 한다.

사실 묵은 최근의 현상이라기보다 2008년 이후로 서서히 등장하여 2012년경에 급속히 확대된 현상이다. 처음 묵이 시작된 시점의 교육 방향과 이후 묵이 전 세계적으로 보급되는 지금 시점의 교육 방향은 매우 다르게 변화되어 갔다(Clará & Barberá, 2014). 처음에는 더 양질의 학습 경험을 제공한다는 질적인 목적이 주요했던 반면, 이후로 갈수록 더 많은 학습자에게 더 많은 학습 기회를 제공하는 양적인 목적이 주요한 목적이 되고 있다(Gaebel, 2013). 이로 인해 몇몇 학자는 묵을 두 가지로 구분하기 시작했는데, 초기의 씨묵과 이후의 엑스묵이 그것이다(Downes, 2012; Siemens, 2012). 학습자 및 학습 자료 간의 상호작용을 강조하는 연결주의 묵을 '씨묵'으로, 에드엑스(edX)로 대표되는 현재 대부분의 내용 전달 위주의 묵을 '엑스묵'로 지칭하게 되었다.

1) 씨묵: 연결주의 묵

씨묵이 기반으로 삼고 있는 연결주의(connectivism)는 웹 2.0 환경에서 일어나는 학습을 설명하기 위해 시멘스(Siemens, 2005, 2012)와 다운스(Downes, 2005, 2012)가 새롭게 제안한 학습 이론이다. 이들은 기존의 학습 이론인 행동주의, 인지주의, 구성주의는 그 어느 것도 웹 2.0에서의 학습에 적합하지 않다고 보았다. 왜냐하면 기존의 학습 이론에서는 공통적으로 지식을 개별 학습자(individual learner)를 둘러싸고 존재하는 하나의 개체(thing)로 보았는데, 이는 매우 역동적이고 다양한 성격을 띠는 웹 2.0 환경에서의 지식과 학습에 맞지 않기 때문이다(Clará & Barberá, 2014). 이에 연결주의 학습 이론은 지식을 '뇌세포 간 연결 패턴(a pattern of neuronal associations) 현상'으로 보았으며, 이 뇌세포 간 연결이 일어나려면 학습자 외부의 네트워크에 마련된 정보 개체, 즉 '사람', '학습 자료', '학습도구' 간의 연결이 있어야 한다고 주장한다. 이러한 뇌세포, 사람들, 학습 자료, 학습도구 등과의 연결을 통해 지식은 보다 역동적이고 다양해진다는 것이다.

씨묵에서는 '사람들' 간의 연결을 특히 강조하여 학습자가 스스로 지식 창조에 주도성을 가지고 학습자 공동체 내에서 협력하면서 학습하도록 강좌가 설계된다. 시스템상에서 자동으로 주어지는 피드백이나 자동 평가에 의존하지 않고, 학습자 공동체에서 서로 도와가며 피드백을 주고받고, 동료 평가가 일어나게 한다. 이러한 학습자 공동체는 강좌를 넘어서 점차 공동의 관심사에 대한 더 큰 규모의 공동체로 성장하기도 한다(Siemens, 2012).

2) 엑스묵: 전통적 교실 수업 확장 묵

한편 엑스묵은 행동주의나 인지주의와 같은 객관주의에 기반하여 전통적인 교사 중심의 수업을 재현한 묵이라 할 수 있다. 따라서 엑스묵을 지식 전달(knowledge transmission 혹은 knowledge delivery) 묵이라 칭하기도 한다(Yuan & Powell, 2013). 주로 강의 비디오, 퀴즈, 시험으로 구성되어 자동 피드백, 자동 평가 시스템으로 운영된다. 교육학적 관점보다는 과정 운영에 소요되는 인력이나 기타 비용을 고려한 경제적인 관점이 이러한 형태를 택하게 된 주된 이유라 할 수 있다. 엑스묵은 더 많은 학습자에게 기회를 부여하고, 이들을 효율적으로 관리하여, 수료증 같은 부가 서비스의 이윤을 창출할 수 있으므로 씨묵에 비해 훨씬 많은 대학 및 기관의 관심이 집중되고 있다.

이러한 현상에 대한 비판의 소리가 높다. 엑스묵은 '학습 공동체(community)'가 아니라, 충성스럽지도 않고, 적극적이지도 않으며, 학습에 흥미도 없는 '학습 군중(crowd)'을 만들어 낼 뿐(Gaebel, 2013), 고등교육의 혁신과 이어질 수 없는 형태라는 논쟁이 이어지고 있다. 혹자는 현재의 엑스묵이 교육적인 접근을 보다 현대화하면 곧 씨묵으로 돌아오게 될 것이라고 예상하기도 하였다(Daniel, 2012).

2. 묵의 종류가 다양한 이유

씨묵, 엑스묵 이외에 이름이 붙지는 않았지만 다양한 형태의 묵이 존재한다. 이처럼 다양한 묵 형태가 가능한 이유는 묵이 가지고 있는 특징적 요소들이 각각 다르게 발현될 수 있기 때문이다. 학습자 수에 제한이 없다는 'Massive' 요소는 학습자 수에 따라 다양한 규모가 가능할 수 있고, 모든 학습자에게 개방된다는 'Open' 요소는 비용 측면에서 무료에서 일정 비용이 부과될 수 있는 다양성이 존재하고, 또한 학습자 능력 면에서 특별한 조건 없이 누구나 들을 수 있는 것에서 일정 사전지식을 요구하는 코스가 있을 수도 있다. 온라인 기반이라는 'Online' 요소도 완전히 온라인에서 진행되는 코스에서 일부 인근 학습자들과의 면대면 학습활동이 설계된 코스까지 다양할 수 있다. 마지막으로 'Course'라는 교육적인 요소 측면에서는 지식 전달 위주의 코스에서 상호작용을 많이 요구하는 코스까지, 평가나 인증에서도 배지(Badges)를 주는 코스, 수료증을 수여하는 코스, 학위를 주는 학위 과정까지, 또한 코스 디자인의 주체가 개별 교수자인 코스에서 묵 사업자인 코스까지 다양한 형태가 존재할 수 있다.

이러한 다양한 코스 가능성을 스펙트럼으로 표현하면 〈표 2-1〉과 같이 나타낼 수 있다. 다음에서는 각각의 특성 기준에 따라 앞서 제시한 묵을 자세히 구분해 보기로 한다.

표 2-1 묵의 특징 요소의 스펙트럼에 따른 다양한 묵 종류

묵 특성	특성 구분	묵 종류 스펙트럼		
Massive	대상 학습자	일반 대중 ────────────────→ 특수 대상		
Open	수강 조건	기초, 무자격 ──────────→ 고급, 선수과목 요구		
	비용	무료 ─────────────────────→ 유료		
Online	온/오프 결합	100% 온라인 ──────→ 온오프 결합(블랜디드)		
	테크놀로지 플랫폼	외부 플랫폼 ─────────────→ 자체 플랫폼		
Course	교육적 접근	엑스묵 ─────────────────→ 씨묵		
	설계 주체	플랫폼 사업자 ──── 대학/기관 ──── 개인강사		
	평가/인증	배지 ──── 수료증 ──── 학점 ──── 학위		

1) Massive 차원: 대상 학습자에 따른 종류

대다수의 묵은 고등교육 수준의 성인 학습자를 대상으로 하는 것이 일반적이다. 따라서 이러한 일반적인 학습자층을 대상으로 할 경우, 묵은 더더욱 대규모(Massive)한 학습자를 위한 것이 된다. 그러나 학습자 계층을 특화하여 코스가 제공되기도 한다. 현재 묵 수강생의 65~75%가 대학 학부 학위를 가진 그룹으로 광범위한 평생학습 용도로 묵을 학습하는 것으

로 조사되고 있고, 이에 따라 사업자들은 대학교육 외에 직업교육, 전문성 교육, 기업 교육, 대학원 교육 등으로 다각화를 시도하고 있다.

- 평생학습 묵
- 초, 중, 고 묵 – 칸아카데미(초, 중, 고), 에드엑스(고등학생 대상)
- 경력 개발 묵 – 에드엑스, 코세라, 유다시티(Udacity), 유데미(Udemy)
- 직업교육 묵 – 오픈투스터디(Open2Study)
- 기업 교육 묵 – 코세라(Coursera), 오픈투스터디, 갓코(Gacco)
- 대학교육 묵 – 에드엑스, 코세라, 아이버시티(Iversity, 학점 인정), 오픈투스터디(학사)
- 대학원교육 묵 – 유다시티(컴퓨터과학 석사), 오픈투스터디(다양한 전공 석사), 베두싸(Veduca, 경영학 석사)

2) Open 차원: 비용과 수강 조건에 따른 종류

묵의 기본적이고 공통된 목적은 보다 많은 사람에게 무료 고등교육을 접할 수 있는 기회를 제공하는 것이고, 그에 따라 무료 코스가 일반적인 형태다. 그러나 대부분의 영리, 비영리 사업자들은 기업의 후원이나 투자 이외에도 수익원을 찾는 노력을 기울이고 있다. 기본 서비스는 무료로 제공하고 추가 고급 기능에 대해서는 요금을 받는 것부터 최고급까지 제공하는(From freemium to premium) 전략이 대표적인 접근 방법이다. 기본 동영상, 퀴즈, 시험으로 구성된 묵에서 추가 서비스가 더해지면 비용을 부과하는 것이다. 대부분의 묵 사업자는 강의를 수강한 학생이 해당 과정을 이수한 것을 증명하는 데 약 10만 원가량의 비용을 부과한다. 그 외 학위 과정, 특화된 자격증 과정, 학점 인정 과정과 같은 프리미엄 강좌에 학비를 부과하고, 튜터링, 과제 채점, 강좌 추천, 헤드헌팅, 취업 알선 같은 서비스를 유료로 제공한다.

- 무료 묵 – 기본 동영상, 퀴즈, 시험으로 구성된 코스
- 유료 묵 – 프리미엄 강좌(학사, 석사학위 과정, 학점 인정 과정, 특화된 자격증 과정)[예: 코세라의 '시그니처 트랙(Signature Track)', 에드엑스의 '엑스시리즈(XSeries)', 유다시티의 '나노 학위 과정(Nanodegree, 한 달에 약 20만 원)']

묵 중에는 선수 과목 없이 기초부터 다루는 기본 과정이 있는 반면, 선수 과목이나 과목 수강 순서를 정해 놓은 묵도 존재한다. 특별히 특화된 자격증 과정, 학위 과정의 경우 이러한 고급 과정 묵이 많다. 호주의 오픈투스터디가 제공하는 직업교육 과정이나 체계화된 수료증 과정에서 이러한 종류를 쉽게 찾을 수 있다. Business Certificate III · IV, Business Administration Certificate III · IV 등의 과정이 그러한 예에 속한다. 호주는 국가 차원의 직업 자격 기준(National Qualification Framework)이 체계화되어 있기 때문에 직업교육 묵이 자연히 이러한 체계를 따르게 된다.

- 기본 과정 묵
- 고급 과정 묵 – 레벨별 자격증 과정, 직업교육 과정, 학위 과정 등

3) Online 차원: 온·오프 블랜딩, 플랫폼에 따른 종류

묵이 온라인으로 전달되는 코스이긴 하지만 온라인 매체와 오프라인을 적절히 연계하여 학습 효과를 높이려는 움직임이 나타나고 있다. 일본의 갓코의 경우, 플립러닝(Flipped learning, 반전 학습, 역전 학습, 거꾸로 학습 등의 용어로 번역되기도 한다.)용 묵을 제공하고 있는데, 이는 온라인 동영상을 보고 한 달에 한 번 오프라인 장소에 모여서 학습활동을 하는 것을 말한다. 학습활동은 아니지만, 코스가 끝난 후 기말 시험을 오프라인에서 보게 하여 공신력을 높이려는 묵도 존재한다. 독일의 아이버시티(iversity)와 브라질의 베두싸(Veduca)가 그러한 오프라인 평가를 통해 학점을 인정해 주거나 정부 공인 수료증을 발급한다.

- 순수 온라인 묵 – 대부분의 묵
- 온라인 오프라인 연계 묵 – 아이버시티, 베두싸(인증 시험은 오프라인 에서 실시)
- 플립러닝용 묵 – 갓코

기술적으로 묵의 플랫폼을 사업자가 제공하는 외부 플랫폼을 사용하는 경우와 해당 기관에 맞는 맞춤형 자체 플랫폼으로 공급하는 묵도 있다. 전자가 대부분의 전 세계 명문 대학이 취하는 방법이라면 후자는 혁신적인 성격의 기관이 취하는 방법이라 하겠다.

- 외부 플랫폼 기반 묵
- 맞춤형 자체 플랫폼 기반 묵 – 카이스트 묵(KOOK), 갓코, 케이묵

4) Course 차원: 교육적 접근, 설계 주체, 평가/인증에 따른 종류

앞에서 설명한 바와 같이 교육적 접근에 따라 연결주의에 기반을 둔 씨묵과 콘텐츠 전달 중심의 엑스묵으로 구분될 수 있다. 전자는 학습 공동체 내에서 협동 학습, 프로젝트 학습, 동료 피드백, 토론 등의 학습자 중심 활동을 지향한다면, 후자는 전통적인 강의 비디오, 퀴즈, 시험이 주를 이루는 교수자 중심 묵이다. 씨묵이 학습 공동체 내의 풍부한 사회적 학습 경험에 유리한 반면, 엑스묵은 많은 학습자에게 많은 콘텐츠를 보급하는 데 유리하다. 현재 미국 3대 묵 사업자인 에드엑스, 코세라, 유다시티를 비롯한 대부분의 묵이 엑스묵 형태에 속하고, 유일하게 P2PU가 'Peer to Peer University'라는 이름 그대로 공동체 기반 프로젝트 학습을 지향하는 묵을 제공하고 있고, 엑스묵 형태에 토론, 동료 피드백, 협동 학습 요소를 비교적 충실히 가미한 형태가 퓨처런(FutureLearn), 아이버시티, 갓코에서 제공 중인 묵이라 할 수 있다.

- 씨묵 – P2PU(공동체 프로젝트 기반 학습)
- 엑스묵 – 이외의 사업자가 제공하는 대부분의 묵
- 하이브리드묵 – 퓨처런, 아이버시티, 갓코

묵은 묵 콘텐츠의 교수 설계와 운영에 따라 몇 가지 종류로 나뉜다. 대학이 주도하여 개발하고, 대학 컨소시엄이 대학이 개발한 묵을 제공하는 에드엑스 묵과 같은 형태도 있고, 대학이 회사와 계약을 하고 코스를 개발할 교수를 모집하고 회사의 교수 설계 지원팀과 함께 코스를 개발하는 코세라 묵과 같은 형태, 회사가 대학과 계약하지 않고 개별 교수나 학자와 계약, 개별 교수와 학자가 개별적으로 코스를 개발하는 유데미 묵과 같은 형태도 있다. 이외에도 흔하진 않지만 개별 대학이 묵 제작을 위한 최소한의 장비를 갖추고 소규모 회사를 설립하여 묵을 개발하는 조지메이슨대학교와 같은 경우도 있다.

- 대학 주도 개발 묵 – 에드엑스
- 플랫폼 사업자 주도 개발 묵 – 코세라
- 교수자 주도 개발 묵 – 유데미

학습 코스에서 평가와 인증은 매우 중요한 요소이며 묵에서도 이를 둘러싸고 다양한 종류가 생겨날 수 있다. 현재 존재하는 묵을 평가, 인증 측면에서 구분하면 다음과 같이 분류할 수 있다.

게임 요소를 가미하여 배지를 수여하는 묵, 수료증을 수여하는 묵, 학점을 인정해 주는 묵, 나아가 학위를 수여하는 묵이 존재한다. 배지를 수여하는 묵은 학습을 인정해 주는 것이라기보다 학습자의 동기 부여를 위해 사용하는 요소에 더 가까운데, 초·중·고 묵을 사용하는 칸아카데미에서 다양한 레벨의 배지를 수여하며, 씨묵을 제공하는 P2PU에서도 배지를 사용하여 학습자의 학습 과정을 격려하고 있다. 대부분의 묵이 유료 수료증을 수여하는데, 유다시티에서는 피어슨이라는 평가 기업에 평가 기능을 아웃소싱하여 학습을 평가하고 수료증을 발급하며, 퓨처런에서는 수료증을 일반참가확인서(Statements of Participation)와 학업성취확인서(Statement of Attainment)로 구분하여 발급하고 있다. 학점을 인정하는 묵도 코스 제공 대학의 학점으로 인정하기도 하고 제3의 기관의 학점으로 인정하기도 한다. 스펙트럼의 가장 마지막에 학위를 수여하는 묵이 있는데,

학부 및 대학원 과정의 학위를 수여하는 묵을 유다시티, 오픈투스터디, 베두싸에서 제공 중이다.

- 배지 수여 묵 – P2PU, 칸아카데미
- 수료증 수여 묵 – 유다시티, 퓨처런
- 학점 인정 묵 – 아이버시티
- 학위 수여 묵 – 유다시티, 오픈투스터디, 베두싸

3. 속속 등장하는 변종과 묵의 확장

묵이 가진 장점과 한계점은 여러 확장된 학습 형태를 만들어 내고 있다. 코스(course) 대신 연구(research) 혹은 실험(laboratory)으로 확장한 MOOR(Massive Open Online Research), MOOL(Massive Open Online Lab)이 온라인을 통해 대규모 공동 연구, 실험을 구상 중에 있다.

Massive 대신 Small로, Open 대신에 Private으로 교체한 SPOC(Small Private Online Courses)도 실험 중에 있다. 하버드 법대에서는 효과적인 토론을 위해서는 참석자들의 지적 수준이 어느 정도 동질적이어야 하고 토론자 숫자가 제한되는 것이 바람직하다고 판단하여 500명을 엄선하여 온라인 강좌를 열었다. 이는 학습 준비도가 충분한 학생을 선발하여 토론의 질이 높아지고 성과도 좋다고 보고되어 이후의 확산을 기대해 봄직하다. 최근 미국 스탠포드대학교의 투자를 받아 설립된 노보에드(NovoEd)라는 플랫폼이 SPOC에 주력하고 있다.

DOCC(Distributed Open Collaborative Course)는 동일한 주제로 구성된

강의 계획서에 각 참여기관의 교수가 각 주제별 강의 자료를 만들고 공동의 코스를 운영하는 방식이다. 이때의 '콜래보레이티브(collaborative)'는 흩어져 있는 대학의 교수자 간의 협력을 일컫는다.

이 외 일본 갓코에서 시행 중인 플립러닝 형태의 묵도 확산될 전망이다. 동영상 학습 자료로 한 달여간 자율 진도 학습을 한 후, 오프라인에서 집합 교육을 통해 이에 대한 학습활동을 하는 형태를 말하는데, 플립러닝 모형의 확산 행보에 따라 플립러닝용 묵도 많은 관심을 끌 것으로 보인다.

4. 어떤 묵을 선택해야 하는가

다양한 묵의 발달은 학습자 입장에서, 대학 혹은 교수자 입장에서 선택의 문제를 남긴다. 학습자 입장에서 묵을 선택할 때 다음의 문제를 고려할 수 있을 것이다. 첫째, 콘텐츠 분야를 먼저 선택한다. 콘텐츠에 따라 특화된 묵 사업자나 개별 묵이 있으니 이를 고려하면 좋을 것이다. 예컨대, 유다시티는 IT 분야, 유데미는 문화·예술 분야, 오픈투스터디는 직업교육 분야에서 특화된 묵을 제공하고 있다. 둘째, 어느 정도의 비용을 지불할 것인지 선택한다. 반드시 무료 코스를 원하는지, 비용을 지불하더라도 프리미엄 강좌, 프리미엄 서비스를 원하는지에 따라 선택이 달라질 것이다. 셋째, 어느 정도의 구조화된 강좌, 밀착된 지원을 원하는지에 따라 묵과 관련 서비스를 선택해야 한다. 넷째, 평가, 인증의 문제에서 스스로 평가하는 데 만족할 것인지, 수료증이나 학위가 필요한지에 따라 선택이 달라져야 한다. [그림 2-1]이 기관 지원의 고저에 따라, 평가 인증의 공신력에 따라 달라지는 선택을 표현하고 있다.

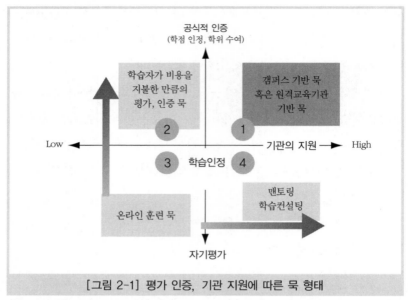

공식적 인증
(학점 인정, 학위 수여)

학습자가 비용을
지불한 만큼의
평가, 인증 묵

캠퍼스 기반 묵
혹은 원격교육기관
기반 묵

2

1

Low ◀———————————— 기관의 지원 ▶ High

3   학습인정   4

맨토링
학습컨설팅

온라인 훈련 묵

자기평가

[그림 2-1] 평가 인증, 기관 지원에 따른 묵 형태

출처: Yuan, Powell, & Oliver (2014).

　최근에는 다양한 플랫폼의 묵을 모아 둔 묵 리스트 사이트(www.mooc-
list.com)도 등장하고, 묵의 통계 분석 결과를 제공하는 사이트도 있어 인
기 강좌, 추천 강좌에 대한 정보를 제공하고 있다.

　묵을 둘러싼 고등교육 생태계의 변화는 대학과 교수자의 선택에 중대한
과제를 부과하고 있다. 즉, 대학이나 교수자는 변화하는 묵 환경에서 자신
의 역할에 대한 포지셔닝이 필요한 시점이다. 대학이나 교수자는 묵을 생
산해 내는 리더의 역할을 할 수도, 생산되는 묵을 소비하는 소비자의 역할
을 하기 위해 기다리는 역할을 할 수도 있다. 혹은 묵을 자신을 광고하기
위한 매체로 활용할 수도 있고, 교수 비용을 줄이는 경제적인 용도로 활용
할 수도 있다. 플립러닝 용도로 개발하거나 활용할 수도 있을 것이고, 현
재 강의를 보완하기 위해 개발하거나 활용할 수 있을 것이다.

표 2-2 2014년 묵 Best 10

순위	과목명	제공 대학	플랫폼
1	Developing Innovative Ideas for New Companies: The First Step in Entrepreneurship	메릴랜드대학교 (칼리지파크 캠퍼스)	코세라
2	Introduction to Statistics	스탠포드대학교	유다시티
3	Learning How to Learn: Powerful mental tools to help you master tough subjects	켈리포니아대학교 (샌디에이고 캠퍼스)	코세라
4	Introduction to Computer Science	버지니아대학교	유다시티
5	Principles of Project Management	폴리텍크닉웨스트	오픈투스터디
6	CS50x: Introduction to Computer Science	하버드대학교	에드엑스
7	Inspiring Leadership through Emotional Intelligence	케이스 웨스턴 리저브 대학교	코세라
8	Introduction to Finance	미시건대학교	코세라
9	Strategic Management	-	오픈투스터디
10	R Programming	존스홉킨스대학교	코세라

출처 www.class-central.com

참고문헌

Clarà M., & Barberà, E. (2014). Learning online: massive open online courses (MOOCs), connectivism, and cultural psychology. *Distance Education, 34*(1), 129-136.

Daniel, J. (2012). Making sense of MOOCs: Musings in a maze of myth, paradox and possibility. *Journal of Interactive Media in Education*. Retrieved from http://jime.open.ac.uk/article/view/259.

Downes, S. (2005). An *introduction to connective knowledge. Stephen's Web*. Retrieved from http://www.downes.ca/cgi-bin/page.cgi?post =33034.

Downes, S. (2012). *Connectivism and connective knowledge: Essays on meaning and learning networks*. Retrieved from http://www.downes.ca/files/books/Connective_Knowledge-19May2012.pdf.

Gaebel, M. (2013). *MOOCS (Massive Open Online Courses)*. Brussels, Belgium: European University Association.

Sandeen, C. (2014). Integrating MOOCS into traditional higher education: The emerging "MOOC 3.0" era. *Change: The Magazine of Higher Learning, 45*(6), 34-39.

Siemens, G. (2005). Connectivism: A learning theory for the digital age. Retrieved from http://www.elearnspace.org/Articles/connectivism.htm.

Siemens, G. (2012). MOOCs are really a platform. Retrieved from http://www.elearnspace.org/blog/2012/07/25/moocs-are-really-a-platform.

Yuan, L., & Powell, S. (2013). *MOOCs and Open Education: Implications for Higher Education*. Retrieved from http://publications.cetis.co.u/2013/667.

Yuan, L., Powell, S., & Oliver, B. (2014). *Beyond MOOCs: Sustainable online learning in institutions*. Bolton, UK: Center for Educational Technology, Interoperability and Standards.

참고사이트

Class Central: www.class-central.com

MOOC List: www.mooc-list.com

묵스 페다고지:
비판적 분석과 미래 모형의 제안*

최근 몇 년간 대형 온라인 공개강좌(Massive Open Online Course: MOOC) 의 열기가 세계 각 분야에서 뜨거워졌다. 이에 비해 묵스(MOOCs)를 통하여 성공적으로 학습을 마쳤다는 통계 숫자는 전체적으로 4~5%에 그치고 있다. 이는 온라인 테크놀로지 기반의 묵스를 학습자의 수준과 필요에 맞게 설계, 개발하고자 하는 교육적 심사숙고, 즉 페다고지(pedagogy)의 문제와 밀접한 연관이 있다. 묵스의 페다고지를 고민하는 것은 묵스를 통한 가르침과 배움을 보다 효과적으로 하기 위한 것이다. 흔히 페다고지는 어린 학생을 위하여 어떤 교육 환경을 제공하여 주고 어떻게 가르칠 것인가에 관한 지식과 전략이지만, 이 장에서는 묵스의 주 학습자가 성인임을 고려하여 성인 학습자를 위한 지식과 전략, 즉 앤드로고지(androgogy)까지를 페

＊정인성(일본 국제기독교대학 교육학과 교수, isjung@icu.ac.jp)

다고지의 개념에 포함하여 논의하고자 한다.

테크놀로지와 페다고지의 관계를 비판적·반성적으로 생각해 볼 필요성에 대한 논의는 오랜 역사를 가진다(Mezirow, 1990, 나일주, 1991). 테크놀로지를 통한 교육 효과를 위해서는 우선 테크놀로지 기반의 교육을 설계하고 개발, 운영하는 우리의 가르침과 배움에 대한 가치 및 학습자에 대한 가정을 분명하게 인식해야 한다. 묵스에서도 가르침과 배움에 대한 철학, 학습자를 어떻게 규정하며 어떠한 측면에서 볼 것인가에 대한 철학은 이를 설계, 개발, 운영하는 아이디어와 행위를 결정하는 전제가 된다. 그렇기 때문에 묵스에 대한 페다고지는 온라인 테크놀로지 활용의 경제성과 효과성을 넘어서는 매우 심오한 의미를 가진다.

묵스는 전혀 새로운 교육 혁명이라고 보는 것보다는 원격교육과 온라인 교육, 개방교육자료(Open Educational Resources: OER) 운동에 뿌리를 둔 하나의 교육 형태로 보는 것이 옳을 것이다. 원격교육과 개방 교육 분야의 권위자인 써 존 대니얼(Sir John Daniel, 2014)은 묵스는 혁명이 아니라 진화의 산물이라고 주장한다. 이 주장은 묵스가 원격교육과 온라인 교육 그리고 OER 운동 등에 뿌리를 둔 진화의 결과이며, 이는 고등교육의 역사 속에서 수없이 실험되어 온 다양한 교육 방식의 한 종류로 보아야 한다는 것이다. 필자는 이러한 입장에 동의한다.

이 장의 첫 부분에서는 씨묵(cMOOC)의 페다고지와 엑스묵(xMOOC)의 페다고지를 각각 살펴본다. 각각의 묵스가 대상으로 하는 학습자는 어떠한 학습자인지, 가르침과 배움에 대하여 어떤 가치를 가지고 있었는지, 또한 어떤 페다고지에 기초하고 있는지, 그 페다고지의 특성은 무엇이며 문제점은 무엇인지를 논의한다. 다음으로 혼합형 묵의 페다고지를 살펴보면서 기존 원격교육과 이러닝 관련 이론과 연구에서 우리가 알게 된 지식을 고려하여 미래 묵스의 보다 발전된 페다고지 모형을 탐색해 본다.

1. 씨묵의 페다고지: 연계된 지식 네트워크 페다고지

연계된 지식 네트워크 페다고지는 묵스의 최초 기원이 되는 페다고지다. 이것은 묵스의 시작이라고 알려진 시몬스(G. Siemens)와 다운스(S. Downes)의 '연계주의와 연결된 지식(Connectivism and Connected Knowledge: CCK11)'[1]이라는 묵의 연계주의적 페다고지(connectivistic pedagogy)에 바탕을 두고 개발, 적용된(Downes, 2008) 이후 '씨묵스(cMOOCs)'로 불리고 있다(상세한 설명은 제2장 참조).

씨묵의 기본 페다고지인 연계주의적 페다고지는 여러 노드(연결점)가 서로 연계되어 있는 통신망을 메타포로 사용하여, 다양한 시각을 가진 사람과 정보가 서로 연계되어 있는 사회적 맥락에서 지식이 창조된다는 시각을 가진 교수-학습의 한 접근 방식이다.

1) 학습자에 대한 가정

연계주의적 페다고지에서 학습자는 알려진 지식을 외우고 습득하는 자가 아니라, 서로 연계된 지식 네트워크 내에서 자발적인 활발한 상호작용을 통하여 자신의 생각과 시각, 아이디어를 알리고 공유하며, 다른 학습자의 여러 아이디어, 정보 소스로부터의 다양한 정보, 개념들 사이의 연계를

---

1) http://cck11.mooc.ca/

만들어 내면서 지식을 창조하는 자로 가정한다.

2) 가르치고 배운다는 것의 정의

이 페다고지에서는 가르치고 배우는 것을 지식이나 기술을 전수해 주는 활동이 아니라 다음과 같은 특성을 가진 것으로 보고 있다(McAuley, Stewart, Siemens, & Cormier, 2010; Saadatmand & Kumpulainen, 2014; Siemens, 2010).

- 가르치고 배운다는 것은 지식을 창조해 낼 수 있는 환경을 제공하고 그 속에서 지식을 창조해 내도록 지원하는 것이다.
- 지식 창조는 개인의 자율성과 창의성을 바탕으로 해서 다양한 의견과 아이디어를 가진 사람들과의 사회적 네트워킹 과정에서 이루지는 것이다.
- 지식 창조는 사람들과의 연결뿐만 아니라 다양한 정보 소스와 연계되어 이루어질 수 있다.
- 배움이란 교수자의 가르침으로부터 지식을 전수받는 것이 아니라 다양한 의견이나 정보와의 연결을 통하여 일어나는 것이다.

교수자는 분산된 지식이 새로운 지식 창조가 가능하도록 잘 연계된 지식 네트워크가 되도록 설계하여야 한다. 다운스(Downes, 2005)는 네 가지 특성을 충족시키는 연계된 지식 네트워크를 제안하고 있다.

- 다양성 – 지식 네트워크에 다양한 시각을 가진 사람이 포함되어 있는가?

- 자율성 – 개인 학습자가 자신의 지식, 가치 등에 따라 자발적으로 상호작용에 참여하도록 되어 있는가?
- 상호작용성 – 구성원들의 상호작용을 통하여 새로운 지식이 생성, 창조되도록 되어 있는가?
- 개방성 – 소수의 의견이라도 잘 받아들일 수 있는 체제를 갖추었는가?

3) 운영 사례 분석

연계주의적 페다고지를 적용한 대표적인 묵은 2011년에 개설되어 2,300여 명이 등록했던 시몬스와 다운스의 '연계주의와 연결된 지식'이라는 강좌다. 이를 예로 들어 간단히 분석해 보자. 이 강좌는 12주차로 구성되어 있으며, 매주 다음과 같은 활동으로 진행되었다.

- 라이브 온라인 세미나 – 핵심적인 활동은 2명의 교수가 주도하면서 때로는 외부 전문가도 초대하는 매주 2회의 라이브 온라인 세미나로, 발표와 질의응답, 토론 등으로 이루어진다.
- 다양한 포맷의 선택 자료 – 매주 학습자가 스스로 선택하여 읽을 수 있는 온라인 자료(논문, 웹페이지, 비디오 클립, 인터뷰 녹화 자료 등 다양함)가 제공된다. 이러한 자료는 수업의 핵심 내용은 아니며, 선택적인 정보다.
- 비실시간 토론방 – 주제별로 토론방이 있어 학습자들과 교수자가 자신의 의견, 아이디어를 교환한다. 교수자는 필요한 내용이나 자료를 제공하면서 토론에 함께 참여한다.
- 학습자 블로그, 웹사이트, SNS – 각 학습자는 자신이 읽고 본 자료,

새로운 정보 등을 개인 블로그, 홈페이지, SNS 등을 통해서 공유하고 이 자료를 바탕으로 새로운 자신만의 지식을 재조직하고, 창조해 내야 한다. 교수자는 이 과정에 필요한 온라인 도구나 방법, 다양한 예시를 제공한다.

• 뉴스레터 – 매일 뉴스레터가 학습자에게 메일로 제공된다. 이 뉴스레터는 교수자와 학습자의 최신 메시지나 구성한 자료를 하이라이트하고 있다.

지금 사례로 제시한 묵이나 이와 유사한 씨묵스에서는 묵 학습자의 성공을 위해서 필요한 것은, 좋은 내용이 아니라 다양한 사람이 상호작용하는 지식 네크워크 내에서의 개인 학습자의 활발한 참여와 지식 생성 활동이다. 코미어(D. Cormier)는 유튜브 동영상[2]에서 성공적인 묵 학습자가 되기 위한 다섯 가지 단계별 학습활동의 중요성을 설명하고 있다(참고로 코미어는 시몬스, 다운스와 함께 '변화'[3]라는 제목으로 교육에서의 변화를 주제로 하는 묵에 연계주의적 페다고지를 적용하여 가르친 바 있다).

• 수업 정보 알기(Orient) – 수업 시작 전에 필요한 자료, 정보, 링크 등이 무엇인지 알고, 라이브 세미나, 포럼 등의 스케줄을 안다.
• 내 지식 포스팅(Declare) – 수업을 시작하면서 내가 아는 내용, 내 생각 등을 다양한 매체(블로그, 토론방, 웹사이트, SNS 등)를 통하여 포스팅하고 알린다.

---

2) http://www.youtube.com/watch?v=r8avYQ5ZqM0
3) http://change.mooc.ca/

- 네트워킹하기(Network) - 더 나아가, 다른 사람들의 포스팅을 읽고, 그에 대해 생각하고, 나의 신중한 의견을 알리고 피드백을 제공하면서 네트워킹을 개발한다.
- 작은 규모의 상호작용(Cluster) - 수업 몇 주 후에는 유사한 관심을 가진 사람들과 그룹을 만들어 상호작용할 기회를 가지고 나아가 학습 공동체를 구성한다.
- 집중된 활동(Focus) - 내가 그동안 읽고 공부한 자료, 수집한 정보, 토론하면서 얻은 지식을 나의 관심 영역에 적용하여 한 주제에 대하여 보고서를 쓰거나, 문제해결에 적용하거나, 블로그에 작성하는 등의 집중된 활동으로 수업을 마무리한다.

4) 씨묵스 페다고지의 문제점

코미어의 짧은 동영상을 보면 씨묵스에서 성공적인 묵 학습자가 되는 것은 그리 어려워 보이지 않는다. 그러나 실제 씨묵스를 학습한 사람들을 분석한 결과, 연계주의적 페다고지를 적용한 묵스에서 활발하게 참여하여 지식 창조에 기여한 학습자는 이미 여러 유사한 묵스에 참여한 경험이 있다는 것이 드러났다(Milligan & Margaryan, 2013). 이는 성공적인 묵 학습자가 되기 위해서는 역량 계발과 준비가 필요하다는 것을 말해 준다. 앤더슨과 폰티(Andersen & Ponti, 2014) 역시 학습자의 자기주도적이고 활발한 참여가 학습의 핵심이 되는 참여적 묵의 학습 경험을 분석하여, 경험이 적은 학습자와 경험이 많은 학습자가 한 네트워크에서 학습 과제와 내용, 방법을 함께 만들어야 하는 경우 학습자 간 다른 교육 요구를 잘 협상하여 서로에게 도움이 될 수 있도록 하는 능력이 요구된다고 지적한다. 또한 연계주의적 페다고지를 적용한 묵 환경의 '불확실성, 개방성, 학문적 정체성'에 잘 적응하는 학습 능력의 필요성이 지적된다(Mackness, Waite, Roberts, & Lovegrove, 2013).

2. 엑스묵의 페다고지: 강의실 수업 확장 페다고지

엑스묵의 기본 페다고지인 강의실 수업 확장 페다고지는 교수자가 제공한 잘 조직화된 내용과 자료를 학습자가 자기주도적으로 공부하고, 이를 시험이나 동료 학습자와의 토론을 통하여 확인해 봄으로써 새로운 학습이 일어난다는 시각을 가진 묵스 교수-학습의 한 접근 방식이다.

연계주의적 페다고지를 적용하여 운영된 초기의 2008~2011년 사이의 묵스에는 수백 명에서 수천 명이 등록하였다. 수만, 수십만 명이 묵스에 등록하여 그야말로 명실상부한 묵스로 세계의 주목을 끈 것은 미국 스탠포드대학교의 컴퓨터 사이언스 학과의 교수 드론(S. Thrun)과 노빅(P. Norvig)이 2011년 가을에 오픈한 인공지능 영역의 3개 묵스다. 이 묵스의 페다고지에 대하여 드론은 "우리는 75분 강좌를 15분 단위로 쪼개서 학습자가 쉽게 볼 수 있게 하였고…… 학습자는 8개의 숙제를 제출해야 하고, 시험 기간 중에 2개의 시험을 치루어야 한다. ……이는 우리가 스탠포드대학교 캠퍼스에서 제공하는 수업과 똑같은 것이다."(Selingo, 2014, pp. 1-2)라고 설명한 바 있다. 즉, 최고 대학의 강의실 수업 페다고지를 그대로 온라인 공간에서 옮겨 놓은 형태라고 할 수 있다. 이 스탠포드 묵스는 이후 엑스묵스(extended MOOCs)의 대표적인 형태가 되었으며, 의미는 강의실 수업을 온라인 세계에 확장한 묵스라는 것이다.

1) 학습자에 대한 가정

강의실 수업의 페다고지를 적용한 묵스가 가정하고 있는 학습자는 자학, 자습 능력이 있고 학습 동기가 높아 매주 주어지는 비디오 강의를 듣고, 요구되는 활동을 스스로 하는 자기주도적 학습자다.

2) 가르치고 배운다는 것의 정의

강의실 수업의 페다고지에서는 가르친다는 것은 자기주도적 학습을 도와주기 위해 지식이나 기술을 잘 조직하여 전수해 주기 위한 활동이며, 배운다는 것은 학습자가 이 조직된 지식이나 기술을 익히기 위하여 강의를 듣고, 그 내용을 연습하며 숙제도 풀고 다른 학습자와 토론 시간도 갖고 시험도 보는 활동을 의미한다. 다시 말해,

- 가르치고 배운다는 것은 중요한 지식을 선정하고 잘 조직하여 제공하고, 그 지식을 성실히 외우고 이해하고 적용하는 것이다.
- 많은 경우 연계주의적 페다고지에서와는 달리 지식 창조 활동이 교수-학습의 핵심이 되지 않는다.

이러한 페다고지를 적용한 묵스에서 좋은 교수자의 역할은 학습자 개개인에게 튜토리얼을 제공하듯 하는 친근하고 잘 조직된 비디오 강의를 제공하는 것이며(Adams, Yin, Vargas Madriz, & Mullen, 2014), 학습자의 역할은 제공된 강의를 성실히 듣고 주어진 자료를 공부하며 여러 활동을 통하여 충분히 이해, 적용하는 것이다. 이 페다고지를 적용한 초기 엑스묵의

가장 흔한 유형을 보면 매주 제공되는 유명 교수자에 의한 비디오 강의, 비디오 강의 내용을 잘 이해하기 위한 읽기 자료, 내용 이해를 확인하는 잦은 퀴즈와 1~2번의 시험, 내용의 적용을 묻는 1~2개의 과제, 다른 학습자들과의 질의응답 및 자유 토론 등으로 구성된 형태다. 이 유형에 대한 비판은 다음에 하기로 한다.

3) 운영 사례 분석

강의실 수업 페다고지를 적용한 대표적인 묵스 중 노빅과 드론이 2011년 처음 개설하였고 그 후 개선된 형태로 유다시티(Udacity)에서 제공하고 있는 '인공지능의 소개(Intro to Artificial Intelligence)' 코스를 간단히 살펴보자. 이 묵은 4개월 코스로 제공되며, 다음과 같은 형태로 전개된다.

- 첫 오리엔테이션 강의를 포함해서 22개의 비디오 강의가 있다. 매주마다 한 강의씩 특정 날짜에 학습자에게 제시된다.
- 매주 비디오 강의의 내용을 다룬, 다운로드 가능한 몇 개의 짧은 프레젠테이션 설명 비디오 자료들이 주어진다.
- 매주 비디오 강의의 내용을 다룬 읽기 자료도 다운받을 수 있다.
- 매주 비디오 강의는 현재 모두 자막 처리되어 자막도 다운받을 수 있다.
- 강의 사이 사이에 총 8개의 문제가 주어진다. 이 문제들은 몇 개의 강의를 듣고 읽기 자료를 공부한 후 풀 수 있는 문제로서 스스로 이해했는지를 돕기 위한 목적이다.
- 주어진 각 문제들을 설명하는 짧게 편성된 프레젠테이션 비디오 자료를 다운받도록 되어 있다.

- 총 2번(중간고사, 기말고사)의 시험이 있다.
- 학습자 간 상호작용을 위한 토론방이 있다.
- 교수자의 가상공간 상담시간(virtual office hours)이 있어서 학습자는 정해진 시간에 교수자와 질의응답이 가능하다.

보는 바와 같이 이 유형은 우리에게 익숙한 강의실 수업과 매우 유사하다. 단지 강의가 비디오로 진행되며, 교수자와 학습자, 학습자와 학습자가 직접 만나지 않고 온라인 공간에서 상호작용할 수 있다는 것이다. 씨묵스와는 달리 상호작용은 이 묵의 핵심 페다고지가 아니다. 이 수업 사례를 보면서 필자가 놀란 것은 보고 읽도록 제공해 주는 온라인 자료가 놀랍게도 많다는 점이었다. 이는 스탠포드대학교 학생들이 읽는 정도의 양이라고 드론이 설명한 바 있다.

4) 엑스묵 페다고지의 문제점

세링고(Selingo, 2014)는 초기 엑스묵에서는 20대 초반의 가장 우수한 대학생들을 대상으로 강의를 해 온 최고 대학들의 교수자들이 자신의 강의를 그대로 온라인상에 제공함으로써 대학교육을 받지 않았거나 소외된 계층은 따라가기 어려운 형태가 되었다고 비판하였다. 실제로 5% 미만의 학습자가 묵스를 끝까지 마쳤고, 이 성공한 학습자는 대개 고등교육 학위가 이미 있는 사람이라는 사실은 이 강의실 유형의 페다고지 기반 묵스가 매우 제한된 학습자 이미지를 가지고 있음을 보여 준다. 만약 묵스가 비전으로 삼고 있는 양질의 고등교육을 누구에게나 제공하기 위해서는 기존 원격교육이나 이러닝에서 축적된 학습자 관련 연구 결과에 기초하여 다시

이 학습자 이미지를 살펴볼 필요가 있다.

우수 학습자 대상의 강의실 수업을 온라인화한 묵스의 또 다른 문제점은 발리(Bali, 2014)가 4개의 엑스묵에 참여하여 분석한 사례 연구에서 지적한 바와 같이, 적지 않은 묵스가 높은 인지 영역의 학습(예: 응용력, 문제해결력, 창조성 등을 강조하는 학습)을 지향하지 않고, 대체로 기억하거나 서술하고 이해하는 수준의 학습을 강조하고 있다는 점이다.

3. 혼합형 묵스 페다고지: 씨묵과 엑스묵, 면대면과 온라인, 테크놀로지의 혼합

열기 높았던 초기 묵스 시기를 거치면서 묵스를 좀 더 조직적으로 개발, 조직하기 위하여 유다시티, 코세라(Coursera), 에드엑스(edX), 퓨처런(FutureLearn) 등의 많은 비영리, 영리기관이 생겨난다(이들 기관에 대한 분석은 제5장 참조). 베이츠(Bates, 2014)도 지적하였듯이 묵스가 발전하고 연구가 활발해짐에 따라 묵스의 사이즈와 형태도 다양화되고 있다. 페다고지에서 나타나는 변화는 혼합이다. 즉, 연계주의적 페다고지와 강의실 수업 페다고지 전략들의 혼합, 면대면과 온라인 수업 환경의 혼합, 그리고 사용하는 테크놀로지가 혼합된 형태의 묵스가 나타난다. 이러한 혼합형 묵스를 페다고지 측면에서 살펴보고자 한다.

1) 씨묵과 엑스묵 페다고지의 혼합

최근 들어 씨묵의 연계주의적 페다고지와 엑스묵의 강의실 수업형 페다고지가 혼합된 묵스가 나타나고 있다. 이는 묵스 활용 연구 결과를 통하여 드러난 각 페다고지의 문제점을 극복하면서 보다 학습자 중심의 묵스를 제공하고자 하는 노력의 일환이라고 보인다. 예를 들어, ① 학습자 참여와 상호작용(즉, 연계주의적 페다고지)을 강조하면서도, 학습자가 매주 학습 과정에서 교수자의 도움을 받아 공통의 학습 내용을 개발하도록 하는 참여적 접근 방식을 적용하고 있는 비영리 묵스 제공기관 P2PU[4]의 묵스(Anderson & Ponti, 2014), ② 시몬스 등이 '디자인 잼(Design Jam)[5]'이라는 모임을 통하여 연구하고 있는, 연계주의적 페다고지를 강조하면서도 엑스묵의 페다고지를 접목하여 학습자가 선택하여 이리 저리 옮기면서 공부할 수 있도록 하는 선택적 묵스(Crosslin, 2014 May 4), ③ 강의실 수업 페다고지를 적용한 에드엑스[6] 묵스에 매주 라이브나 녹화된 비디오 강의를 제공하면서 학습자 간 토론과 상호 평가를 강좌의 핵심 활동으로 통합한 묵스 등이 있다. 이러한 혼합형 외에도 엑스묵과 씨묵의 길을 동시에 제공하면서 학습자에게 선택하도록 하는 접근 방식이 최근 에드엑스의 한 묵[데이터, 분석학과 학습(Data, Analytics and Learning)]에서 시도되었다. 이러한 유형의 혼합 페다고지는 학습자가 자신의 온라인 수업 역량 및 준비도에 따라 보다 자신에게 적합한 학습 형태를 선택적으로 공부할 수 있도록 해 준다는 장점이 있다.

---

4) https://p2pu.org/en/
5) http://www.designjams.org/
6) https://www.edx.org/

2) 면대면 수업과 묵스 페다고지의 혼합

이는 온라인 수업인 묵스를 강의실 수업에 이용하는 형태다. 코세라에 가입한 대학들은 코세라의 묵스를 강의실 수업과 함께 혼합한 페다고지를 실험하고 있다. 예를 들어, 밴더빌트대학교의 컴퓨터과학과 교수가 대학원 과정에 소위 묵을 중심으로 수업을 재구성화하는 래핑(Wrapping)이라 명명된 접근 방식을 도입하였다. 이는 코세라에서 스탠포드 교수가 제공하는 묵의 비디오 강의를 듣게 하고, 퀴즈도 보고 다른 숙제도 하게 한 후 강의실에서는 토론을 활성화하고 더 깊이 있는 읽기 자료를 제공하면서 프로젝트를 수행하도록 한 것으로, 플립러닝(flipped learning) 형태와 유사하다. 면대면과 온라인의 혼합형 수업에 대하여 학생들은 묵의 온라인 비디오 강의가 가진 융통성, 접근성, 조직화된 자학, 자습의 지원 등을 장점으로 꼽았고, 면대면 토론 시간이 온라인 토론에 비하여 수업 내용을 깊이 있게 논의하고 새로운 아이디어를 내는 데 유용하다고 평가하였다 (Bruff, Fisher, McEwen, & Smith, 2013). 이러한 유형의 혼합 페다고지는 묵스, 특히 엑스묵스를 유용한 개방 교수-학습 자료로 보아 강의실 수업의 질을 높이는 데 기여할 수 있다는 장점이 있다.

3) 테크놀로지의 혼합

현재의 묵스는 여러 종류의 매체와 테크놀로지를 혼합하는 방향으로 나아가고 있다. 흔히 온라인 테크놀로지를 기반으로 하는 묵스는 라이브 혹은 녹화된 비디오 혹은 오디오 강의, 텍스트 자료, 파워포인트 자료를 활용하면서 이메일, 비실시간 토론방, 실시간 채팅방, 실시간 상호작용을 위한 스카이프 혹은 구글 행아웃, 정보 공유가 가능한 드롭박스 등 클라우드 체제, 여기에 트위터, 페이스북 등 SNS와 모바일 테크놀로지를 통합하고 있는 추세다. 씨묵스의 경우에는 SNS 등 상호작용할 수 있는 도구와 연계된 지식 네크워크를 강화할 수 있는 지식 공유 도구의 혼합이 두드러지고, 엑스묵스의 경우에는 다양한 포맷의 자료와 강의를 언제 어디서나 접근할 수 있도록 하는 모바일의 활용 등이 나타나고 있다(Waard, 2013). 한 예로 코세라는 애플과 안드로이드 운영 체제를 위한 앱을 제공하여 모바일 학습을 지원한다(Eaton, 2014 June 4).

테크놀로지 혼합은 각 묵스가 다양한 페다고지를 여러 방식으로 혼합할 수 있도록 허용하며, 학습자에게 열린 선택권을 제공한다는 장점이 있다. 다양한 테크놀로지가 혼합된 형태의 묵스가 늘어남에 따라 학습자의 테크놀로지 역량이 묵스 성공을 위하여 더욱 중요해지고 있다.

4. 미래 묵스의 페다고지

이러한 현재 추세를 볼 때 미래의 묵스는 더욱 다양해질 것이다. 엑스묵, 씨묵 외에 보다 다양한 형태의 묵스를 보다 효과적으로 개발, 운영하기 위해서는 현재 적용되고 있는 묵스의 페다고지에 더하여 ① 지금까지 전통적 교육, 원격교육, 온라인 교육 등을 통하여 축적된 페다고지적 경험(확장된 페다고지)을 활용하여야 하며, ② 묵스 활용 환경의 문화적·사회적 특성을 반영하면서, ③ 성인 학습자의 특성을 고려해야 한다([그림 3-1] 참조).

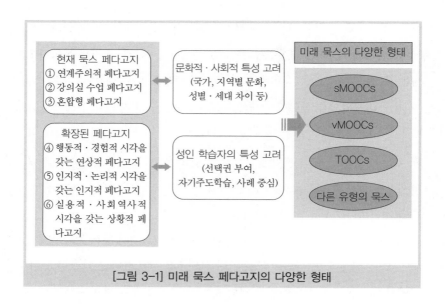

[그림 3-1] 미래 묵스 페다고지의 다양한 형태

1) 현재 묵스 페다고지의 확장

앞서 설명한 현재의 묵스 페다고지(연계주의적 페다고지, 강의실 수업 확장형 페다고지, 혼합형 페다고지) 외에 어떠한 페다고지가 있을까? 메이어스와 프레이타스(Mayers & Freitas, 2004)는 그레노, 콜린스, 레스닉(Greeno, Collins, & Resnick, 1996)이 범주화한 가르치고 배우는 현상에 대한 서로 다른 세 가지 시각-행동적/경험적 시각, 인지적/논리적 시각, 실용적/사회역사적 시각을 중심으로 세 가지 페다고지 유형을 제시하고 있다. 이 유형은 현재의 묵스 페다고지를 확장시킬 수 있다.

첫째, 행동적/경험적 시각에서 보는 학습이란 지식·기술의 요소들이 조직적으로 축적되는 현상으로서, 교수자의 피드백과 안내를 통하여 서로 떨어져 있는 지식·기술 요소들을 조정하면서 관련시키는 것이다. 이 시각을 기반으로 한 페다고지가 바로 메이어스와 프레이타스(Mayers & Freitas, 2004)가 제안하고 있는 '연상적 페다고지(associative pedagogy)' 다. 엑스묵스의 강의식 수업 페다고지는 곧 연상적 페다고지와 유사하나, 연상적 페다고지에서는 학습자가 지식의 이해 수준을 높이기 위한 능동적 활동과 교수자의 피드백을 특히 강조한다. 묵스가 대규모 학습자 집단을 대상으로 하므로 학습자의 활동을 다양화한다든지, 교수자가 직접적이고 즉각적인 피드백을 제공하는 것이 어려울 수 있으나, 연상적 페다고지 기반의 미래 묵스에서는 특히 다음 세 가지 전략에 유의해야 한다.

- 매주 학습 내용의 이해를 돕기 위한 정기적인 조직적 학습활동의 기회를 주어야 한다. 이 활동은 예를 들어 현재 엑스묵스의 비디오 강의 사이사이에 주어지는 자기평가퀴즈나 2~3개의 비디오 강의를 들은 후 풀어야 하는 적용문제풀이 등과 같이 학습자가 학습을 정기적으로 계속할 수 있어야 한다.
- 조직적 학습활동에 대해 교수자는 즉각적 피드백을 주어야 한다. 현재 자동 피드백이나 동료 학습자에 의한 피드백이 묵스에서 활용되고 있으나, 교수자 피드백 제공을 실현할 수 있는 여러 전략을 고민해 보아야 한다.
- 개별 학습자의 준비 정도에 따라 서로 다른 학습의 길(pathways)이 주어져야 한다.

둘째, 인지적/논리적 시각에서 보는 학습이란 새로운 정보를 이해하고 의미를 만들어 가는 사고의 과정이다. 학습의 핵심은 이해이며, 이는 능동적 인지 과정을 거쳐서 일어나는 것이다. 이 시각에서 학습자란 환경에 대한 이해와 의미를 구성해 가는 능동적 주체다. 이 시각을 기반으로 한 페다고지가 바로 '인지적 페다고지(cognitive pedagogy)'다. 인지적 페다고지는 학습자 개개인의 지식에 대한 이해를 중시하지만 이 이해는 개인의 반성적 사고와 함께 연계주의적 페다고지에서 강조하는 학습자 간 사회적 학습활동을 통하여 이루어진다고 보고 있다. 따라서 인지적 페다고지를 적용한 미래의 묵스는 다음 전략을 고려할 필요가 있다.

- 학습 내용을 이해하기 위해서는 상호작용이 활발할 수 있는 환경을 제공하고 지원한다. 즉, 씨묵스에서 강조하고 있는 상호작용을 지원하되, 학습 목적을 달성하는 방향으로 일어날 수 있도록 사전에 환경을 설계하고 지속적으로 촉진하여야 한다.
- 제공된 정보의 단순한 이해를 넘어 보다 거시적인 원리를 발견하거나 실험적 시도를 할 수 있도록 하는 안내된 발견학습활동의 기회를 제공한다.
- 학습 이해에 대하여 반성적 사고를 할 수 있는 기회를 제공한다. 최근 몇몇 씨묵스에서 시도하고 있는 매주 학습 노트나 반성 노트를 동료 학습자와 공유하도록 하는 방법 등이 한 예다.

셋째, 실용적/사회역사적 시각에서는 학습은 언제나 특정 상황에서 일어나는 것이며, 학습자는 학습이 일어나는 사회적 · 문화적 · 역사적 상황에 영향을 받으면서 학습하는 존재다. 이 입장에서 보는 지식은 사회적 · 문화적 상황에 존재하는 것이다. 이 시각은 '상황적 페다고지(situative pedagody)'의 기반이 된다고 볼 수 있다. 학습 공동체를 강조한다는 점에서 연계주의적 페다고지와 유사한 점이 있는 이 페다고지 기반의 묵스에서는 특히 다음 전략을 고려해야 한다.

- 문화적 · 사회적 상황을 고려하여 다른 학습자와 함께 사회적 학습과 탐구가 가능하도록 하는 학습 공동체 환경을 제공한다.
- 학습 공동체 의식을 향상하고 대화를 증진할 수 있는 환경을 제공한다.
- 학습 공동체에 적극 참여하도록 묵 학습자로서의 자신감과 역량을 계발하도록 지원한다. 주요 역량 중 하나인 자기주도학습 능력을 길러 주는 묵스 설계를 위한 제안은 리틀존(Littlejohn, 2014)의 연구에서 찾을 수 있다.

2) 문화적 · 사회적 특성 고려

현재 묵스는 학습자의 문화적 · 사회적 특성을 고려하고 있지 않은 경우가 대부분이다. 그러나 학습이 학습자의 문화적 · 사회적 상황에서 일어난다는 점을 고려하면 미래 묵스의 페다고지는 이 부분을 생각해서 개발해야한다. 정인성과 구나와르디나(Jung & Gunawardena, 2014)는 온라인 학습과 온라인 상호작용에서의 문화적 차이를 논의하면서 상황과 맥락이 더욱 중요한 사회(예: 아시아 국가들)에서는 온라인 상황에서도 교수-학습의 맥락을 보다 직접적으로 알 수 있는 비디오나 화상 강좌를 선호하며, 윗사람과 아랫사람과의 권력 거리(power distance)가 많이 떨어져 있다고 보는 사회(예: 중국 등)에서는 동료 학습자보다는 교수자와의 상호작용을 원하고 그를 통하여 배우려는 경향이 강하다고 보고하였다. 또한 서로 알지 못하는 사람들끼리 토론을 하는 경우, 상대를 신뢰하고 자신의 솔직한 의견

을 개진하는 데 걸리는 시간에 개인차는 물론 성별, 사회적·문화적으로
도 큰 차이가 있음을 지적하고 있다.

아직 묵스에서 상호작용에 참여하고, 학습을 성공적으로 마친 학습자
의 사회문화적 배경을 조사한 연구가 드물지만 일반적으로 고등교육 학위
가 있는 북아메리카의 남성이 묵스에 등록하고 있으며, 가장 성공률도 높
다고 알려져 있다(MITx & HarvardX, 2014). 지금의 묵스가 거의 북아메리
카의 대학생을 생각하면서 설계되었기 때문에 이는 당연한 것인지도 모른
다. 만약 지역적으로 묵스 개발을 생각하고 있다면 대상으로 하는 학습자
의 문화적·사회적 특성과 온라인 학습 성향을 먼저 파악해야 한다. 한국
형 묵(KMOOC)의 경우에는 한국의 온라인 학습자의 특성과 요구를 고려
하여, 어떤 페다고지를 적용하더라도 잘 조직된 학습 내용을 제공한다거
나(Jung, 2012), 시각적 요소를 많이 제공한다거나(Rha, 2014; Ozkul &
Aoki, 2006) 하는 전략이 효과적일 것이다.

3) 성인 학습자를 위한 특성 고려

앞서 지적하였듯이 지금의 묵스, 특히 엑스묵스는 20대의 전일제 대학
생을 염두에 두고 개발된 경우가 대부분이다. 따라서 사회 경험이 있고 직
업과 가정이 있는 성인 학습자는 묵스에 자유롭게 접근할 수 있기는 하지
만 묵스를 통한 성공 경험은 드물다. 현재의 묵스는 접근이 개방되어 있기
는 하지만 성인 학습자가 학습 내용, 기간, 방법을 선택할 수 있는 정도까
지 개방된 것은 아니다. 또한 바쁜 성인 학습자가 필요로 하는 자기주도
학습을 지원하는 경우도 드물고, 성인 학습자의 상황에 맞는 사례와 문제
중심의 능동적 학습 모델을 적용하는 경우도 극히 드물다. 황(Huang,

2002)은 성인 온라인 학습자를 위한 구성주의 디자인 원리를 제시하면서
특히 학습자 중심의, 실제 사례를 가지고 서로 협력하면서 공부하는 형태
의 강좌를 설계하되, 정보의 단순한 암기나 이해가 아니라 정보를 확인하
고 관리하며 비교, 분석, 비판하고 재구성하여 유용한 지식으로 만들 수
있는 고차원의 사고 능력을 활용할 수 있는 강좌를 강조하였다. 이 주장을
묵스에 접목한다면 성인 학습자의 흥미를 높일 수 있는 실제 사례 중심의,
진짜 협력이 일어날 수 있도록 유사한 흥미를 가진 학습자 간의 협력·협
동 학습 환경을 선택할 수 있는 강좌, 또한 학습 과정에 자기주도적 학습
을 지원하는 모델이 강화된 강좌를 설계하여야 한다.

4) 미래의 대안적 묵스 모형

여러 페다고지와 문화적·사회적 특성 및 성인 학습자의 특성을 고려하
여 현재의 묵스가 보완되거나 새로운 묵스 모형이 많이 나타날 것으로 예
측된다. 여기서는 한국 혹은 아시아권의 성인 학습자를 대상으로 할 때 효
과적일 것으로 기대되는 세 가지 묵스 모형을 제시한다.

(1) 에스묵스(sMOOCs: Situated Massive Open Online Courses)

상황적 묵스라는 의미를 지닌 에스묵스는 실제 상황에서 일어나는 사례
기반의 학습 페다고지를 기반으로 한 형태다. 직업을 가진 성인 학습자를
주 대상으로 하는 경우 각 학습자의 직업적 흥미나 요구에 따라 사례를 선
택하게 하고 그 사례를 중심으로 지식 네트워크나 학습 공동체 상호작용
활동을 하도록 하는 씨묵스의 보다 안내된 형태의 상황적 묵스가 효과적
일 것이다. 상황적 묵스에서는 학습자가 혼자 풀기 어렵지만 현재 실생활

이나 직업에서 요구되는 문제를 해결해야 하는 사례의 발굴과 개발, 그리고 학습자들의 상호작용이 의미 있도록 네트워크를 구성하는 효율적 방식이 중요하다.

(2) 브이묵스(vMOOCs: Visual Massive Open Online Courses)

시각적 묵스라는 의미를 지닌 브이묵스는 온라인 시각 문화가 발달한 사회, 혹은 읽기 문화가 점차 약해지고 있는 사회, 혹은 읽기 능력이 떨어지거나 시간이 없는 학습자를 대상으로 할 때 적용해 볼 수 있다. 예를 들어, 한국, 일본 등이 속해 있는 동아시아 학습자는 묵스에서 제공된 자료를 가장 적게 읽고(MITx &HarvardX, 2014), 책 읽기에 보내는 시간이 다른 국가들과 비교하여 적은 것으로 보고된 바 있다.[7] 시각적 묵스에서는 읽기 자료를 시각화하여 요약한 자료, 토론 현황에 대한 시각화 정보, 텍스트 기반의 토론방이 아닌 시각적 이미지나 3D 형태의 가상 토론방을 제공하는 등 묵스의 자료 및 환경 자체를 시각화하려는 노력이 중요하다.

(3) 툭스(TOOCs: Targeted Open Online Courses)

묵스는 불특정 다수를 대상으로 하는 온라인 강좌다. 모든 사람에게 양질의 고등교육을 제공한다는 묵스의 비전은 접근성을 개방하였다는 의미에서는 실현될 수 있겠지만, 학습 효과 면을 보았을 때는 극히 실현화되기 어렵다. 따라서 특정 학습자 집단을 목표로 하여 개발한 온라인 강좌들이 오히려 성공할 가능성이 높아 보인다. 앞서 사례로 제시한 치매 묵스, 교사의 전문 능력 계발 묵스, 우수한 고등학생 대상의 대학 예비 과정 묵스

----

7) http://rbth.com/multimedia/infographics/2013/06/28/readers_around_the_world_275 11.html

등은 묵스라기보다는 툭스의 형태라고 보는 것이 맞다.

앞으로 많은 묵스가 특정 집단을 염두에 두고 개발하는 툭스 형태로 전환하리라고 예상된다. 툭스에서는 특정 학습자 집단의 필요와 요구를 분석해 내고 그들의 개방 학습, 자율 학습, 협동 학습 준비도에 맞는 강좌 설계가 중요하다.

5. 결 론

다른 형태의 교육과 마찬가지로 묵스에서도 한 가지 페다고지 모형이 어떤 경우에나 모두 효과적인 것은 아니다. 과거와 현재 교육 현장에 적용되고 있는 여러 페다고지 모형이 묵스의 특성과 대상에 따라 적절히 사용될 수 있을 것이나, 온라인 테크놀로지 기반으로 대다수의 사람을 동시에 지원한다는 묵스의 특성 때문에 가르치고 배우는 방법에 대하여 신중하게 고려해야 한다.

현재 연계주의적 페다고지와 강의실 수업 페다고지가 적용된 씨묵스과 엑스묵스의 교수 설계의 질은 교수 내용의 조직과 자료의 질을 제외하고는 실망스러울 정도로 낮은 것으로 나타나고 있다(Margaryan, Bianco, & Littlejohn, 2015). 미래의 묵스 페다고지 모형은 지금까지 강의실 교육 및 온라인 교육이나 원격교육에서 축적된 교수 설계의 원리와 여러 확장된 페다고지를 기반으로 묵스의 주 대상자인 디지털 시대의 바쁜 성인 학습자가 잘 배울 수 있는 방법과 그들의 문화적·사회적 배경을 고려해 보다 역동적이면서도 유용한 학습 환경을 만들어 내는 데 기여해야 한다.

참고문헌

나일주(1991). 컴퓨터의 인간교육적 활용을 지향하며. 교육공학연구, 7(1), 3-16.

Adams, C., Yin, Y., Vargas Madriz, F. L., & Mullen, C. S. (2014). A phenomenology of learning large: the tutorial sphere of xMOOC video lectures. *Distance Education, 35*(2), 202-216, doi:10.1080/01587919.2014.917701

Andersen, R., & Ponti, M. (2014). Participatory pedagogy in an open educational course: Challenges and opportunities. *Distance Education, 35*(2), 234-249, doi:10.1080/01587919.2014.917703

Bruff, D. O., Fisher, D. H., McEwen, K. E., & Smith, B. E. (2013). Wrapping a MOOC: Student perceptions of an experiment in blended learning. *MERLOT Journal of Online Learning and Teaching, 9*(2), 187?199. Retrieved from http://jolt.merlot.org/vol9no2/bruff_0613.htm

Crosslin, M. (2014, May 4). Designing a dual layer cMOOC/xMOOC. *EduGreek Journal.* Retrieved from http://www.edugeekjournal.com/2014/05/04/designing-a-dual-layer-cmoocxmooc/

Daniel, J. (2014). Foreword to the special section on Massive Open Online Courses? Evolution or revolution? *MERLOT Journal of Online Learning and Teaching, 10*(1), i-iv. Retrieved from http://jolt.merlot.org/vol10no1/daniel_foreword_0314.pdf

Downes, S. (2005, December 22). *An introduction to connective knowledge.* Retrieved from http://www.downes.ca/cgi-bin/page.cgi?post=33034

Downes, S. (2008). Places to go: Connectivism & connective knowledge. *Innovate: Journal of Online Education, 5*(1). Retrieved from http://www.innovateonline.info/index.php?view=article&id=668

Eaton, K. (2014, June 4). Via tablet or smartphone, Learning with MOOCs. *The New York Times.* Retrived fromhttp://www.nytimes.

com/2014/06/05/technology/personaltech/Moocs-via-tablet-or-smartphone-are-gateway-to-free-education.html

Greeno, J. G., Collins, A. M., & Resnick, L. (1996). Cognition and learning. In D.C. Berliner, & R.C. Calfee (Eds.), *Handbook of educational psychology* (pp. 15-46). NY: Simon & Schuster Macmillan.

Jung, I. S. (2012). Asian learners' perception of quality in distance education and gender differences. *The International Review Of Research In Open And Distance Learning, 13*(2), 1-25. Retrieved from http://www.irrodl.org/index.php/irrodl/article/view/1159/2128

Jung, I. S., & Gunawardena. C. (Eds.) (2014). *Culture and online learning: Global perspectives and research.* Sterling, VA: Stylus.

Littlejohn, A. (2014). *Supporting professional learning in MOOCs.* Retrieved from https://dl.dropboxusercontent.com/u/6017514/PL-MOOC-recommendations.pdf

Mackness, J., Waite, M., Roberts, G., & Lovegrove, E. (2013). Learning in a small, task?oriented, connectivist MOOC: Pedagogical issues and implications for higher education. *The International Review Of Research In Open And Distance Learning, 14*(4). Retrieved from http://www.irrodl.org/index.php/irrodl/article/view/1548

Margaryan, A., Bianco, M., & Littlejohn, A. (2015). Instructional quality of Massive Open Online Courses (MOOCs). *Computers & Education, 80,* 77-83.

Mayers, T., & Freitas, S. (2004). *JISC e-learning models desk study. Stage 2: Review of e-learning theories, frameworks and models.* JISC. Retrieved from http://www.jisc.ac.uk/uploaded_documents/Stage%202%20Learning%20Models%20(Version%201).pdf

McAuley, A., Stewart, B., Siemens, G., & Cormier, D. (2010). *The MOOC model for digital practice.* Charlottetown, Canada: University of

Prince Edward Island. Retrieved from http://www. elearnspace. org/Articles/MOOC_Final.pdf

Mezirow, J. (1990). *Fostering critical reflection in adulthood: A guide to transformative and emancipatory learning.* San Francisco, CA: Jossey-Bass.

Milligan, C., Littlejohn, A., & Margaryan, A. (2013). Patterns of engagement in connectivist MOOCs. *Journal of Online Learning and Teaching, 9*(2), 149-159. Retrieved from http://jolt.merlot.org/vol9no2/milligan_0613.htm

MITx and HarvardX (2014). *HarvardX-MITx Person-Course Academic Year 2013 De-Identified dataset, version 2.0.* Harvard Dataverse Network V10. Retrieved from http://thedata.harvard.edu/dvn/dv/mxhx

Ozkul, A. E., & Aoki, K. (2006). *E-learning in Japan: Steam locomotive on Shinkansen.* Paper Presented at the 22nd ICDE World Conference on Distance Education: Promoting Quality in On-line, Flexible and Distance Education. Rio de Janeiro, Brazil.

Rha, I. (2014). Emerging visual culture in online learning environments. In I. S. Jung, & C. Gunawardena (Eds.), *Culture and online learning: Global perspectives and research* (pp. 45-53). Sterling, VA: Stylus.

Saadatmand, M., & Kumpulainen, K. (2014). Participants' perceptions of learning and networking in connectivist MOOCs. *MERLOT Journal of Online Learning and Teaching, 10*(1), 16-30. Retrieved from http://jolt.merlot.org/vol10no1/saadatmand_0314.pdf

Selingo, J. (2014). *MOOC U: Who is getting the most out of online education and why.* New York, NY: Simon & Schuster.

Siemens, G. (2010, February 16). *Teaching in social and technological networks* [Web log post]. Retrieved from http://www.connectivism.ca/?p=220

Stacey, P. (2013, May 11). *The pedagogy of MOOCs.* Retrieved from http://edtechfrontier.com/2013/05/11/the-pedagogy-of-moocs

참고사이트

Change MOOC: http://change.mooc.ca

Connectivism and Connective Knowledge 2011: http://cck11.mooc.ca

Design Jam: https://www.designjams.org

edX: https://www.edx.org

P2PU: https://p2pu.org/en

Readers around the world:

　　　http://rbth.com/multimedia/infographics/2013/06/28/readers_aro
　　　und_the_world_27511.html

Youtube 'Success in a MOOC':

　　　http://www.youtube.com/watch?v=r8avYQ5ZqM0

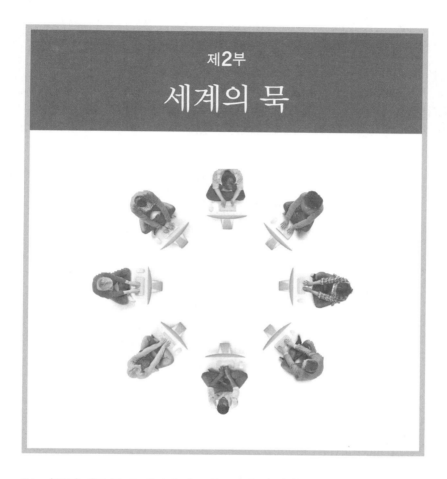

제2부

세계의 묵

04 미국의 대표 묵: 코세라와 에드엑스의 운영 성과와 시사점

05 다양성과 협력을 추구하는 유럽 스타일의 묵스

06 발달하는 아시아 · 태평양 지역의 묵스

07 국내 최대 원격교육기관, 한국방송통신대학교의 묵스

08 한국의 사례: 서울대학교의 묵스 운영

미국의 대표 묵:
코세라와 에드엑스의 운영 성과와
시사점*

1. 코세라와 에드엑스: 미국 묵의 쌍두마차

대형 온라인 공개강좌(Massive Open Online Course: MOOC)의 세계적 확산 과정에 절대적인 공헌을 한 것으로 미국을 기반으로 하는 코세라 (Cousera)와 에드엑스(edX)가 있다. 온라인 형태의 대학교육의 새로운 방식으로 묵(MOOC)의 가능성에 주목한 코세라는 2012년 4월에, 바로 이어서 에드엑스는 2012년 5월에 설립되었다(Wikipedia, 2014a, 2014b). 코세라는 미국 서부의 스탠포드대학교 교수들을 중심으로 강좌를 개설한 반면, 에드엑스는 미국 동부의 MIT와 하버드대학교를 중심으로 온라인 교육 서비스를 시작하였다. 이 둘은 한편으로는 유사한 특징을, 다른 한편으

---

* 임철일(서울대학교 교육학과 교수, chlim@snu.ac.kr)

로는 차이점을 보여 주면서 묵이 세계적인 수준으로 성장 확대되는 것을 주도하고 있다. 묵의 향후 발전 방향과 전망에 대한 국내외 논의가 본격화되기 시작한 현재 시점에서 우선 코세라와 에드엑스의 초반기 성공적인 진출 과정을 분석하고 이해할 필요가 있다. 기존의 국내 원격교육, 구체적으로는 한국방송통신대학교나 온라인 대학에 대한 사회적인 회의와 편견을 고려할 때, 온라인 형태의 대학 강좌 운영을 표방한 코세라와 에드엑스의 성공 경험은 시사하는 바가 크다.

이 장에서는 코세라와 에드엑스의 설립과 발전을 역사적인 측면에서 검토하면서 현재 시점의 운영 현황을 간략히 살펴본다. 다음으로 코세라와 에드엑스가 성공적으로 운영될 수 있게 한 주요 특성을 분석하고 향후 국내외 묵 개발과 운영에 주는 시사점을 탐색해 본다.

2. 설립과 발전 및 운영 현황

1) 설립과 발전

코세라는 2012년 4월 스탠포드대학교 컴퓨터학과 교수인 다프네 콜러(Daphne Koller)와 앤드류 응(Andrew Ng)이 설립한 온라인 영리교육기관이다. 설립 당시에 스탠포드대학교 이외에도 프린스턴대학교, 미시건대학교, 펜실베이니아대학교 등 12개 대학교와 파트너 관계를 맺으면서 명성 있는 대학의 강의가 필요한 사람에게 온라인으로 제공하는 서비스를 지향하였다(Coughlan, 2012). 2012년 9월에는 17개 이상의 파트너 대학이 참여하면서 확장을 시도하였고, 이후 성장을 거듭하여 2014년 11월 현재 전 세계에 걸쳐서 22개 국가 총 114개의 파트너기관이 참여하고 있다. 총 강좌 수는 867개에 이른다(Coursera, 2014a).

발전 과정에서 특이한 점으로는 코세라에서 개설한 5개 과정에 대하여 일찍이 2013년 1월에 미국교육의회(American Council on Education)에서 대학 학점으로 인정받을 수 있게 됨으로써 향후 공신력 있는 온라인 교육 서비스기관으로 자리 잡기 시작한 것을 들 수 있다(Kolowich, 2013). 2013년 9월에는 과정 인증(certificate) 서비스를 과정 이수자들에게 제공하여 약 10억 원의 매출을 올린 것으로 보고되었고 그해 12월 벤처캐피탈로부터 약 8억 5천만 원의 투자를 유치하였다(Heussner, 2013; Lewin, 2013a). 2013년 10월에는 미국 교육부와 협조하여 전 세계를 상대로 서비스하는 교육 허브를 위한 팀을 만들기도 했는데, 이러한 정부와의 긴밀한 관계는 이란, 쿠바, 수단 등에서 코세라 서비스를 차단하는 결과를 가져오기도 하였다(Collins, 2014; Lewin, 2013b). 2014년 5월에는 미국의 안티오크대학교가 코세라의 강좌를 자체 학점으로 인정하는 첫 번째 기관이 되기도 하였다(Antioch University, 2014). 2014년 9월에는 브라질의 상파울로대학교와 캄피나스대학교 등과 함께 영어가 아닌 포르투갈어로 이루어진 코세라 교육과정을 제공하기 시작했다(Protalinski, 2014; Ujjawal, 2014).

에드엑스는 2012년 5월 하버드대학교와 MIT 대학의 공동 투자로 설립되었다. 개인이 투자하여 설립한 코세라와는 달리 에드엑스는 세계적인 명성을 가진 2개 대학에서 공식적으로 후원하는 형태로 출발하였다. 2012년 5월 MIT의 아가르왈(Anant Agarwal) 교수 등이 개설한 '회로와 전기' 강좌가 전 세계 162개 국가의 155,000명이 수강하는 성과를 올리면서 이후 버클리대학교 등 파트너 대학들과 함께 온라인 강좌 운영 서비스를 제공하기 시작하였다(Breslow, Pritchard, DeBoer, Stump, Ho & Seaton, 2013).

에드엑스는 설립 단계부터 개방성을 최우선 원칙으로 삼았으며, 대표적으로 2013년 4월 스탠포드대학교가 에드엑스 플랫폼을 공동으로 개발하는 것에 협의하는 것을 포함하여 2013년 6월에는 오픈소스 플랫폼을 공개하여 전 세계 누구나 각자의 환경과 특성에 맞게 플랫폼을 개선, 변형, 보수, 개발할 수 있게 하였다(edX, 2013). 2013년 5월에는 서울대학교가, 10월에는 중국의 칭화(Tsingshua)대학교가 파트너로 참여하는 등 아시아권 국가로 참여 대학이 확장되었다. 2014년 5월에는 아랍어권 강좌 서비스를 위하여 퀸라니아(QueenRania) 재단이 에드락(Edraak)이라는 묵 포털을 개설하였으며, 2014년 12월에는 고등학교 학생을 위한 고등학교 이니셔티브(High School Initiative)라는 특별 프로그램을 제공할 계획을 세웠다. 2014년 10월에는 기업 전문가들을 위한 전문 교육(Professional Education) 강좌 서비스를 제공하는 등 대학 강좌에서 벗어나 다양한 온라인 강좌를 개설하고 있다. 2014년 11월 현재 50개의 파트너기관에 총 360여 개 강좌가 개설되어 있다(edX, 2014).

2) 운영 현황

코세라와 에드엑스의 운영 현황은 대체로 어떤 강좌가 얼마나 많은 수강생을 대상으로 이루어졌는가를 통해 살펴볼 수 있다. 이 외에도 최종 수료한 학생 비율과 경제적 측면을 다루는 방식을 고려할 수 있다.

첫째, 강좌 개설 현황을 살펴보면, 2014년 11월 기준으로 코세라의 경우 22개 국가의 114개 파트너기관에서 제공하는 총 774개의 강좌가 개설되어 있으며, 에드엑스의 경우 11개 국가에 걸쳐서 50개 파트너기관에서 제공하는 총 368개의 강좌가 개설되어 있다. 코세라가 보다 많은 대학과 파트너 관계를 맺으면서 강좌를 개설하는 데 비하여, 에드엑스는 특별 회원(Charter

표 4-1 코세라와 에드엑스의 강좌 개설 현황(2014년 11월 기준)

		코세라		에드엑스	
전체 강좌 수		867		368	
주요 대학 강좌 수	스탠포드대학교	91	하버드대학교		56
	펜실베니아대학교	39	MIT		43
	존홉킨스대학교	38	버클리대학교		34
	토론토대학교	10	보스턴대학교		6
	북경대학교	29	북경대학교		16

Member)과 일반 회원(Member)으로 구분하여 특별 회원에 해당되는 35개 파트너 대학들은 각 국가에서 높은 수준의 명성을 유지하는 대학으로 선별하는 원칙을 적용하여 상대적으로 강좌 개설 숫자가 적은 특징이 있다.

둘째, 수강 현황을 살펴보면, 코세라의 경우 전체 누적 수강생 수가 1,036만 명 정도인 데 비하여 에드엑스는 300만 명에 이른다. 양 기관의 강좌 개설 수의 차이에서 이러한 전체 수강 인원의 차이를 이해할 수 있다. 〈표 4-2〉에서는 코세라의 경우 역대 최다 인원이 수강한 9개 강좌를 보여 주고 있다(Facebook, 2013). 예컨대, 웨슬리언(Wesleyan)대학교의 사회심리학 강좌의 경우 총 수강 신청 인원이 무려 24만 명에 이른다. 한편 에드엑스의 경우 2014년 MIT의 봄 학기 주요 강좌와 2014년 하버드대학교의 여름 학기 주요 강좌별 수강 신청 인원이(Nesterko, Seaton, Kashin, Han, Reich, Waldo, Chuang & Ho, 2014a, 2014b) 강좌당 대략 3만 명에서 4만 명에 이른다.

〈표 4-3〉은 코세라와 에드엑스의 또 다른 운영 현황을 보여 준다. 조던(Jordan, 2014)의 연구에 따르면 코세라, 에드엑스 그리고 또 다른 묵 기관인 유다시티(Udacity)의 39개 강좌를 분석한 결과 최종 이수율이 6.5%에

표 4-2 코세라와 에드엑스의 수강 현황

	코세라			에드엑스		
전체 수강생	1,036만 명			300만 명		
	과목명 (최다 수강인원 강좌)	대학교	수강 인원	과목명 (2014년 개설)	대학교	수강 인원
주요 강좌 수강생	사회심리학 (Social Psychology)	웨슬리안대학교	240,423	학습의 지도자 (Leaders of Learning)	하버드대학교	45,742
	다시 생각하기 (Think Again)	듀크대학교	226,751	중국 파트 5 [China(Part 5)]	하버드대학교	36,708
	프로그램 학습 (Learning to Program)	토론토대학교	198,494	웹로그 분석 (The Analytics Edge)	MIT	31,257
	게임 이론 (Game Theory)	스탠포드대학교 & 브리티시 콜롬비아대학교	193,445	기업가 정신 (Entrepreneurship)	MIT	48,645
	불합리한 행동에 대한 초보자 가이드 (A Beginner's Guide to Irrational Behavior)	듀크대학교	185,398	모바일 경험 구축 (Building and Mobile Experience)	MIT	36,705

표 4-3 코세라와 에드엑스의 강좌 이수율, 특별 강좌, 수익 현황

	코세라	에드엑스
강좌 이수율	6.5%	하버드대학교: 7.5% MIT: 3.4%
특별 강좌	• Signature Track (Specialization Certificate) • Verified Certificates	• High School Courses • Professional Education • Xseries Courses • Verified Certificate • Honor Code Certificate
수익 현황	• 2013년 5개의 Signature Track 강좌에서 80만 달러 수익 • 2013년 9월 이수증(Verified certificate)으로 100만 달러 수익 거둠	• 1개의 Professional Education 운영 결과 75만 달러 수익 거둠

그치는 것으로 나타났으며, 엠아이티엑스(MITx) 전체 강좌 이수율은 3.4%, 하버드엑스(Harvardx)의 전체 강좌 이수율은 7.5%로 보고되고 있다(Nesterko et al., 2014c, 2014d). 이처럼 코세라와 에드엑스의 이수율은 매우 낮아서 대체로 3%에서 7% 수준에 머무르고 있다.

강좌의 종류 측면에서 볼 때 코세라의 경우 강좌들의 계열이 존재하는 시드니처 트랙(Signagure Track)이 46개가 있으며, 에드엑스의 경우 고등학생을 위한 고급 강좌인 'High School Courses'가 31개, 기업 전문가들을 위한 전문적 교육(Professional Education) 강좌가 4개 개설되어 있다. 강좌 운영에 따른 경제적 수익 측면에서 코세라의 경우 2013년 교육 이수증 발급으로(강좌당 대략 4~5만 원 정도) 100만 달러, 원화로 10억 원의 매출이 발생하였으며, 에드엑스의 경우 비영리기관이기는 하지만 별도의 프로그램인 '전문적 교육' 운영을 통해서 2013년 75만 달러의 수익이 발생

한 것으로 보고하고 있다(Heussner, 2013; Korn, 2014).

3. 대학 및 강좌 운영의 특성

1) 대학의 운영

(1) 선별적 파트너 대학 및 강좌 선정

코세라와 에드엑스의 성공적 정착과 운영에 절대적인 영향을 끼친 것 중 하나는 세계적인 명성을 지니고 있는 기존의 저명 대학을 중심으로 초기 온라인 강좌를 운영하기 시작한 것이라는 점이다. 원격대학 등 기존 온라인 형태의 대학 강좌가 영국과 미국 등 전 세계에 걸쳐서 운영되고 있었지만, 코세라와 에드엑스와 같은 묵의 형태가 온라인 교육의 반향을 일으킨 것은 무엇보다도 높은 수준의 교육을 실천하고 있는 것으로 인정받고 있는 세계적인 대학들이 온라인 교육에 들어섰기 때문이다. 미국의 서부 명문 대학 스탠포드의 교수였던 콜러(Koller) 교수와 응(Ng) 교수가 설립한 코세라에 이어 미국 동부의 이공계 명문 MIT와 세계 최고로 평가받은 하버드대학교가 공동으로 투자하여 설립한 에드엑스는 이후 미국 내에서 일정한 수준 이상의 대학과 함께 미국을 벗어난 다른 국가에서도 각 국가별 최고 수준의 대학(예: 일본의 경우 도쿄대학교와 교토대학교가 에드엑스에 참여)을 파트너로 받아들이는 방식을 채택하였다.

이는 결과적으로 묵이 기존 온라인 대학교육과는 차별화된 특징을 보여주는 데 기여하였다. 왜냐하면 기존의 온라인 대학교육은 학위 과정이 필요한 사람을 대상으로 이루어지는 제도화된 대학교육이었기에, 이미 학위 과정을 운영하고 있었던 명문 대학들은 거의 참여하지 않았다. 그러나 묵 형태를 표방한 코세라와 에드엑스는 학위 과정까지는 요구하지 않지만 명문 대학의 강좌 단위의 수강을 요구하는 전문 영역의 성인 학습자의 기대에 부응하는 서비스를 무료로 제공함으로써 지속적인 성장을 거듭하고 있다. 예컨대, 에드엑스를 통하여 2014년 봄에 개설되어 성공적으로 운영된 서울대학교 SNUx의 '로봇공학 입문' 강좌의 경우, 전체 수강 신청 인원 중 60% 내외가 대학 및 석사 졸업의 학력을 가지고 있는 것으로 나타났다 (김선영, 2014).

(2) IT 기술 기반의 조직

코세라와 에드엑스가 성공적으로 운영되는 데 중요한 공헌을 한 또 하나의 요소는 탄탄한 기술력과 대학교육의 경험을 기반으로 사업 조직을 구성한 것이다. 코세라의 공동 설립자인 콜러와 응은 모두 스탠포드대학교 컴퓨터학과 교수로서 재직하면서 기계학습(Machine Learning)과 인공지능 분야에서 세계적인 연구를 이끌면서 동시에 공과대학 학부교육의 혁신을 주도해 온 경험이 있었다. 예컨대, 응 교수의 경우 2011년 코세라의 현재 플랫폼의 초기 형태인 오픈클래스룸(OpenClassroom)을 직접 개발하여 '기계학습' 강좌를 운영했는데, 이때 이미 100,000명의 학생이 등록함으로써 향후 코세라 설립에 결정적인 역할을 한다.

이후 코세라가 본격적으로 설립되어 발전하는 과정에서도 최고 기술을 온라인 교육에 반영하려는 측면에서의 조직 구성이 확대되어 가고 있다. 제품이사(Chief Product Officer)를 포함하여 파트너 대학과의 관계(Chief Academic Strategist), 비지니스 담당 총괄(Chief Business Officer), 최고 마케팅 경영자(Chief Marketing Officer) 등을 두면서 온라인 교육을 사업적인 관점에서 운영하려 하고 있다. 또한 주요 파트너 대학(예일대학교, 멜버른 대학교, 프린스턴대학교, 미시건대학교 등)의 교무처장급(Provost) 9명으로 구성된 이사회가 있다(Coursera, 2014b).

에드엑스의 경우도 코세라와 유사한 경험과 형태를 보여 주고 있는 바, 대표이사인 아난트 아가르왈(Anant Agarwal)은 MIT 교수로서 2012년 에드엑스의 초기 강좌로 알려진 '회로와 전기' 강좌를 운영하였으며 컴퓨터, 전기공학 및 인공지능 분야를 연구해 오고 있다. MIT와 하버드대학교에 의하여 공동 설립되었지만 코세라와 유사하게 텍사스대학교, 버클리대학교, 캐나다의 브리티시콜롬비아대학교, 호주의 퀸즈랜드대학교, 프랑스 파리대학교 등의 10명의 총장급 교수가 자문위원회를 구성하여 에드엑스를 이끌어 가고 있다. 기술적 측면에서는 플랫폼 개발을 책임지는 최고기술자(Chief Scientist), 온라인 강좌의 개발과 운영을 담당하는 강좌책임자(Director of Academics)를 두어서 높은 수준의 질 확보를 모색하고 있다.

(3) 비즈니스 모델

동일한 온라인 교육 서비스를 묵 형태로 제공하지만 코세라와 에드엑스는 상이한 비즈니스 모델을 시도하고 있다. 코세라의 경우는 무료로 온라인 강좌를 제공하는 기조는 유지하고 있지만, 개인이 원하는 경우 유료 강좌의 제공을 처음부터 비즈니스 모델로 채택하여 운영해 오고 있다. 또 강좌 수강생을 대상으로 수료증을 부여하는 유료 프로그램으로 'Signature Track' 과정을 운영하고 있다. 즉, 무료이면서 수료증이 없는 일반 과정 이외에 Signature Track도 신청하는 경우 학생은 대체로 한 강좌당(5주 내외 기간) 40달러에서 50달러 사이의 비용을 지불해야 한다. 또한 특별 과정(Specialization)을 운영하고 있는데, 이것은 일정한 주제 영역(예: Data Mining)

내에 있는 관련된 강좌(예: Data Mining의 경우, Pattern Discovery in Data Mining, Text Retrieval and Search Engine 등 5개 강좌)를 이수하여 수료증을 받은 후 마지막 종합 프로젝트(Capstone Project)까지 마치면 '특별 과정 수료증'이 수여된다. 이 형태는 기존 대학에서 운영하는 2~3개 정도의 관련 강좌를 이수하는 것과 동등한 수준을 보여 주고 있으며, 온라인 대학 강좌의 모듈화에 따른 교육과정의 재조합(rebunlding)의 초기 형태로 파악할 수 있다. 이런 방식의 운영을 통하여 코세라의 경우 2013년에는 100만 달러, 즉 10억 원의 매출이 발생한 것으로 보고하고 있다.

  에드엑스는 초기 설립 단계부터 비영리, 공개 플랫폼, 상호 공조, 재정적으로 지속 가능할 것이라는 원칙을 천명하면서 코세라와는 다른 비즈니스 모델을 채택하고 있다. 기본적으로 모든 강좌는 무료이지만(Honor Code), 수료증이 부여되는 일부 강좌에 대해서는 유료 서비스를 채택하고 있다. 코세라의 '특별 과정'에 상응하는 것으로 에드엑스에는 '엑스시리즈(XSeries)'가 있어서 일련의 과목을 들으면 수료증이 발급된다. 예컨대, 공급망 관리(Supply Chain Management) 과정을 수강하려면 3개의 하위 강좌를 수강해야 하며 각 강좌당 수료를 위한 비용 100달러와 최종 프로그램 비용 75달러를 포함하여 총 375달러를 지불해야 한다. 또한 전문가의 평생교육을 위한 온라인 서비스 형태로 Professional Education 과정이 운영되고 있는데, 현재 '사이버 보안의 경제학' 등 5개 강좌가 대략 250달러 내외의 비용으로 일반 직장인을 대상으로 개설되어 있다. 한편 무료 온라인 강좌를 제공하는 연장선에서 고등학생을 위한 고급 과정인 High School Initiative 프로그램이 2014년 12월부터 운영을 계획하고 있다. 수학, 과학 등 총 44개 강좌가 고등학교 학생 및 교사를 위하여 무료로 제공된다.

2) 온라인 강좌의 개발과 운영

코세라와 에드엑스는 온라인 강좌 개발과 운영의 직접적인 경험, 효과적인 온라인 교육을 위한 과학적 연구 결과 등을 반영하여 자체 플랫폼을 개발하고, 이를 기반으로 온라인 강좌를 성공적으로 운영한 것으로 알려져 있다. 다음에서는 코세라와 에드엑스의 개별 강좌 개발과 운영상의 특징을 살펴본다.

(1) 효과적 학습 원리의 적용

코세라와 에드엑스로 대변되는 엑스묵스(xMOOCs)의 온라인 과정 개발과 운영에는 대부분 행동주의와 인지주의 관점의 연구 결과가 반영되어 있는 것으로 알려져 있다. 코세라의 경우 기본적으로 행동주의 관점의 완전학습(mastery learning)이 적용된 온라인 강좌 개발을 시도하고 있다. 학생들은 세분화된 강의 자료를 학습한 후 다음 단계의 강의 자료를 보기 위해서는 연습 문제나 퀴즈를 보고 그 결과에 따른 피드백을 받는다. 또한 일련의 과제를 해결하는 과정이 포함되어 있다. 기존의 전통적인 대학 강좌와 같이 1시간 혹은 2시간 단위의 설명식 강의를 그대로 온라인 형태로 올리는 방식에서 벗어나서 강의 자료를 학생이 집중해 들을 수 있는 단위로 나누어서 제시하고, 그 사이사이에 간단한 연습 문제와 피드백을 제공하는 방식을 구현한 것이다. 에드엑스의 온라인 강좌의 플랫폼 사례를 보면 왼편에 주 단위의 강좌 내용이 제시되어 있다. 주 단위 내용은 다시 몇 개의 하위 비디오 강의 내용과 과제 그리고 연습 문제에 해당하는 자기 평가로 나뉘어 있어서 학생들이 단계별로 학습 과정을 이끌어 가도록 안내하고 있다.

(2) 인지 과정을 고려한 인터페이스 설계

온라인 강좌는 결국 플랫폼을 통하여 온라인상으로 원격의 학습자에게 전달된다. 이러한 측면에서 학습자의 주의 집중을 확보하고 인지 부하를 적절하게 고려한 인터페이스 설계가 플랫폼과 내용 설계 등에 반영되어야 한다. 이 점에서 코세라와 에드엑스는 참고할 만한 플랫폼 및 내용 설계를 선도적으로 보여 주고 있다. 그 내용을 살펴보면 다음과 같다.

첫째, 각종 비디오 형태의 강의 자료의 크기를 가능한 작게 유지하여 학습자의 주의 집중을 최대한 고려하고 있다. 윌리엄스(Williams, 2014)의 분석에 따르면 코세라의 경우 한 강좌당 평균 동영상 개수는 47개이며, 비디오 하나당 재생 시간은 평균 14분이며, 에드엑스의 경우도 대체로 68개, 평균 9분 4초로 나타났다. 이처럼 개별 비디오 자료의 재생 시간을 10분 내외로 두어 학생들이 집중하면서 유연하게 수강하는 것을 지원하고 있다. 이와 관련된 또 하나의 특징은 대부분의 묵 강좌가 통상 4~6주 단위로 구성되어 있다는 점이다. 처음 묵이 시작할 때는 통상 3~4개월 16주 내외로 운영되는 일반 대학의 방식을 똑같이 적용했다. 그러나 이 경우 온라인의 많은 학생이 중도에 포기하는 현상이 발생하였고, 조사 결과 대체로 4~6주 단위로 운영될 때 중도 포기자가 적은 것으로 나타났다. 따라서 현재 대부분의 강좌는 4~6주 기간으로 운영되고 있다.

둘째, 비디오 자료와 함께 자막을 제공하고, 재생 속도를 통제할 수 있는 기능을 포함하여 다양한 학습자의 인지적 요구를 반영하고 있다. 학습자의 선택을 가능하게 하여 개별 학습자의 인지 부하를 최적화하는 데 도움을 주고 있다. 에드엑스의 경우 비디오 하단에 영상 자료 재생 속도 조절 기능이 있으며, 오른편에는 영어 자막을 내레이션 형태로 보여 준다. 코세라의 플랫폼 구성은 왼편에는 슬라이드 화면, 오른편에는 강사의 화면을 보여 준다. 강의 자료 하단에 영어 자막이 동기화되어 나타나고, 하단 메뉴에 속도 조절 기능이 있다. 이러한 기능은 원격의 학습자가 자신의 인지 능력과 요구에 따라서 강의 자료를 적응적으로 조절할 수 있다는 점에서 기존의 원격교육 서비스에서 진일보한 것으로 볼 수 있다.

(3) 동료 평가의 적용

코세라와 에드엑스의 공통적인 과제 중 하나는 다수 학생을 어떻게 효과적으로 평가하는가다. 이와 관련하여 양 기관에서 시도하고 있는 것은 동료 평가(peer assessment)다. 한 강좌당 기본적으로 수천 명, 많게는 수만 명이 수강 신청하여 학습이 진행되는 과정에서 선택형·객관형 문항이 아닌 경우에 담당 강사가 모든 학생을 적절하게 평가하는 것은 실제로 불가능하다. 초기 코세라와 에드엑스 강좌들이 명문 대학의 인공지능, 전기회로 등 공과 대학의 고급 강좌를 중심으로 시작하면서 학생에게 부과하는 일련의 과제는 선택형 문항이 아닌 문제해결형이었으며, 이 점은 전통적인 강사 중심의 평가를 벗어난 대안을 요구하였다. 여기서 대안으로 시도되고 있는 것이 바로 동료 평가다.

동료 평가는 기본적으로 수강생 중 다양한 경험과 사전 지식으로 인하여 강사가 기대하는 것, 그리고 의도하는 것을 이해하여 평가할 수 있는 능력을 갖춘 학생이 있는 것을 전제로 한다. 코세라와 에드엑스의 경우 대학 졸업자 혹은 대학원 석사 이상 졸업자가 통상 50~60% 차지하는 상황인데, 이 경우 강사가 미리 제시한 평가 기준으로서 루브릭(rubric)을 활용하여 학생들끼리 적절히 평가를 한다. 동료 평가의 방식은 여러 형태로 운영될 수 있지만, 에드엑스의 경우는 사전에 강사에 의한 루브릭의 제시, 루브릭을 활용한 학생의 예비 평가 실시, 강사에 의한 학생 평가 결과의 검토 및 최종 학생 평가자 선정, 학생에 의한 평가의 실시 단계를 거치게 된다.

동료 평가는 강사와 유사한 수준의 평가를 피드백과 함께 제시하고 있다는 점에서 다수의 학생이 수강하는 묵 강좌에서 적용할 수 있는 대안적 평가 방식으로 시도되고 있다.

(4) 과정 개발의 질 관리

코세라와 에드엑스의 경우 일정한 수준을 담보하는 강좌를 개발하고 운영하기 위하여 본부 관리기관과 파트너 대학의 개발 담당기관과의 협조 관계를 확보하려고 한다(임철일, 김선영, 김미화, 한송이, 서승일, 2014). 본부 측에서는 협약 단계 이후 과정의 설계 및 개발 그리고 운영 과정에서의 일정한 지침을 제시하고 파트너 대학이 이 지침을 지키도록 관리하고 있다. 예컨대, 에드엑스의 경우 강좌 개설이 결정되면 8주 전부터 강좌 일정 및 학습 시간 등을 안내하는 홍보 내용이 제시된다. 이를 위하여 파트너 대학은 관련 자료를 준비하고 이를 플랫폼에게 독자적으로 올린다. 또한 개강 2주 전부터 학생에게 전자메일 형태로 강좌 안내를 시작한다. 학습활동을 지원할 수 있는 연습 문제를 포함하여 토론, 과제, 시험 등을 준비하여 단순히 강의를 듣는 것으로만 그치지 않고, 완전학습 혹은 실질적인 학습이 가능하도록 설계하고 있다. 마지막으로 코세라와 에드엑스는 전체 강좌의 질적 수준 향상을 도모하기 위하여 각각 파트너 컨퍼런스(Partner's Conference)와 에드엑스 글로벌 포럼(Edx Global Forum)을 매년 개최하여 파트너 대학의 묵 강좌 개발과 운영 성공 경험을 공유하는 기회를 제공한다.

4. 결론 및 시사점

1) 학습자의 학습 요구에 대한 대응

대학 수준의 온라인 교육의 새로운 가능성을 보여 준 코세라와 에드엑스의 묵 강좌는 기본적으로 잠재적인 학습자의 학습 요구에 대하여 효과적으로 대응한 것으로 볼 수 있다. 비록 영어권 대학이라는 제한은 있지만, 세계적인 수준의 대학에서 개설하고 있는 강좌(예: 스탠포드대학교의 인공지능 강좌)를 동일하게 접근하려는 학습자를 대상으로 개설되었다. 또한 개방성의 원칙에 따라 수강 자격을 제한하지 않으면서 무료로 제공하여 기존 대학 강좌 수강과는 전혀 다른 틀을 제공하였다. 즉, 코세라와 에드엑스의 성공은 국가별 명문 대학 혹은 우수 대학의 선별된 강좌를 포함하고 있다는 점에서 찾을 수 있다. 학습자 입장에서 보면 명문 대학에 입학하여 직접 강좌를 들어 볼 수 없는 형편에서 대안적인 형태로 자신의 상황에 맞게 명문 대학의 강좌를 수강할 수 있다. 일정한 요건을 맞추면 수료증을 받을 수 있으니 자신의 요구가 적절하게 반영되는 것으로 볼 수 있다.

이 점은 코세라와 에드엑스 이후에 전개되고 있는 대학별 묵(예: 미국 인디애나대학교에서 운영하는 묵 강좌), 또는 국가별 묵(예: 일본의 제이묵)이 과연 성공할 수 있을 것인가에 관한 중요한 시사점을 제공한다. 묵에 포함되는 강좌의 선정 조건 중 하나로 명문 대학의 강좌인가 여부를 배제할 경우, 지금과 같은 성공을 기대하기는 힘들 것으로 예측할 수 있다. 다만, 대학에 입학하는 학생이 급격하게 늘어나는 후기 대중화 시대의 대학교육을 고려할 때, 수학, 과학, 공학 관련 온라인 강좌에 대한 학생의 수요를 고려한 개별 대학 혹은 국가별 묵의 성장은 기대할 수 있을 것이다. 어쨌든 코세라와 에드엑스 묵이 성공적으로 정착할 수 있었던 핵심에는 선진기술의 활용보다는 학습자의 학습 요구를 정확하게 반영한 것에 있다는 점을 인식해야 한다.

2) 새로운 교육 형태: 해체와 재조합

코세라와 에드엑스는 초기 설립 이후 현재까지의 성공적인 운영에 공헌한 또 하나의 요인은 학습 및 교육 활동이 자연스럽게 발생할 수 있는 플랫폼의 구현과 이것을 활용하는 다양한 형태의 디지털 자료의 개발이다. 코세라와 에드엑스의 플랫폼은 여러 형태의 디지털 비디오 강의 자료를 어떻게 담아내고 제시할 것인가를 규정하면서 완전학습과 같은 효과적인 학습 원리를 지원하는 방식으로 개발되었다. 예컨대, 전통적인 온라인 교육과는 다르게 비교적 짧은 단위의 비디오 자료(예: 10분 내외)를 학습자가 손쉽게 접근할 수 있는 인터페이스로 구현하고 있으며, 각종 연습 문제를 강의 비디오 자료 사이사이에 포함시키고 있다.

이런 표준 기능은 지금까지 이론적으로 논의되어 왔던 융통성 있는 온라인 교육과정을 실제로 구현하는데 한 발 다가가게 한다는 점에서 의의가 있다. 지금까지는 한 학기 동안에 이루어지는 강좌의 교육과정을 개발하는 데 경직된 접근을 취함으로써(예: 1시간 분량의 강의 자료를 통째로 촬영한 형태), 이후 강의 자료를 일부분 수정할 필요가 있을 때나 혹은 다른 유용한 자료를 기존의 강좌에 통합하거나 추가하는 데 어려움이 많았다. 그러나 코세라와 에드엑스 묵에서 볼 수 있듯이 많은 비디오 자료가 공통 포맷에 따라서 10분 내외로 만들어지는 상황에서는 한 강좌에 속해 있는 교육과정을 필요에 따라 해체하여(Unbundling) 재조합하는(rebundling)하는 것이 가능해진 것이다. 이 점은 묵 형태의 강좌뿐만 아니라 향후 개발될 다양한 온라인 형태의 디지털 자료의 개발에도 큰 시사점을 준다.

3) 학습 과정의 심층적 분석과 대응

코세라와 에드엑스의 초기 성공 경험이 보고되면서 즉각적으로 많은 사람의 관심을 불러일으킨 것은 코세라와 에드엑스의 학생들에 대한 자료를 대상으로 학습 분석과 빅데이터 분석이 심화될 수 있다는 것이었다. 수강신청 인원이 강좌당 100,000명에 육박하는 상황에서 그리고 최종 수료율이 평균적으로 6% 내외의 현실을 고려할 때 심층적인 학습 분석 등을 통하여 학습 위험군이 조기에 예측되고 있다. 특히 앞에서 언급한 교육 과정의 재조합이 결국 학습자의 선수 학습 수준과 요구에 따라서 다르게 이루어진다고 할 때, 학습 내용과 학습자 간 상호 작용이 어떤 방식으로 나타나는가를 분석하여 수준별 학습에 실질적으로 접근할 수 있게 된다. 요컨대, 코세라와 에드엑스의 초기 성공과 향후 발전은 온라인 교육 그 자체뿐만 아니라 일반 대학교육의 틀과 방법에도 큰 영향을 끼칠 것이라는 점에서 관련된 연구와 체계적 대응이 필요하다.

참고문헌

임철일, 김선영, 김미화, 한송이, 서승일(2014). 서울대학교 MOOCs 설계 및 운영 사례 연구—MOOCs 운영을 위한 주체, 절차 및 활동 개발—. 2014

한국교육정보미디어학회 춘계학술대회.

Antioch University. (2014). *Antioch University Becomes First US Institution to Offer Credit for MOOC Learning Through Coursera*. Retrieved from http://www.antioch.edu/antioch-announcement/antioch-university-becomes-first-us-institution-to-offer-credit-for-mooc-learning-through-coursera/

Breslow, L., Pritchard, D. E., DeBoer, J., Stump, G. S., Ho, A. D., & Seaton, D. (2013). Studying learning in the worldwide classroom: Research into edx's first mooc. *Research & Practice in Assessment, 8*, 13-25.

Collins, K. (2014). *US government forces Coursera to block course access in Iran, Cuba, Sudan*. Retrieved from http://www.wired.co.uk/news/archive/2014-01-29/coursera-restricted-by-us-government

Coughlan, Sean. (2012). *UK university joins US online partnership*. BBC News. Retrieved from http://www.bbc.co.uk/news/education-18857999

Coursera. (2013). *Top 9 courses on coursera*. Retrieved from https://twitter.com/coursera/status/379650980154863617/photo/1

Coursera. (2014a). Coursera. Retrieved November 24, 2014, from https://www.coursera.org/

Coursera. (2014b). Coursera Leadership. Retrieved November 24, 2014, from https://www.coursera.org/about/leadership

edX. (2013). Stanford University to Collaborate with edX on Development of Non-Profit Open Source edX Platform. Retrieved from https://www.edx.org/press/stanford-university-collaborate-edx

edX. (2014). edX. Retrieved from https://www.edx.org/

edX. (2014). Research and Pedagogy. Retrieved from https://www.edx.

org/research-pedagogy

Facebook. (2013). Sept 2013 Top 9 Courses by Enrollment. Retrieved from https://www.facebook.com/Coursera/photos/a.450027761781884.1073741840.135578283226835/450031975114796/?type=3&theater

Heussner, Ki Mae. (2013). Coursera hits $1M in revenue through verified certificates. Gigaom. Retrieved from https://gigaom.com/2013/09/12/coursera-hits-1m-in-revenue-through-verified-certificates/

Jordan, K. (2014). Initial trends in enrolment and completion of massive open online courses. *The International Review of Research in Open and Distance Learning, 15*(1). Retrieved from http://www.irrodl.org/index.php/irrodl/article/view/1651/2813

Kolowich, S. (2013). American Council on Education Recommends 5 MOOCs for Credit. *The Chronicle of Higher Education*. Retrieved from http://chronicle.com/article/article-content/137155/

Korn, M. (2014). *Corporate Training Gets an Online Refresh*. The Wall Street Journal. Retrieved from http://www.wsj.com/articles/corporate-training-gets-an-online-refresh-1412194344

Lewin, T. (2013a). *Coursera, an Online Education Company, Raises Another $43 Million*. The New York Times. Retrieved from http://bits.blogs.nytimes.com/2013/07/10/coursera-an-online-education-company-raises-another-43-million/?_r=0#

Lewin, T. (2013b). *U.S. Teams Up With Operator of Online Courses to Plan a Global Network*. The New York Times. Retrieved from http://www.nytimes.com/2013/11/01/education/us-plans-global-network-of-free-online-courses.html#

Nesterko, S. O., Seaton, D. T., Kashin, K., Han, Q., Reich, J., Waldo, J., Chuang, I., & Ho, A. D. (2014a). *World Map of Enrollment*. MITx Insights.

Nesterko, S. O., Seaton, D. T., Kashin, K., Han, Q., Reich, J., Waldo, J., Chuang, I., & Ho, A. D. (2014b). *World Map of Enrollment*.

HarvardX Insights.

Nesterko, S. O., Seaton, D. T., Kashin, K., Han, Q., Reich, J., Waldo, J., Chuang, I., & Ho, A. D. (2014c). *World Map of Certificate Attainment.* HarvardX Insights.

Nesterko, S. O., Seaton, D. T., Kashin, K., Han, Q., Reich, J., Waldo, J., Chuang, I., & Ho, A. D. (2014d). *World Map of Certificate Attainment.* MITx Insights.

Protalinski, E. (2014). *Coursera launches in Brazil, becomes first online education provider to partner with its public universities.* Retrieved from http://thenextweb.com/insider/2014/09/17/coursera-launches-brazil-becomes-first-online-education-provider-partner-public-universities/.

Ujjawal, S. (2014). *Coursera Now Launched in Brazil with USP & UNICAMP.* Retrieved from http://uttamujjwal.com/2014/09/coursera-now-launched-brazil-usp-unicamp/

Wikipedia. (2014a). Coursera. Retrieved from http://en.wikipedia.org/wiki/Coursera

Wikipedia. (2014b). edX. Retrieved from http://en.wikipedia.org/wiki/EdX

Williams, K. (2014). *Content analysis of Coursera, edX, and Udacity course platforms.* Doctoral Dissertation, University of Prince Edward Island.

다양성과 협력을 추구하는
05 유럽 스타일의 묵스*

영국 개방대학교 마틴 빈(Martin Bean) 총장은 2012년 12월 퓨처런(FutureLearn) 런칭에 대한 「가디언(Guardian)」인터뷰에서 "퓨처런은 기존 묵스(MOOCs)에 대한 반격(fight back)의 기회"라고 말하였다. 그는 왜 '반격'이라는 단어를 사용했을까?

북미에서 시작된 대형 온라인 공개강좌(Massive Open Online Course: MOOCs)라는 새로운 형태의 학습을 받아들이기까지 유럽 내에는 많은 고민이 있었다. 마틴 빈 총장이 언급한 반격은 이제 유럽에서의 고민은 끝났고, 유럽 스타일의 묵스로 새로운 학습 시장에 뛰어들겠다는 굳건한 결의처럼 보인다. 이 장에서는 반격이라는 표현을 곱씹으며 유럽에서 이들이

---

* 최효선(서울대학교 교육학과 교육공학전공 박사과정, goodluck@snu.ac.kr)
유미나(서울대학교 교육학과 교육공학전공 박사과정, minayoo@snu.ac.kr)

어떤 전략으로 반격을 준비하고 있는지, 얼마만큼의 성과를 보이는지에 대해 유럽의 묵스 사례를 통해 생각해 보고자 한다.

1. 유럽의 묵스 현황

묵스 후발주자인 유럽은 최근 엄청난 성장을 보이고 있다. 2013년부터 급작스런 성장을 보이는 유럽의 묵스는 매일 변화하고 있다 해도 과언이 아니다. 유럽의 교육 분야 포털 사이트(EU Open Education Europe Portal)에 의하면 유럽에서는 2014년 9월 현재 총 770개의 묵스 강좌가 제공되고 있는데, 이 중 68개 강좌는 2014년 9월 한 달 동안 개발된 강좌일 정도다. 사실 770개라는 강좌 수는 유럽 이외 나라, 특히 북미에서 개발된 강좌 수에 비하면 3분의 1 수준에도 못 미치는 정도다. 비록 아직까지는 적은 수의 강좌지만 최근 1~2년 동안 유럽에서는 묵스에 대한 관심도 높아지고,

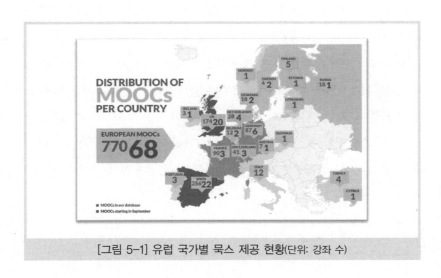

[그림 5-1] 유럽 국가별 묵스 제공 현황(단위: 강좌 수)

표 5-1 유럽 국가별 묵스 강좌 수

국가명	강좌 수		국가명	강좌 수	
	계	2014년 9월 개설		계	2014년 9월 개설
스페인	256	22	오스트리아	7	1
영국	174	20	핀란드	5	0
프랑스	90	3	스웨덴	4	2
독일	87	6	터키	4	0
스위스	41	3	아일랜드	3	1
네덜란드	28	4	포르투갈	3	0
덴마크	18	2	사이프러스	1	0
러시아	18	1	에스토니아	1	0
벨기에	12	2	리투아니아	1	0
이탈리아	12	0	노르웨이	1	0

개발되는 강좌 수도 점차 늘고 있는 추세다.

전체적인 강좌 수도 늘고 있지만, 묵스 개발과 운영에 참여하고 있는 나라와 기관이 많아지고 있는 것도 유럽 묵스가 확장되고 있음을 보여 준다. 유럽 묵스는 앨리슨(Alison), 퍼스트 비즈니스 묵(First Business MOOC), 펀(FUN), 퓨처런, 아이버시티(Iversity), 미리아다 엑스(Miriada X), 오픈 클래스룸즈(Open Classrooms), 오픈 코스 월드(Open Course World), 오픈 에이치피아이(OpenHPI), 오픈 에스에이피(OpenSAP), 유나우(Unow), 언엑스(UnX), 오션(Ocean) 등의 여러 사이트에서 운영되고 있는데, 스페인과 영국 이외에 독일, 이탈리아, 프랑스, 스위스 등 21개국에서 묵스를 운영한다는 점도 성장의 근거라 할 수 있다(이 장의 마지막 페이지 〈표 5-2〉에 유럽 묵스 사이트를 열거하였다. 〈표 5-2〉 참조).

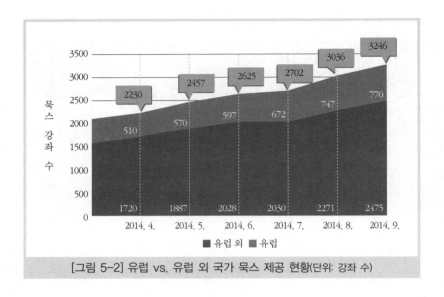

[그림 5-2] 유럽 vs. 유럽 외 국가 묵스 제공 현황(단위: 강좌 수)

유럽 국가 중 가장 많은 묵스 강좌를 제공하고 있는 나라는 스페인이다. 뿐만 아니라 가장 많은 등록생을 보유하고 있다. 스페인은 '미리아다 엑스'라는 묵스 사이트를 운영하고 있으며, 이 사이트에서 제공하는 강좌 수는 물론 학생 수 또한 유럽 내 최대다. 미리아다 엑스는 전 세계의 묵스 사이트 중 코세라(Coursera)와 에드엑스(edX)에 이어 세 번째로 규모가 큰 사이트로 정평이 나 있다. 스페인에 이어 영국은 퓨처런을 통해 많은 강좌를 제공하고 있으며, 프랑스, 독일, 스위스 등도 여러 강좌를 제공하고 있다. 더구나 강좌 수가 매달 증가하고 있는 추세다. 이러한 자료에 의하면, 유럽의 묵스는 나타난 지 얼마 되지 않았지만 무서운 기세로 양적 증가와 확장에 속도를 올리고 있다.

2. 유럽 묵스의 성립과 발전

유럽의 묵스 현황을 살펴보면 한 가지 궁금증이 생긴다. 유럽은 코세라나 에드엑스처럼 많은 강좌와 수강생을 보유하고 있지 않으면서 왜 묵스를 운영하는 것일까? 성장 가능성을 확신하고 있는 것일까? 1996년 엠아이티엑스(MITx)가 생겨난 이후로 지금까지 묵스 개발에 조용히 침묵하던 유럽이 왜 최근 들어 묵스에 대한 관심을 높이고 있는 것일까? 결국 이 궁금증은 '유럽에서 묵스는 왜 시작하게 된 것일까?'라는 질문으로 귀결된다.

유럽대학연합(European University Association: EUA)의 이슈페이퍼에 의하면 2013년 1월만 해도 유럽 내에서는 묵스에 대한 인지도가 낮았다. 그러나 불과 1년 사이에 유럽에서의 묵스는 빠른 속도로 확산되었고, 앞다투어 묵스 강좌를 개발하고, 운영에 참여하는 양상을 보이고 있다. 이는 북미에서의 묵스 확장과 관련이 있다. 유럽은 그간 미국에서 나타난 코세라, 에드엑스, 노보에드(NovoEd), 유다시티(Udacity), 유데미(Udemy) 등의 묵스가 어떠한 성장을 나타내는지에 대해 관심을 두지 않았다. 그러나 이들 규모가 점차 거대해지고, 유럽의 여러 대학, 교수와 학생들이 미국 묵스에 참여하게 되자 이를 위협적으로 느끼게 되었다. 유럽대학연합 이슈페이퍼와 유럽묵스회담(European MOOCs Stakeholders Summit: EMOOCs) 세미나 자료집, 기관별 연구보고서를 살펴보면 이에 대한 압박감을 읽을 수 있다.

실제 유럽대학연합 이슈페이퍼와 기관별 연구보고서에서 분석한 유럽의 코세라 참여 정도는 급격히 증가하고 있다. 2013년 1월 2개의 유럽 대학이 참여하였으나 같은 해 11월에는 미국을 제외한 50여 개 기관 중에 28개의 기관이 유럽 내 교육기관에 해당하였다. 아울러 2013년 1월 약

200만 명이던 학생 수가 11월에는 약 558만 명으로 10개월 동안 거의 3배에 가깝게 증가하여 유럽 내 위압감을 느끼게 하는 원인이 되었다. 게다가 2013년 7월 20일자 『이코노미스트(Economist)』에 의하면, 코세라는 2012년 2,200만 달러를 받은 것에 더하여 2013년에 4,300만 달러를 투자 받은 것으로 보고하고 있다. 이와 같은 보고를 통해 유럽은 묵스 제공기관의 수익이 증가하고 있음을 깨닫게 되었고, 이는 유럽의 관심을 끌기에 충분한 이슈였다.

이러한 유럽의 움직임을 한마디로 표현한다면, 고등교육 시장에서의 경쟁에서 살아남기 위해 유럽은 묵스에 발벗고 나서게 되었다고 말할 수 있다. 유럽대학연합 이슈페이퍼와 연구보고서에 근거해 유럽이 묵스에 뛰어든 이유를 세 가지 정도로 정리해 볼 수 있다.

첫째, 고등교육에서의 리더십 확보 때문이다. 대학이 리더십을 확보하기 위해서 묵스에 공헌해야 한다고 느끼게 된 것이다. 유럽 학생이 북미의 묵스 사이트에서 학습하는 경우가 잦아지면서 대학의 오랜 전통을 지니고 있는 유럽으로서는 자존심이 상하는 일이 아닐 수 없을 것이다. 그 가운데에 국제 경쟁 속에서 유럽 고등교육기관들이 더 이상 자리를 잃지 않고 리더로서의 확고한 위치를 잡고 싶었던 것 같다.

둘째, 고등교육의 대상이라 할 수 있는 사람들이 묵스에 대해 긍정적으로 인식하게 되었기 때문이다. 유럽대학연합은 사람들이 묵스를 교육의 질은 높이면서 비용효과성이 뛰어난 방법으로 인식한다고 분석하였다. 따라서 묵스가 고등교육에서의 이러닝 혁신의 방법이 될 것이라 기대하게 되었고, 이러한 기대는 대학들로 하여금 묵스를 도입하도록 독려하였다.

가장 결정적인 동기가 된 것은 묵스로 인한 학습을 요구하는 학습자가 늘고 있다는 점이다. 이는 이미 대학생이거나 대학을 졸업한 사람, 취업을 한 사람들이 형식 교육의 틀 밖에서 학습의 기회를 요구하고 있고, 이에 대해 묵스가 직무 교육(professional education)의 기회를 제공하고 있다는 것이다. 즉, 고등교육과 노동시장을 연결한다는 점에 묵스의 가치를 두고 있는 것이다.

이러한 여러 이유로 유럽에서도 묵스는 가열된 논쟁 속에서 자리를 잡아 가고 있다. 그리고 이제는 돌이킬 수 없을 정도로 규모가 성장하였다. 최근에는 묵스에 대한 정부와 기업의 후원이 늘어가고 있으며, 묵스에 대한 긍정적인 반응이 나오고 있다. 예를 들어, 유럽의회(European Commission: EC)는 묵스가 자신이 2013년 9월에 제안한 정책기조인 '교육 커뮤니케이션 개방'을 지지할 수 있는 근거가 된다고 반가워하고 있으며, 이러닝 강좌 개발 프로젝트인 에라스무스 플러스(Erasmus+) 프로그램을 통해 여러 대학이 온라인 강좌를 개발해 왔고, 이 때문에 묵스를 제공할 수 있는 역량을 점차 갖추어 나가고 있다는 점에서 환영하고 있다. 유럽 의회의 지원을 통해 묵스가 유럽 전역으로 확산되고 있다는 사실이 언론 보도를 통해 나오는 것을 보면 '환영'의 의미를 더하고 있음을 보여 준다. 더 나아가 2013년 12월 18일 노르웨이 정부의 전문가협회(Norwegian Official Expert Committee)가 발행한 보고서가 밝힌 형식 교육 및 비형식 교육 분야에서 묵스를 위한 공적 자금이 증가한 사실 등은 묵스에 대한 환영과 함께 발전 가능성을 보여 주는 예다.

그렇지만 대학이 묵스 강좌를 개발하고, 정부와 기업의 후원이 늘어간다고 해서 묵스가 반드시 성공할 수 있는 것은 아닐 것이다. 유럽도 묵스에 대한 기대가 커지고 있는 만큼 이에 대한 준비도 전략적으로 행해 왔다고 할 수 있다. 어떤 전략을 준비하였는지 다음 절부터 사례와 함께 살펴보도록 하겠다.

3. 유럽 묵스의 주요 사례

1) 원격대학에 대한 신뢰를 중심으로

북미의 묵스가 전통적인 대학에서 시작되었다면, 유럽의 묵스가 이와 다른 점 중 하나는 원격대학을 중심으로 시작되고 운영된다는 점이다. 북미 묵스에 비해 후발주자로서 묵스의 세계에 뛰어들어야 하는 유럽으로써는 원격교육과 온라인 교육으로 이미 오랜 경험을 보유한 원격대학이 묵스를 개발, 운영하며 정부나 기업의 후원을 받는 방식을 취하였다.

유럽 대부분의 묵스는 원격대학을 중심으로 운영된다. 이에 대한 대표적인 몇 가지 사례를 살펴보자. 유럽 최대 규모의 묵스라 할 수 있는 미리아다 엑스는 2013년 1월에 스페인에서 런칭하였다. 미리아다 엑스는 기업 텔레포니카(Telefonica)와 대학연합인 유니버시아(Universia)가 협력하여 서비스를 시작하였다. 유니버시아는 스페인과 라틴아메리카의 대학들이 네트워크를 이루어 협력하는 단체인데, 초기부터 산텐데르(Santander) 금융재단의 후원을 받아왔다. 대학연합과 기업 간의 협력을 통해 운영되는 미리아다 엑스의 추진 구조를 살펴보면, 스페인의 국립원격대학(Universidad Nacional de Educación a Distancia: UNED)이 중심에 있음을 알 수 있다.

퓨처런은 아예 영국의 대표적인 원격대학인 영국 개방대학교가 설립한 묵스 운영 사이트다. 영국뿐 아니라 유럽의 대표적인 원격대학이라 할 수 있는 영국 개방대학교는 1972년 개교 이래로 원격교육과 온라인 교육에 대한 경험이 풍부한 대학이다. 영국 개방대학교는 1969년부터 3년 이상의 설립 계획과 연구를 통해 개교하였으며, 지금까지도 온라인 강좌 개발과 대학 운영을 위한 끊임없는 연구와 노하우를 쌓아 왔다. 특히 영국 개방대학교는 캐나다 아타바스카대학교(Athabasca University), 남아프리카공화국의 남아프리카대학교(University of South Africa: UNISA), 홍콩개방대학교(The Open University of Hong Kong: HKOU) 등 전 세계의 원격대학에 운영 노하우를 공유해 왔다. 오랜 기간의 연구와 노하우를 통해 영국 개방대학교는 영국의 고등교육 분야 질 관리 기관(Quality Assurance Agency for Higher Education: QAA)의 평가 때마다 '훌륭함(excellent)' 등급을 계속 유지해 올 수 있었다.

영국 개방대학교가 운영한다는 점은 유럽 내에서 퓨처런에 대한 신뢰를 높이는 데 한몫하고 있다. 영국 리즈대학교(University of Leeds)의 모리스(Morris), 리브시(Livesey), 엘스턴(Elston)은 2014년 유럽묵스회담에서 퓨처런을 영국 개방대학교가 운영한다는 점을 믿고 묵스를 시작하게 되었다고 밝히고 있다. 또한 2012년 유럽원격대학들은 영국 개방대학교의 퓨처런에 참여하겠다고 밝혔는데, 그들이 우후죽순 생겨난 유럽 묵스 중 퓨처런을 선택하는 이유는 영국 개방대학교의 온라인 및 원격교육에서의 노하우가 묵스의 경쟁력이 될 것이라 보기 때문이었다. 결국 영국 개방대학교가 세계적으로 풍부한 경험을 가진 원격교육 분야의 선도적 기관으로 인식되고 있다는 점이 퓨처런에 대한 신뢰를 높이고 있는 것이다.

이와 같은 원격대학 중심의 운영 구조를 지니는 특징은 묵스 운영에서도 원격대학의 온라인 강좌 개발 및 운영 방식과 매우 흡사한 구조를 지니게 되었으며, 원격대학에서 다수의 교수진 활용으로 인해 해마다 엄청난 비용을 감수해 가며 고수해 온 대화 중심의 교육이 묵스에서도 접목되어야 한다는 주장으로 이어진다.

2) 묵스, 대영박물관의 파트너가 되다

유럽스타일의 묵스는 '협력'을 중심으로 한 묵스라 할 수 있다. 미리아다 엑스가 2014년 1월 현재 20개 교육기관의 협력으로 진행되고 있으며, 퓨처런은 21개 대학과 파트너십을 맺고 있다. 이러한 대학 간 파트너십 체결과 협력은 이미 기존의 여러 묵스가 행해 온 길이다.

그러나 유럽의 묵스는 안정적인 유럽 내 대학 간 협력 이외에 공격적인 파트너십으로 확장한다는 점이 특징적이다. 유럽의 묵스는 유럽 내뿐 아니라 오세아니아, 중남미, 아프리카, 아시아 등 북미를 제외한 여러 대륙의 대학과 협력을 맺고 있다. 미리아다 엑스는 스페인을 넘어 중남미의 기관으로 파트너십을 확대하고 있다. 현재 17개의 스페인 내 기관과 함께 푸에르토리코와 도미니카 공화국의 3개 기관으로 파트너십을 확대하였다.

또한 파트너십에서 대학뿐 아니라 다양한 파트너기관을 두고 협력적으로 운영한다는 점이 특징이다. 퓨처런은 런칭할 때 영국의 18개 대학과 파트너십을 맺은 후 대영도서관과 파트너십을 맺었다. 이는 여타 다른 묵스가 대학 간 협력을 통해 운영하는 데에 초점을 둔 반면 퓨처런은 초기부터 전략적으로 디지털 교육자원의 보고인 기관과 협력을 추구하였다는 점을 방증한다. 대영도서관의 보도자료에 의하면, 퓨처런은 대영도서관의 800권 이상의 중세 자료, 4만권의 19세기 도서, 5만 건의 녹음 자료를 무료로 활용할 수 있으며, 대영도서관은 관련 온라인강좌를 개발하여 퓨처런을 통해 대규모 강좌를 운영하게 되었다.

현재 퓨처런은 영국, 유럽, 아프리카, 아시아, 중동까지 곳곳에 40여 개의 파트너 기관을 두었는데, 여러 대학뿐 아니라 거대한 문화 자료, 교육자료의 보고인 영국문화원, 대영도서관, 대영박물관, 국립영화방송학교 등의 기관과 협력을 꾀하고 있다. 게다가 전문회계사협회(Association of Chartered Certified Accountants: ACCA), 공학기술기관(Institution of Engineering and Technology: IET) 등의 전문기관, BBC나 막스 앤 스펜서와 같은 언론, 기업, 영국 정부까지 다양한 기관과 협력 관계를 확장해 가고 있다.

무서울 정도의 기세로 협력 관계를 확장해 나가는 유럽 묵스에서 협력 관계는 콘텐츠와 수강생 확보, 자금 확보와 인지도 상승 등의 여러 이점을 가져 왔지만 유럽 내 논란거리도 발생시켰다. 다양한 나라, 다양한 기관과의 협력으로 인해 누구에게나 무료로 제공해야 하는 것인지, 파트너십 체결기관에만 무료로 제공해야 하는지, 유럽 내에만 무료로 제공해야 하는지 등에 대해 의견이 대립되는 문제가 발생한 것이다. '무료 수강을 누구에게까지 제공해야 하는 것인가?'라는 주제는 유럽 내에 가열한 토론을 불러일으켰다.

본래 유럽은 유럽연합으로 하나의 체제를 주장하면서, 교육 또한 하나의 체제로 통합하려는 노력을 계속해 왔다. 2005년부터 시작된 에라스무스 프로그램(Erasmus Mundus)을 통해 학생들은 유럽 내 다른 나라에서 석박사과정의 학업을 진행할 수 있으며, 동일한 학위를 받을 수 있게 되었다. 아울러 유럽연합 국가뿐 아니라 비유럽연합 국가 참여자에 대해서도 장학 지원을 통해 유럽 고등교육의 품질 향상과 교육 기회 증대, 이를 통한 글로벌 인재 양성을 꾀하고 있다. 이러한 프로그램은 회원국들이 공동의 목표를 달성하기 위해 부단히 노력하지 않으면 운영되기 어려운 정책이다. 그렇기 때문에 각 나라들은 국내 교육과 훈련 시스템의 질을 확보하고 유럽연합 내의 정책을 조율하는 일을 해 왔다. 이러한 프로그램들을 통해 유럽연합은 교육에 대한 통합 체제를 만들고 운영하는 데 주력해 온 것

이다. 그런데 이때 묵스는 유럽연합 내외를 구분하기도 어려울 뿐더러 파
트너십을 체결한 협력기관과 그 이외의 기관을 구분하기도 어려워졌기 때
문에 누구를 대상으로 '무료 제공'할 것인지를 고민하게 되었다. 또한 유
럽 바깥의 학습자에게까지 유럽 내 정부가 지원한 교육 프로그램을 제공
해야 하는지에 대한 논란이 있었던 것이다. 예를 들어, 150개국에서 강좌
를 수강하고 있는 퓨처런의 경우에도 누구를 대상으로, 누구에게 무료로
제공할지에 대한 논쟁적 토론이 오고 갔다. 결국 퓨처런에 참여하는 모든
학습자에게 무료로 제공하는 것으로 결정되었지만, 이에 대한 찬반이 여
전히 존재하는 것은 사실이다.

3) 묵스는 교육 혁신의 통로인가

2011년 10월 2일자 보도자료에 의하면 아이버시티 공동 창업자 중 한
명인 한스 클로퍼(Hannes Klopper)는 기존의 묵스가 중요한 것을 놓치고
있다고 지적하였다. 그가 말한 중요한 것은 '다른 이들과의 소통'이다. 다
른 묵스가 학습 자료를 제공하는 데에만 몰두하고 있다고 비판하면서, 학
습 자료를 제공할 뿐 아니라 학생들이 서로 소통하고, 공유하는 것이 성공
적인 학습이라고 주장하였다. 이러한 생각은 유럽의 여러 묵스에서 동일
하게 나타나고 있다.

포르투갈 아베르타대학교(Aberta University)가 브라질의 파트너기관과 함
께 운영하는 아이묵(iMOOC) 프로젝트에서도 이와 같은 기조에 교육 가치
를 두고 있다. 아이묵 프로젝트의 '아이(i)'는 개별 책무감(individual
responsibility), 상호작용(interaction), 대인 관계(interpersonal relationships),
혁신(innovation), 포용(inclusion)의 '아이(i)'를 의미한다고 밝히고 있다.

결국 아이묵에서는 '강한 사회적 차원의 자율성과 자기주도학습, 그리고 원격 온라인 학습자가 성공적으로 학습을 완료하여 필요로 하는 것을 얻어 갈 수 있도록 학습자의 요구를 받아들이는 유연성'을 모토로 삼고 있다. 이들이 'i'와 자율성, 자기주도학습, 유연성을 강조하는 이유는 교육적 원리 하에 묵스를 위한 페다고지를 지향하는 것이 여타 다른 묵스와 차별화된 점이라고 생각하기 때문이다.

유럽에서는 묵스가 기존의 묵스와는 다른 교육 혁신을 가져와야 한다고 강조하고 있다. 그러나 그 방법에 대해서는 아직 논의 중이다. 예를 들어, 공교육에서 묵스를 활용하여 블렌디드러닝(blended learning) 및 플립러닝 (flipped learning)에 적용하는 것을 두고 어떤 이들은 교수-학습에서의 혁신을 가져올 수 있다고 평하는 반면, 어떤 이들은 유럽의 교육 방식은 본래 강의보다 대화를 중심으로 이루어지는 만큼 전반적 교육 풍토인 대화 중심의 수업에서 묵스 강의는 보충강의 정도일 수밖에 없다고 비판하기도 한다.

씨묵스(cMOOCs)와 엑스묵스(xMOOCs)로 구분한다면, 씨묵스에 가치를 두는 유럽 스타일의 묵스에서는 이를 실제로 어떻게 설계하고 개발할지에 대한 고민이 지속되고 있다. 몇 가지 제안되는 것들이 있는데, 독일의 아이버시티에서는 석박사과정의 대학원 학생이 피드백을 줄 수 있는 '클라우드 수업 조교(cloud teaching assistant)'를 두는 것을 계획하고 있다. 물론 이에 대한 비용이 발생하고, 이는 학습자가 부담한다는 원칙이다. 2014년 현재 이는 파일럿 프로젝트로 진행되고 있다.

퓨처런에서는 '대규모 오픈 소셜 러닝(Massive Open Social Learning)' 이라는 명칭으로 묵스를 활용한 대화적 강좌를 표방하였는데, 이에 대한 구체적 교수-학습 방법으로 ① 스토리 말하기, ② 대화 자극, ③ 학습 진행에 대한 격려를 제안하였다. 영국 개방대학교의 2014년 원격교육 혁신보고서에 의하면, '스토리 말하기' 방식은 코스의 구조에 대한 것인데, 6~8주 정도의 주차별 제목이 있고, 그 아래 주차별 활동이 있으며, 활동별로 단계가 제시되어 단계를 따라가면서 학습활동을 해 나가는 방식이다. 기존의 동영상 콘텐츠를 시청취하는 방식에 비하면 학습활동을 중심으로 한다는 점에서 차이가 있다.

'대화 자극' 방식도 토론 주제에 대한 동영상을 보고 토론에 참여하는 방식이다. 동영상을 시청취한 후 '모두 함께(Everyone)', '팔로잉 중심으로 (Following)', '답변 중심으로(Reply)'의 세 가지 유형의 토론방에서 학습자가 자유롭게 참여할 수 있다. '학습 진행에 대한 격려'는 학습의 진행과 성과에 대해 학습자 자신에게 알려 주고 이에 대해 격려하는 방식을 제공한다는 것이다. 이와 같은 여러 노력이 교육적 가치 실현과 기존 묵스와의 차별화를 시도하고 있다. 그러나 이러한 노력은 결국 인적·물적 자원이 필요하고, 정부나 운영기관, 협력기관 혹은 학습자에게 부담이 되어 운영의 비용효과성을 저해하고 '무료 강좌로 접근성을 높이는 것'에 가치를 두는 묵스의 개념을 훼손한다는 비판을 받고 있다.

4) 묵스로 라틴아메리카를 제패하다

묵스는 접근성에 있어 제한이 전혀 없는 학습 공간인 것처럼 보이지만 접근에 장애가 되는 문제가 하나 있다. 바로 언어다. 유럽은 하나의 교육 체제로 묶이고 있는 것 같기도 하지만 그 안에 여러 다양한 언어가 존재하기 때문에 언어로 인한 어려움이 존재한다. 언어로 인해 묵스의 확장에 어려움이 있을 것이라는 예측을 반전시키는 사례가 있는데, 스페인의 미리아다 엑스가 바로 그러하다.

미리아다 엑스의 홈페이지를 접속하여 생경하게 느낀 것은 영어로 된 페이지가 없다는 것이다. 묵스를 제공하는 많은 사이트가 영어를 기본으로 하고, 여력이 되는 사이트는 추가로 다른 언어로 제공하는 반면 미리아다 엑스는 스페인어와 포르투갈 언어로만 되어 있다. 사이트를 통해 제공되는 모든 강좌도 모두 스페인어나 포르투갈어로 되어 있으며, 주로 스페인어로 진행되는 강좌가 많다. 이 방식은 라틴아메리카에서 가장 많은 수강생을 끌어 모으는 데에 기여하였다. 언어를 통해 중남미 학생의 접근성을 높인 미리아다 엑스에는 2014년 1월 현재, 1,262개 대학에서 75만 명이 수강하고 있으며, 2,243명이 수료증(Certificate)을 받았고, 22.9%의 학생이 강좌를 끝까지 수강하는 것으로 나타나고 있다.

유럽에서의 묵스는 기본적으로 여러 언어를 전제하고 있다. 유럽원격대학협의회(European Association of Distance Teaching Universities: EADTU)의 오픈업에드 사이트도 12개 언어로 강좌를 개발하여 제공하고 있다. 유럽연합 내의 프랑스, 이탈리아, 리투아니아, 네덜란드, 포르투갈, 슬로바키아, 스페인, 영국, 유럽연합 바깥의 러시아, 터키, 이스라엘의 11개 파트너 기관을 두고 2013년 4월에 런칭된 이 포털사이트는 현재 무료로 강좌를 제공하고 있으며, 제공되는 강좌 중 다양한 주제를 아우르는 65개 강좌를 여러 언어로 제공하고 있다. 제공되는 언어는 영어, 프랑스어, 스페인어, 이탈리아어, 포르투갈어, 독일어, 러시아어, 터키어, 이스라엘어, 슬로바키아어, 네덜란드어, 라트비아어이다.

다양한 언어로 개발하기 위해서는 강좌 개발비가 몇 배로 더 소요될 것이다. 그럼에도 '개방성'에 대한 철학을 강조하며 학습자의 언어적 접근성을 위해 다양한 언어의 제공을 전제로 하고 있다. 물론 이것이 약이 될지

독이 될지는 좀 더 운영된 후에 살펴보아야 한다.

5) 묵스와 유럽 고등교육체제의 연계

영국 개방대학교의 2013년 원격교육 혁신보고서에서는 묵스를 통해 달성해야 할 것을 정리하고 현재의 유럽 묵스를 평가한 바 있다. 이때 묵스를 통해 달성해야 할 다섯 가지를 다음과 같이 명시하였다.

- 잠재적 학습자가 지닌 평생교육 차원의 요구와 직무 개발 요구를 반영하라.
- 학생을 위해 현재의 교육의 질, 협력, 투자를 늘여라.
- 이미 묵스를 알고 있는 사람에게 묵스 학습으로 유도하고 접근방법과 사이트를 안내하라.
- 묵스를 활용하여 공교육을 재미있고 즐거운 경험으로 인식할 수 있게 하고 정규교육을 벗어난 사람들도 보람 있는 경험을 할 수 있도록 도와라.
- 자격을 갖추기 어렵거나 자신감이 부족한 사람을 위한 교육 경로를 구축하라.

이 보고서에서는 이 중 첫 번째는 진행되고 있고, 두 번째와 세 번째는 직접적이지는 않지만 부분적으로 이루어지고 있다고 평가하였다. 네 번째는 진행될 가능성이 있고, 다섯 번째는 다른 접근법이 필요하다고 분석하고 있다.

이들은 무엇을 두고 긍정적인 평가를 내릴 수 있었던 것인가? 그 대표적인 예는 묵스의 학점은행 연계다. 독일 아이버시티의 경우 2014년 파일럿 프로젝트를 거쳐 2015년 묵스로 학점을 인정받을 수 있는 기준에 대해 기관들의 합의를 이끌어 내어 유럽 내 학점 인정을 받고, 2016년에 해외까지 적용한다는 계획을 가지고 있다. 유럽은 유럽 내에서 동일한 평가 기준에 의해 이수한 학점을 인정받고 학점을 교류할 수 있게 볼로냐 프로세스(Bologna Process)를 갖추고 있다. 볼로냐 프로세스의 일환으로, 유럽 고등교육 과정에서의 이수 학업 기간 및 학기, 획득한 점수를 가지고 유럽 학점교환체제(European Credit Transfer and Accumulation System: ECTS)에서 학점을 인정받는 제도를 갖추고 있다. 아이버시티는 묵스와 유럽의 볼로냐 프로세스 및 ECTS의 연계를 추진하고 있다.

이에 대해서는 반대 의견도 많이 있다. 마틴 빈 총장은 「큐에스 에듀케이션(QS education)」과의 인터뷰에서 "학점이나 학위는 대학에서 주는 것이기 때문에 퓨처런은 학점을 줄 수 없다."고 학점 인정에 대해 반대 의견으로 일축하였다.

학점은행과 함께 유럽에서 관심을 두고 있는 것이 직무 개발이다. 사실 2007년에 마이크 피릭(Mike Feerick)이 설립한 엘리슨(Alison)이라는 묵스는 직업 세계에서 필요한 기술로 교육 내용을 한정하고 있다. 그렇기 때문에 엘리슨은 묵스를 통해 배우고 자격을 얻어 새로운 직업을 가지거나 직무 능력을 향상시킬 수 있도록 하는 데 목적을 두고 있다. 현재 아일랜드 정부의 지원을 받아 600여 개 강좌를 운영하고 있는데, 그 내용은 재무 및 경제, 기업에서의 직무 기술, 개인의 자기 계발, 언어, 디지털 리터러시 및 IT 기술, 학위 코스, 건강 리터러시, 건강과 안전 등에 관한 것이며, 최근 '에볼라 바이러스로부터 자신을 보호하는 법'이라는 강좌를 개설하고 이에 대한 수료증을 제공하여 선풍적인 인기를 끌었다. 이는 엘리슨이 직업 세계에서의 수요가 창출될 수 있는 영역을 재빨리 교육 내용으로 개설하고 있음을 보여 주는 사례다. 엘리슨의 모든 강좌는 수료 기준에 따라 수료를 결정하게 된다. 현재 400만 명이 등록되어 있으며, 50만 명이 엘리슨을 통해 졸업하였다. 엘리슨은 교육 목적과 대상을 분명히 함으로써 양적 확장보다 교육 목적이 뚜렷한 이들을 대상으로 고등교육과 노동시장을 연결하는 묵스 사례로 손꼽히고 있다.

묵스를 유럽의 고등교육체제, 노동시장과 학점인정제도와 연계하는 것은 아직 시기상조일지 모른다. 그러나 앞서 영국 개방대학교의 2013년 원격교육 혁신보고서에서 지적한 '묵스를 통해 달성해야 할 항목'을 모두 성공하기 위해서는 학점인정제도가 전제되어야 할 것이다. 다만 이때 어떤 기준으로, 어떤 방식으로 학점을 인정하고 운영할지에 대한 논의는 앞으로의 과제가 될 것이다.

표 5-2   유럽의 주요 묵스 사이트 목록

사이트명	웹사이트 주소	주요 특징
앨리슨	http://alison.com	아일랜드의 직업교육 및 직무개발 중심 묵스
퍼스트 비즈니스 묵	http://firstbusinessmooc.org	경영 분야 중심의 묵스로, 월스트리트 강좌나 재무 분석 강좌로 유명
펀	https://www.franceuniversite-numerique-mooc.fr	프랑스 정부가 런칭하여 프랑스 대학 및 협력기관이 프랑스어와 영어로 운영
퓨처런	https://www.futurelearn.com	영국 개방대학교가 중심이 되어 유럽 내외의 여러 대학 이외에 다양한 협력기관을 두고 운영

아이버시티	https://iversity.org	유럽학점교환체제를 통한 학점 인정 파일럿 프로젝트 추진 중
미리아다 엑스	https://www.miriadax.net	유럽 내 가장 큰 묵스 사이트(세계 3위), 스페인어와 포르투갈어로 운영하며 라틴아메리카에서 가장 많은 등록생 보유
오픈 클래스룸즈	http://openclassrooms.com	컴퓨터공학 관련 주제와 토론 및 포럼 중심 운영
오픈 코스 월드	https://www.opencourseworld.com	독일의 3개 대학이 협력하여 만든 소규모 묵스
오픈 에이치피아이	https://open.hpi.de	ICT, 컴퓨터공학, IT 시스템공학 중심의 묵스
오픈 에스에이피	https://open.sap.com	IT 분야 전문가, 개발자, 컨설턴트, 기업, 교수 및 학생 대상
유나우	http://www.unow.fr http://www.unow-mooc.org	경영, 인문, 과학 분야의 프랑스어 묵스
언엑스	http://redunx.org	교육과 기술 분야를 다루며, 스페인어와 포르투갈어로 운영하여 라틴아메리카의 기관들과 협력 체제를 갖춤
오션	http://www.ocean-flots.org	플랫폼을 별도로 가지고 있지 않고 프랑스 관련 혹은 프랑스어 묵스를 연결해 주는 역할을 함

참고문헌

Gaebel, M. (2013). MOOCs: Massive Open Online Courses. European University Association (EUA) Occasional papers.

Gaebel, M. (2014). MOOCs: Massive Open Online Courses. European University Association (EUA) Occasional papers.

Morris, N. P., Livesey, S., & Elston, C. (2014). First time MOOC provider: reflections from a research-intensive university in the UK. Proceeding of the European MOOC Stakeholder Summit 2014, 258-257.

Sharples, M., McAndrew, P., Weller, M., Ferguson, R., FitzGerald, E., Hirst, T., & Gaved, M. (2013). Exploring new forms of teaching, learning and assessment, to guide educators and policy makers. *Open University Innovation Report 2*, 9-11.

참고기사

대영도서관(British Library) 2014년 1월 13일자 http://www.bl.uk/press-releases/2014/january/futurelearn-to-lease-office-space-at-the-british-library

독일 University World News, 2011년 10월 2일자 http://www.universityworldnews.com/article.php?story=20110930190922597

미국 이코노미스트(Economist) 2013년 7월 20일자 http://www.economist.com/news/business/21582001-army-new-online-courses-scaring-wits-out-traditional-universities-can-they

영국 가디언(Guardian) 2012년 12월 20일자 www.guardian.co.uk/higher-education-network/blog/2012/dec/20/futurelearn-uk-moocs-martin-bean?INTCMP=SRCH

참고사이트

EU EACEA (Education, Audiovisual and Culture Executive Agency):
    http://eacea.ec.europa.eu/erasmus_mundus/index_en.php
EU Open Education Europe Portal:
    http://www.openeducationeuropa.eu/en/european_scoreboard_
    moocs
iMOOC: http://imooc.uab.pt
OpenupEd: http://www.openuped.eu

06 발달하는 아시아·태평양 지역의 묵스*

세계 최대 면적의 대륙인 아시아와 오세아니아를 통칭하는 이른바 아시아·태평양 지역은 중국, 인도, 인도네시아와 같은 거대 인구권 국가들과 한국, 호주, 일본, 싱가포르와 같은 경제 선진 국가, 아시아의 새로운 르네상스를 도모하는 동남아시아 국가연합(Association of Southeast Asian Nations: ASEAN)[1] 및 후발 개발도상국이 위치하고 있는 다양성과 잠재력이 어우러진 지역이다.

아시아·태평양 지역도 전반적인 침체와 고용시장의 불안정, 인구 과밀 지역의 평균수명 연장 등 경제사회적 문제가 복합적으로 작용하고 있는

*박소화(서울사이버대학교 아세안사이버대학 사무국 부국장, jaynuri2@gmail.com)

1) ASEAN은 동남아시아 10개국 연합으로, 싱가포르, 말레이시아, 인도네시아, 태국, 브루나이, 필리핀, 캄보디아, 미얀마, 베트남, 라오스가 회원국이며, 정치, 경제, 교육의 지역 발전을 목적으로 한 공동체다.

가운데, 국가 인재 양성을 위한 고등교육에 대한 관심과 수요가 커져 지난 10여 년 동안 고등교육기관 등록률(Gross Enrollment Ratio: GER)이 두 배 가까이 증가하고 있다(UNESCO, 2014)[2] 아울러 양질의 교육에 보다 쉽게 접근할 수 있는 온라인 교육이나 원격교육의 요구와 중요성을 국가 차원 에서 이미 공표한 바 있다(UNESCO 고등교육회의, 2009).

최근 전 세계적 트렌드인 대형 온라인 공개강좌(Massive Open Online Course: MOOC)는 기존 온라인 교육의 개념의 외연이 확장된 형태이며, 인 터넷이 연결된 곳이라면 모든 학습자에게 대학 강의를 제공할 수 있어 아 · 태 지역에도 큰 호응을 일으키고 있다. 인터넷 기반의 이러닝이나 묵 (MOOC)의 잠재적 성장은 인터넷 사용 보급률과 매우 밀접한 관계가 있어

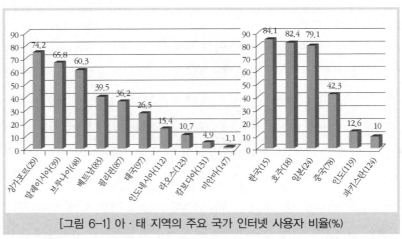

[그림 6-1] 아 · 태 지역의 주요 국가 인터넷 사용자 비율(%)

출처: International Telecommunication Union(ITU), ITU World Telecommunication/ICT Indicators Database(2013. 12.).

---

2) UNESCO 통계센터(data.uis.unesco.org): 아시아 지역의 2012년도 GER 27.5%는 세계 평균수준(32%)에 미치지 못하며, 유럽(69%), 북미(63%), 오세아니아(60%), 남미 (51%)에 큰 격차가 있는 상황이다.

국가별 발달에 차이가 있다. [그림 6-1]은 전 세계 150여 개국 중 개인당 인터넷 사용 비율과 국가 순위를 나타내며, 아시아 국가 상당수는 하위 40%에 속한다.

이 장에서는 차세대 모델이라고 불리는 묵이 수백 년의 대학 전통을 가진 유럽과 미국의 대학들과 다르게 상대적으로 고등교육의 기반이 취약하거나 인터넷 환경이 열악한 상황인 아 · 태 지역에서의 묵의 태동을 살펴보고자 한다.

1. 아시아 · 태평양 지역의 묵스 현황과 특징

세계 빅 3 묵[유다시티(Udacity), 코세라(Coursera), 에드엑스(edX)]의 플랫폼의 2013년 한 해 접속자 수는 2012년 대비 3배 증가했으며, 그중 북미 35.2%, 유럽 28.2%, 그리고 아시아 21.4%의 참여율을 보이고 있다(Chen, 2013). 최근의 한 연구에서는 묵스와 지리적 분포를 분석했는데, 하버드엑스(HarvardX)의 18개 강좌에 등록한 약 57만 명의 학생의 지역 분포를 살펴보니 미국이 43.3%로 가장 많은 수를 차지하고 있고, 인도(9.4%), 캐나다(3.81%), 호주(2.18%), 브라질(1.96%), 스페인(1.85%)의 뒤를 이어 영국, 필리핀, 파키스탄의 순으로 나타났다.

인구 과밀 국가가 많은 아시아 대륙에서의 고등교육 잠재 시장의 규모에 비해 아직 묵의 현 상태는 호주를 제외하고는 거의 태동기 수준이라고 할 수 있다. 〈표 6-1〉에서 보여 주듯이 아 · 태 지역의 묵은 개설 시기가 비슷하지만 국가별 격차가 나타나며 저마다 발달 전략에 차이를 보이고 있다. 호주의 경우 대학의 사회 참여와 이를 통한 브랜드 가치의 창출의

표 6-1   아태 지역의 묵스 정보

국가명	호주	일본	중국	ASEAN 주요 국가			
				싱가포르	태국	필리핀	말레이시아
주체	대학	대학, 기업	대학 (공립, 사립)	대학, 정부	정부	정부*	대학, 정부
개설 연도	2012	2013	2013	2014	(1999) 2014	2013	2013
개설 강의 수	48	20(25)	60	1	616	3	4
플랫폼	오픈투스터디 (Open2 study)	갓코 (Gacco), 오픈 러닝 재팬(Open Learning Japan), 오유제이묵(OUJ MOOC)	에드엑스 (edx), 코세라 (Coursera), 자국플랫폼: 코세라 존 (Coursera Zone), 쉐탕엑스 (XuetangX)	코세라 (Coursera)3)	글로브 (GLOBE)		오씨더블유투묵 케이피엠 (OCW2MOOC KPM)

출처: Kim(2014) 재정리; http://www.zdnet.com/article/singapore-starts-mooc-to-train-data-scientists/ Massive Open Online Courses (MOOCs) in China; UPOU website (www2.upou.edu.ph); http://www.jmooc.jp/; http://www.thaicyberu.go.th/; https://www.open2study.com

시대적 필요성에 부응하여 적극적으로 묵스의 흐름에 합류한다. 2012년부터 시작하여 8개 개별 대학으로 확산되고 있으며 오픈투스터디(Open2Study)처럼 대학과 기업이 공동 개발한 플랫폼을 사용하는데, 대학이 자체 개발한 오픈러닝(Opening Learning)을 사용하는 경우도 있다. 2014

---
3) http://www.zdnet.com/article/singapore-starts-mooc-to-train-data-scientists/

년 12월, '호주정부 신교육훈련국(Dept. of New Australian Government Education and Training)'은 '광대역 교육(Broadband Enabled Education)' 정책으로 13개 대학에서 대학기관의 리서치 및 전문가 그룹과 정교한 목표 그룹 대상을 연결하여 차별화된 묵의 개발을 권장하고 있다.

일본의 경우 기존의 정부가 일반 사용자를 중시하고 국제 공헌 및 국제 경쟁력 강화라는 정책을 통해 차세대 인적 기반을 확보하고 세계에 통용되는 고급 IT 인재 육성 시책을 마련하였다(2007년 이러닝 중점 계획, 이러닝 백서 2008). IT 아키텍터, IT 코디네이터, 임베디드 소프트웨어 전문가 등의 고도의 IT 인재를 육성하여 원격대학의 학부, 대학원의 비율을 2배 이상 높여 일본 국내외의 대학 및 기업과의 제휴, 사회인의 교육 수강을 촉진하는 정책을 시행하고 있다. 이에 2013년 일본의 '교육문화체육과학기술부(MEXT)' 산하의 '평생교육 및 개방형 교육'을 위한 국립센터 역할을 수행하기 위해 지원받고 있던 일본 개방대학교(The Open University of Japan: OUJ)는 일본 유수의 22개 대학과 기업들과 협력하여 일본 묵(JMOOC) 컨소시엄을 런칭하였다. 세 가지 공식 플랫폼인 NTT 도코모의 갓코(Gacco), 일본 개방대학교의 CCC-TIES CHiLO BOOK, 그리고 여러 대학이 사용하고 있는 넷 러닝 플랫폼(Net Learning platform)은 현재 플랫폼 간 연계는 이루어지고 있지 않으나 확장성을 고려하여 각 플랫폼별로 세계 기준을 도입하는 방안을 마련하고 있다. 일본 묵의 경우 시스템과 운영에 관해서 기존의 경험과 지식을 연계하고 통합하여 교육적 결과를 최대한 안정적으로 예측할 수 있도록 묵을 만들어 가고 있다.

중국의 경우 현재 코세라나 에드엑스에 각각 98개, 31개 기관이 멤버로 가입되어 있다. 코세라의 경우 중국 학생이 4%가량 차지하고 있는 가운데(Swissnex, 2014), 고등교육에 대한 잠재 수요와 시장의 규모 측면에서 볼 때 교육 개방 요소를 포함한 수익 모델에 대한 새로운 발로의 기회 측면에서 해외 공급자의 큰 관심 대상이다. 그러나 중국의 묵은 오히려 자국의 묵을 공급자 측면으로 급성장시키며 보호주의적 정부 전략 속에서 발전하고 있다. 콘텐츠의 경우 코세라에 제공되고 있는 과목은 주로 법, 화학, 프로그래밍, 생물정보학, 중국 문화, 역사 등이고, 에드엑스에 제공되고 있는 과목은 전자회로, 중국 문화, 재무 분석이며, 칭화대학교와 북경대학교가 제공해 주는 기관의 상당 부분을 차지하고 있다.

한편 플랫폼의 경우 코세라, 에드엑스와 유사한 형태인 코세라존(Coursera Zone)이 거의 같은 시기에 출현하였고, 이외에도 기존 해외 플랫폼을 바탕으로 중국의 문화, 언어 환경과 기술 여건을 고려하여 중국 기업에서 개발한 3개의 로컬 플랫폼(XuetangX, Kaikeva, TopU.com)이 최적화된 중국 묵으로 등장하였다. 2006년 중국의 교육부는 학위 관련 교육 시장의 급속한 발전과 관리를 위해 '교육 사이트와 디지털 학교 관련 입시 관리 방안' 관리 규범을 강화한다. 학교와 우수한 기업이 협력하여 원격교육 사이트와 이러닝 관련 교육 프로그램 개발을 장려하고 해외 교육기구와의 협력은 권장하나 자본금, 교육 인프라, 이러닝 운영 경력 등 엄격한 심사 제도로 해외기관의 유입을 근본적으로 제약하고 있다. 아울러 공자를 중심으로 한 사상과 문화, 중국어와 같은 특성화 콘텐츠를 제공하여 중국 묵의 경쟁력을 향상시키는 계기로 삼고자 하고 있으며, 체계적인 확산을 위하여 국제 표준을 준수하여 중국 묵 개발을 진행하고 있다.

1967년에 설립된 동남아시아의 정치, 경제, 문화 공동체인 ASEAN은 2008년 12월 지역 공동체의 헌법과 같은 'ASEAN 헌장'을 발효시키면서 유럽연합처럼 단일 공동체로 단계적으로 통합을 실시 중이다. 싱가포르를 제외한 9개 개발도상국가는 제조생산 산업사회에서 지식기반사회로의 변모를 추진하며 신속한 진입을 위해 효율적인 교육 시스템 구축에 무게 중심을 두고 질적인 교육의 보급과 기회 확대를 정책적으로 주도하고 있다. 정부의 교육관계자들은 이 과정에서 이러닝 산업이 교육 부분의 선진화에 중요한 역할을 할 것을 기대하고 있다(UNESCO 고등교육회의 2009). ASEAN 대부분 국가들의 경우 묵은 현재 미국의 유명 대학들이 자신의 브랜드 가치를 높이는 콘텐츠를 전 세계에 전송하는 온라인 강의와는 다르게 ASEAN 연합 지역 내의 국내외 대학들이 서로 연대해 다양한 지역의 학문적 성과를 모은, 모두를 위한 공유 시스템이라고 할 수 있다.

2013년부터 각 국가들은 국가 간 인프라 격차를 좁히고 질적 담보를 위하여 표준이나 준거를 공유하고 유수 대학을 중심으로 전문가위원회나 국가 프로젝트를 통해 묵의 온라인 콘텐츠를 관리 운영하고 있다. 묵의 강좌는 파일럿 과정을 통해 검토를 거친 다음 '공통과정(common courses)'으로 제공되는데, 이때 '온라인 콘텐츠'란 영상 강의뿐 아니라 이에 따른 사례와 시나리오 기반의 학습자 활동, 토론의 주제와 성찰 활동, 자기평가 활동 및 관련된 자료를 아울러 제시하고 있다.

말레이시아의 경우 '비전 2020' 정부 정책(E-Learning for Life: EFL) 등에 의해 휴대전화 보급률이 ASEAN 국가 중에서 싱가포르에 이어 2위를 차지하고 있으며, 브로드밴드 인터넷의 보급이 일반화된 환경을 구축하여, 국제연합 및 굴지의 다국적 기업 지원과 교육부가 공동으로 정보화 소외 현상을 극복하고자 한다. 그 가운데 묵의 모습은 대학 수준 교육 보급의 일환으로 자국 유수의 대학을 연합하여(Universiti Malaya: UM; Universiti Kebangsaan Malaysia: UKM; Universiti Putra Malaysia: UPM; Universiti Teknologi Malaysia: UTM) 오픈러닝 플랫폼인 오씨더블유투묵 케이피엠(Platform OCW2OOC KPM)을 개설하여 운영하고 있으며, 플랫폼 내부의 콘텐츠와 활동, 협력 활동 등이 2014년에 설립된 기술 운영위원 및 질 관리 위원들에 의해 관리되고 있다.

태국의 경우 교육부 고등교육청(Office of Higher Education Committee: OHEC)이 2012년 태국 사이버대학교 프로젝트(TCU)를 발족해 태국 내의 대학 교수들을 대상으로 온라인 교육과 교수 방법, ITC 활용에 관한 방법에 대한 연수 내용을 무료 온라인 콘텐츠로 제공하면서 바야흐로 묵의 개념이 시작되었다. 태국에서는 자국 맥락의 강의 지침 및 다양한 질적인 콘텐츠, 학습 자료, 활동 자료 등을 함께 탑재할 수 있는 GLOBE(Global Learning Object Brokered Exchange) 망을 구축하여 국내 및 해외용 콘텐츠 공유를 활성화하고 있다.

말레이시아나 태국의 묵 성립, 발전 과정은 인도네시아, 필리핀, 베트남의 경우와 거의 대동소이하다. ASEAN의 경우 공동체의 질적 준거에 의하여 자국의 고등교육 수준을 향상시키고 협력과 강화를 통해 질적 교육을 국내 구석구석 보급하려는 국가 차원의 내수용 묵이라 할 수 있다. 이러한 ASEAN 묵은 각 과목을 각 대학의 정규 교과과정에 포함시켜 상호 협력을 통한 비용 절감 효과까지 기대하고, 수업뿐만 아니라 과제 제출, 대학 간 협정을 통한 학점 인정까지 가능성을 두고 상호 공동협력 중에 있다. 또한 각 국가별 · 대학별로 특화된 과정이나 ASEAN 언어, 문화적인 콘텐츠를 개발하여 해외로부터 학문적 콘텐츠를 받기만 하는 수용의 처지에서 적극적으로 생산하는 주체로의 변화 또한 주도하고 있다.

앞에서 언급한 바와 같이 아시아 · 태평양 지역의 국가들은 문화와 언어 그리고 정치적 · 사회적 · 경제적 사정이 각각 다르다. 그렇기 때문에 묵스가 전개되는 방식이나 형태, 개발의 방향 등이 다양하다. 다음에서는 호주와 일본의 묵스 개발 사례를 살펴보기로 한다.

2. 경쟁 우위를 지향하는 호주의 묵

최근 호주의 대학들은 재단 측에서 교육과 연구에 대한 지원을 점점 축소하자 지식의 창출과 유지라는 대학의 역할을 변화시키고 있다. 이러한 변화에 있어 호주 대학들은 정부 기금 및 학생 유치라는 경쟁 속에서 교수 학습의 차별화를 위한 혁신, 글로벌 모빌러티의 확산, 디지털 기술에 의한 교육 확산 등과 같은 도전 과제에 직면해 있다. 이러한 대학의 도전 과제를 해결하려는 노력 중 하나가 대학 강의를 묵과 같은 온라인 형태로 개방하는 것이다. 뉴사우스웨일즈대학교는 2012년 10월, 대학 자체의 온라인 강의 기술로 '오픈 러닝(Opening Learning)'이라는 시스템을 개발하여 과제 중심의 팀 학습, 협력 학습과 게임 학습(gamification), 자동 채점 방식을 활용한 즉각적인 피드백 제공 방식을 제공하여 학습자 중심의 온라인 강의를 공개하였다.

한편 멜버른대학교의 경우 자체 개발보다는 벤처 기업들의 안정적인 관리와 지원 체계인 온라인 서비스 공급업체(Open2Study)에 의한 학습 플랫폼을 운용하며 멜버른의 대표 강좌들을 공개하고 있다. 이와 더불어 최근에서는 2013년 태즈매니아대학교에서 세계 최초의 '치매의 이해' 관련 묵을 개발하여 제공하였다. 태즈매니아대학교 묵의 주요한 특징은 불특정 다수의 학생을 위한 강의가 아니라 치매라는 강의 주제를 수강하려는 학생을 주요 대상으로 하여 이들의 특성을 면밀히 분석하여 학습목표를 설계하고, 학습자의 특성에 부합하는 묵의 설계(fit for purpose)를 통해 강좌

---

4) 묵의 학습 이수율은 7~9%, 즉 중도 탈락률이 91%를 넘고 있다(제11장 참조).

이수율[4]이 39%에 이르게 함으로써 묵의 학습 가능성을 높였다는 점이다. 이와 같은 특징으로 태즈매니아대학교 묵은 온라인 공개강좌의 모범 사례로 설명되고 있다.

1) 학습자를 위한 맞춤형 묵

호주 묵의 특징은 학습자의 특성에 부합하는 맞춤형 묵을 지향하는 것이다. 학습자를 위한 맞춤형 묵의 사례를 보다 면밀히 살펴봄으로써 가능성으로 확인해 보고자 한다.

전 세계가 노령화 사회 또는 노년 사회로의 진입이 가속화됨에 따라 치매성 질환을 앓는 노령 인구가 2012년 기준 WHO 치매보고서에 의하면 세계 치매인구는 약 3,560만 명에 달하며 2030년에는 두 배로, 2050년에는 3배로 증가할 것으로 추정되고 있다(King et al., 2014; WHO, 2013 재인용). 호주의 경우도 2030년에는 2011년 기준 3배 증가한 약 9만 명의 치매성 질환자가 발생할 것으로 예측하고 있다(호주보건기구, 2012). 치매성 질환자를 간병하거나 간호하는 인력은 현 수준에서 약 4배 정도 필요한데, 이들 인력을 육성하기에는 예산이 턱없이 부족한 실정이다. 치매성 질환자를 간병하는 간호 인력의 부족은 간병이나 치료의 질을 저하시키는 주요 원인이 된다. 이러한 현실적 문제를 해결하기 위하여 2013년 태즈매니아대학교(UTAS) 보건학부(Faculty of Health) 소속의 '위킹 치매 교육연구센터(Wicking Centre)'는 '치매의 이해'라는 묵 강좌를 개발, 운영하여 39%의 높은 참여율과 학습 이수율을 기록하였다(King, Robinson, & Vickers, 2014). 일반적으로 제공하는 묵의 강좌 학습 이수율이 4%(Penn Graduate School of Education, 2013) 정도임을 감안할 때 39%의 학습 이수율은 일반적인 이수율에 비해 약 10배 증가한 것으로, 획기적인 것이 아닐 수 없다. 특히 놀라운 것은 9,267명의 묵 등록생 중에서 70% 이상이 40세 이상의 성인이며, 여성이 89%, 이 중에서 17%만이 학사 학위 이상의 학력 소지자였다는 사실이다.

묵을 통해 이와 같이 획기적으로 학습 이수율을 높일 수 있었던 원인은 무엇일까? 단순한 교육 수요가 성공적인 학습 이수율로 이어질 수 있었을까? 태즈매니아대학교의 '치매의 이해' 묵의 성공 요인은 '치매의 이해'라는 묵 강좌를 수강하는 학습자의 특성에 부합하는 맞춤형 설계 기반 접근을 통해 묵이 개발된 데 있다고 할 수 있다.

태즈매니아대학교 워킹센터에서 묵을 수강하는 학생의 목표 그룹 설정(Cohort-centric approach)을 위해 기준선 분석과 파일럿 테스트를 진행하고 배경 조사 과정에서 수강 동기뿐 아니라 중간 탈락자나 전체 수료자에 대한 피드백을 포함하여 목표 학습 대상자에 대한 특성을 규명하였고, 그 결과를 콘텐츠와 플랫폼, 수업 과정 설계와 개발에 반영하였다. 센터에서는 치매 묵의 잠정적 목표 대상 학습자를, 첫째, 유료 강좌를 수강하기 힘들지만 치매에 관심이 있는 호주 내국인, 둘째, 전 세계의 간병인 및 기타 수요자 중에서 질(quality)과 증거(evidence)에 기반한 지식과 정보를 얻어 치매를 이해하고자 하는 사람 등으로 규정하여 다음과 같이 정교화하였다.

- 치매 묵의 대상 학습자는 보건 분야 직장인, 중·장년층의 광범위한 고령의 간병인 그룹, 개인 돌보미, 치매 질환자를 돌보는 부양가족이다.
- 기존의 양질의 치매 전반에 대한 개요 강의보다는 신경과학에서 실제 간호법 사이의 중요한 연계 및 질환 완화를 위한 실천적 방법론이다.

- 대부분이 대학 수준의 전통적인 묵 학습자가 아니라 컴퓨터 활용 능력이 부족하고 탐구적 · 인지적 학습 경험이 부족한 중 · 장년층이며, 특히 노년 여성층이 대부분이다.

목표 학습 대상자의 규정은 실제 콘텐츠 개발에 있어, 첫째, 실제 활용 가능한 지식, 둘째, 사례를 기반으로 하는 치매 간호 방법의 습득, 셋째, 3~8년이라는 치매의 발달적인 성격에 대한 폭넓은 이해, 넷째, 학습자의 개인 맥락과 경험을 학습과 연결하는 운영 방법론을 적용하여 학습 효과를 거둘 수 있도록 초점을 맞추었다. 아울러 전 세계인으로 목표 대상을 확대하여 치매의 이해와 간호 방법에 대한 문화 간 공유의 잠재력을 높이고자 하였다.

또한 원래 11주로 진행되는 프로그램에 앞서 2013년 4월에서 6월까지, 184명을 대상으로 실험 운영을 실시하여 기술적 문제와 관련한 온라인 등록 절차의 간소화, 웹사이트 활용 및 기타 기술적으로 간편화하는 문제 등을 보완하였다. 이후 강좌의 설계, 구조, 내용, 접근성 및 조작성에 대한 피드백을 받았으며 내용 만족도가 92%에 달하는 것으로 보고되었다. 기술적인 부분의 보완 사항으로는 비디오 영상으로 제공되는 강의에 '핵심 요약'을 추가하였으며, 수업 완료 후 내용에 대한 '이해 체크리스트' 등을 추가하였다.

2) 목적에 부합한 묵의 설계

'치매의 이해' 묵은 기준선 분석, 파일럿 테스트, 콘텐츠 운영 등을 통해 목표 대상 학습자의 특성 분석 결과를 개념화(conceptualization) 단계부터 개발 단계, 그리고 평가 단계 등의 묵의 학습 설계에 반영하였다. 해당 강좌의 설계에 고려한 내용은, 첫째, 실용적 지식이 필요하지만 고등교육 수준의 학문적·기술적 지식이 부족한 비전통적 학습자, 둘째, 증거를 기반으로 한 지식이 자신의 경험 맥락에서 연결되어 지식을 습득하는 중장년의 직업인, 셋째, 자신의 경험과 성찰을 통해 유의미한 학습을 하는 성인 학습자 특성이다.

목표 학습 대상자의 특성을 고려한 묵의 교수-학습 전략을 살펴보면 다음과 같다.

첫째, 자신의 맥락에서 이해하고 번역할 수 있도록 학습 내용을 단계적으로 필요에 따라 제공하여 학습할 수 있도록 맞춤화된 접근을 하고 있다. 실제 경험에서 최초의 학습이 발생한다(Caffarella & Barnett, 1994)는 학습이론에 기초하여 유의미한 학습으로 승화시키기 위해 '연습-창출-토론' 과정으로 '습득을 통한 학습'(Laurillard, 2012; King et al., 2014)을 유도하고, 치매환자 간호의 간병사 사례 중심과 실제 사례를 소개하여 자신의 개인 맥락에 적용하며(Kellogg, 2013), 이를 질문과 협력 학습을 통해 이질 집단의 다양한 문화 맥락과 경험을 토론을 통하여 공유하게 함으로써 학습자-학습자 간 상호작용을 극대화하고 있다.

둘째, 전문가와의 소셜 네트워크 학습 및 게임 학습활동을 포함하도록 하여 학습자의 참여도를 높이고 있다. 초보 학습자가 치매 전문가에게 질문을 통해 필요한 지식을 형성해 가는 대화식 인터뷰 동영상 포맷의 11주차 수업은 이메일을 통해 클리닉 사례가 풍부한 의료 전문가에게 직접 궁금증을 문의하여 해소하도록 하는 소셜 네트워크를 활용한 학습을 지향하고 있다. 아울러 직업 관련 지식과 스킬을 이해하고 적용하도록 'Body Central'과 같은 게임 학습활동을 콘텐츠에 탑재하고 있다. 특히 학습자와 콘텐츠의 상호작용을 위해 인터뷰 영상이나 유튜브의 스크립트 선택 버튼, 사례 연구나 퍼즐, 퀴즈 문제 또는 내용을 시각화하는 학습자 재창출 활동, 만화 형식에 학생이 말풍선을 생성하여 새로운 문제를 다루게 하는 역할극(시나리오) 등을 활용하고 있다.

셋째, 다양한 감각기관을 통해 자신의 경험과 사전 지식을 바탕으로 학습을 극대화한다는 성인학습이론을 반영하고 있다(Bordeau & Bates, 1996; Knowles et al., 2011). 전문가의 강의 내용에 대해 자신의 경험에 따른 의견, 아이디어나 시나리오에 대한 반응을 녹음하여 'Your Notes'라는 성찰 노트를 작성하거나 '생각나무'라는 문장 완성하기 활동을 통해 학습자 자신의 실제 경험에서 강점을 발견하는 계기로 활용하고 있다.

넷째, 디지털 활용 수준이 낮은 중장년 성인 학습자가 자연스럽게 기술 장벽을 극복할 수 있도록 실제적인 가이드라인을 제공하고 있다. 오픈 플랫폼에서 내비게이션을 음성으로 제시하고, 'help' 가이드를 상시 제공하여 가능한 한 단순한 온라인 활동이 이루어지게 설계하고 있다. 특히 대상 학습자가 전통적인 인쇄 기반의 오프라인 학습에 친숙하다는 가정하에 스크롤이나 링크보다는 연속적으로 펼쳐지는 '페이지 형식의 템플릿'을 사용하고 그래픽 디자이너가 중년 이상의 학습자가 선호하는 색과 아이콘을 제공하였다.

호주 태즈매니아대학교의 '치매의 이해' 묵은 개발 시 수요 대상자에 대한 특성을 명확하게 정의하였으며 교수 설계상의 고려사항도 교육 목적을 달성하기 위한 교육 방법에 반영하였다. 이는 일반적인 묵의 학습 대상인 젊은 학습자, 특히 고등교육을 통한 학습 능력 및 방법론이 익숙하거나 교육된 직장인군과 큰 차이를 보이고 있으며, 학습 이수율이 39%로써 일반적인 국제적인 묵 강좌 학습 이수율과 대조를 이루고 있다. 더욱이 강의 주차가 길어질수록 학습 이수율이 낮아지는 일반적인 묵의 트렌드와도 상반된 결과를 보여 주고 있다.

　호주의 묵 사례를 보았을 때, 묵을 통한 학습의 접근성에 대한 물리적·기술적 고려사항의 중요성보다 목표 대상 학습자의 특성에 따른 학습을 이해하고, 이를 적용할 수 있도록 콘텐츠 개발이 전략적으로 이루어졌다. 진정한 묵의 교수 설계는 주요 대상 학습자의 학습 특성과 이에 따라 예상되는 학습 결과를 철저히 고려하여 양질의 학습 경험이 이루어질 수 있도록 설계하여야 한다는 시사점을 얻을 수 있다.

3. 저비용 고효율을 지향하는 일본의 묵

　일본에서의 묵은 사회적 트렌드로 성장하고 있다. 유수의 대학들은 코세라, 에드엑스 등의 협회와 컨소시엄 등에 가입했으나, 오랜 기간 전문가협의회를 통해서 사회적 필요성과 비전을 공유하고 일본의 제이묵(JMOOC, http:www.jooc.jp/en/)을 2013년 11월에 발족시켰다. 관계자들은 이미 묵의 핵심과 성과에 대해 조사하였으며 북미에서의 묵에 대한 논의를 참고하고 기존 사례에서 교훈을 얻어 이를 추진하고 있다. 이들이 정리한 묵의 전개와 관련된 요소들은, 첫째, 묵으로부터의 빅데이터와 학습 분석, 둘째, 멘토의 지원, 셋째, 학습자 커뮤니티에서 일어나는 자발적인 학습활동을 존중하는 것, 넷째, 플립드 클래스룸(flipped classroom)과 전자교과서, 다섯째, 지속 가능한 비지니스 모델 등이다. 이들은 선행 사례의 경험에 비추어 실제적인 이점을 차용하고자 노력하고 있다.

　일본의 플랫폼 제공자들은 일본 묵을 완전히 새로운 요소로 조화시키기

위해 원래의 구성요소들을 재사용하였다. 이는 검증된 기존 기능의 융합
이나 결합을 통한 시스템 구성이라는 일본 묵의 특징을 보여 주며, 이를
통해 위험(risk)은 최소화하고 효과는 최대화하는 전략을 사용하고 있음을
알 수 있다. 또 다른 특징은 산학 협력적인 프레임 워크를 가졌다는 것이
다. 이 또한 각자의 수요를 가장 잘 파악하고, 효율적으로 만족시켜 고효
율을 지양하는 일본 묵의 대전제를 잘 보여 준다.

일본 제이묵(JMOOC)의 운영 형태 자체가 저비용 고효율을 보여 주는
사례로써, 방송대학학원 이사장을 일반사단법인 이사장으로 임용하는 형
태로 설립하고 3개 기관이 운영하고 있다.

첫 번째는 NTT 도코모와 산하단체인 NTT 지식스퀘어(Knowledge
Square)가 운영하는 갓코(Gacco)이며, 두 번째는 오픈 러닝 재팬(Open
Learning Japan), 세 번째는 일본 개방대학교에서 운영하는 OUJ 묵이다.
이는 일제이묵(JMOOC) 자체에서 각 기능을 통합하여 운영할 수 있는 새
로운 운영 체제를 만들어 사용하기보다는 필요에 맞추어 구분해 운영함으
로써 효율성을 높이는 장치라 할 수 있다. 즉, NTT 도코모라는 대기업에
서 운영하는 갓코는 갓코 내 콘텐츠를 NTT 내 계열사의 기업 연수에서 활
용하는 등 산학연계에 강점을 보이는 반면, 오픈 러닝 재팬과 OUJ 묵에서
는 대학의 공개 강의를 주로 제공하고 있다.

일본 개방대학교 묵 플랫폼의 운영 형태 역시 융합을 통한 저비용 고효
율 추구의 특징을 잘 보여 준다. 제이묵의 운영 형태 중 하나인 일본 개방
대학교의 OUJ 묵에서는 2014년 4월부터 2개의 일본 묵을 런칭하였다. 첫
째는 일본어 기초(A1)[Nihongo Starter(A1)]라는 과목으로서, 기초 일본어를
외국 학생이 배우기에 적합한 코스다. 둘째는 '컴퓨터 시스템(Computer
System)'이라는 과목으로, 일본 개방대학교의 요이치 오카베 교수가 방송

[그림 6-2] CHiLO 전자북 시스템의 구성도

출처: Yamada & Yoshida(2010).

을 통해 가르치던 내용을 온라인화한 것이다.

OUJ 묵에서는 본인의 형태에 맞는 묵 플랫폼을 전부 새로 개발하기보다는 이미 효과가 검증된 기능을 결합하여 플랫폼을 구성하였다. 이러한 플랫폼은 [그림 6-2]에 잘 묘사되어 있다. 즉, LMS의 측면에서는 다양한 IT 환경 사용자를 고려하여 전통적 LMS(MOODLE: 무들)을 제공하고 있다. 또한 이와 함께 특별히 일본 개방대학교에서 개발한 'CHiLO 전자북 시스템(CHiLO Book System)'을 사용하게 된다. 학습자는 윈도우 PC를 통한 epub viewer나 안드로이드 스마트폰/태블릿 혹은 맥 PC, 아이폰 혹은 아이패드의 iBook Reader를 통해 온라인 스토어에 방문하여 e-교과서나 기타 학습 자료에 접속한다. 다양한 퀴즈 결과나 학습 체크 리스트들은 LMS 데이터베이스로 자동 저장된다.

더불어 페이스북은 사용자 인증 확인과 학습자 커뮤니티 관리를 위해 활용된다. 그룹 기능을 활용하여 관리자는 사용자의 인증을 거칠 수 있는 동시에 학습자는 생각을 공유하고 질문도 할 수 있다. 뿐만 아니라 평생교육 학습자가 주도적으로 자신의 학습 과정을 관리해야 한다는 점과 동시에 학습 결과에 대한 책임을 져야 한다는 일본 개방대학교의 입장을 고려하여, 모질라(Mozilla)의 오픈 배지 시스템(Open Badge System)도 활용하고 있다. 한 예로, '일본어 기초(A1)'의 경우, 학습자들이 치른 퀴즈의 결과나 페이스북 및 화상채팅 미팅 등 다양한 학습활동에 대한 보상 배지(Badge)를 모질라 오픈 배지 시스템을 활용하여 각 활동마다 부여하고, 총 10개의 배지를 받아야 수료증을 제공하는 시스템을 운영한다.

제이묵의 운영 플랫폼 중 하나인 갓코는 기업 연수에 활용되고 있다. NTT Data에서는 기업 연수 시, 갓코 내의 통계 강좌 일부를 기업 연수 과목 중 일부로 활용하였다. 해당 통계 강좌의 경우, 강사들은 일본통계학회에서 활용되었으며, 갓코에서는 플랫폼을 이용하여 강좌를 제공하였으며, 갓코상의 내용을 미리 학습하고 이를 기업 연수 과목으로 활용한 연수 제공자는 NTT Data가 된다. 해당 관계는 [그림 6-3]과 같다.

아시아 · 태평양 지역의 묵은 아직 발달 단계로 보면 태동기에 해당한다. 아직 묵의 공급자 역할보다는 수혜자로서 북미나 유럽의 묵을 받아들이고 있는 입장에 더 가깝다. 중국, 인도, 인도네시아와 같은 거대 인구권 국가가 자리하고 있고 비교적 소득 수준이 낮으면서도 고등교육에 대한 욕구가 큰 이 지역에서 묵의 잠재적 성장 가능성은 어느 지역보다도 더 크다.

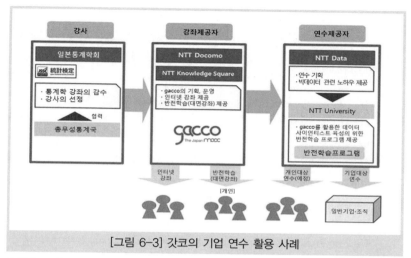

[그림 6-3] 갓코의 기업 연수 활용 사례

출처: http://it.impressbm.co.jp/articles/-/11449.

참고문헌

Bourdeau, J., & Bates, A. (1996). Instructional design for distance learning. *Journal of Science Education and Technology,* 5(4), 267–283. doihttp://dx.doi.org/10.1007/BF01677124

Caffarella, R.S., & Barnett, B. (1994). Characteristics of Adult Learners and Foundations of Experienctial Learning. *New Directions for Adults and Continuing Education. 1994*(62). 29–42.

Chen, J. C. (2013). *Opportunities and Challenges of MOOCS: Persptectives from Asia.* Paper presented at: IFLA WLIC 2013-Singapore-Future Libraries: Infinite Possibilities in Session 98-Knowledge Management with Academic and Research Libraries. Retrieved from http://www.google.co.kr/url?sa=t&rct=j&q =&esrc=s&frm=1&source=web&cd=1&ved=0CCQQFjAA&url=http

%3A%2F%2Flibrary.ifla.org%2F157%2F1%2F098-chen-
en.pdf&ei=2z4EVdXdAoT28QW64Eo&usg=AFQjCNFygpx2LUPlp1
2fiqjCTkrZ6voFHw&bvm=bv.88198703,d.dGc&cad=rjt

Kellogg, S. (2013). Online learning: How to make a MOOC. *Nature, 499*,
369–371

Kim, G. (2014). *Mooc and old in higher education in Asia-Pacific: A
UNESCO perspective.*Presented at UNESCO Asia and Pacific
Regional Bureau for Education.UNESCO Bangkok. Retrieved from
bigdata.knou.ac.kr/kmooc/Full_Papers/김광조.pdf

King, C., Kelder, J., Doherty, K., Phillips, R., McInerney, F., Walls, J.,
Robinson, A., & Vickers, J. (2014). Design for Quality: The
UnderstandingDementia MOOC. *The Electronic Journal of e-
Learning. 12*(2), 161–171.

King, C., Robinson, A., & Vickers, J. (2014). Online education: Targeted
MOOC captivates students. *Nature, 505*(7481), 26–26.

Knowles, M. S., Holton III, E. F., & Swanson, R. A. (2011). *The adult
learner* (7th ed.). London: Elsevier.

Laurillard, D. (2012). *Teaching as a Design Science: Building
Pedagogical Patterns for Learning and Technology.* New York:
Routledge.

Swissnex.(2014). *Situation Analysis: Massive Open Online
Courses(MOOCs) in China.* Retrieved from http://www.swissnex
china.org/en/media/publications/reports/

Yamada, T., & Yoshida, M. (Eds., 2010). White Papers of Six Asia-
Europe Countries: 02 e-Learning for Lifelong Learning in Japan. In
Bowon Kim (Ed.), *e-ASEM White Paper: e-Learning for Lifelong
Learning.* Korea National Open University Press. pp.105–232.

참고기사

Openlearning blog: https://www.openlearning.com/blog

Singapore starts MOOC to train data scientists:

　　　http://www.zdnet.com/article/singapore-starts-mooc-to-train-
　　　data-scientists/

참고사이트

AAOU: http://aaou.ouhk.edu.hk/

JMOOC: http:www.jooc.jp/en/

Open 2 Study: https://www.open2study.com

Swissnex China:

　　　http://www.swissnexchina.org/en/media/publications/reports/

Thailand Cyber University: http://www.thaicyberu.go.th/

University of the Philippines Open University: www2.upou.edu.ph

국내 최대 원격교육기관, 한국방송통신대학교의 묵*

1. 한국방송통신대학교의 묵 현황

한국방송통신대학교(이하 방송대)는 국내 최대의 원격교육기관이며 다양한 개방교육자료(Open Educational Resources: OER) 콘텐츠를 보유하고 있어 대형 온라인 공개강좌(Massive Open Online Course: MOOC)에 버금가는 서비스를 이미 40여 년에 걸쳐 제공해 온 역사를 가지고 있다. 그러나 이는 어디까지나 원격교육이라는 전통적 개념 틀 속에서 이루어져 온 것이어서 새로운 교육 패러다임인 묵(MOOC)에 대해서는 또 다른 준비가 필요하다. 방송대는 2012년 무렵부터 확산되고 있는 묵을 예의주시하며 이를 활용하기 위한 노력을 경주해 왔다. 이 장에서는 방송대의 묵 실행을 위한

*이태림(한국방송통신대학교 정보통계학과 교수, trlee@knou.ac.kr)

준비 과정을 살펴보고, 우리나라 평생교육에 근거한 지식 나눔의 역할로 서의 KNOU 묵을 살펴본다.

최근 디지털 교육 자원의 국내외적 공유를 위한 OER 개념의 확산과 함께 MIT 공대를 시초로 대학기관에서 강의 자료 등 교육 자원을 공공재로 개방하는 새로운 교육 환경이 도래하고 있다. 이러한 변화에 발맞춰 누구에게나 교육의 기회를 제공하는 평생교육 지향의 방송대에서는 우리나라에 적합한 케이묵(KMOOC)의 구현을 위해 노력하고 있다. 국내외 고등·평생교육의 질을 향상하기 위한 방송대의 KNOU 묵이 한국형 묵인 케이묵의 허브 역할과 필요성을 다음과 같이 정리할 수 있다.

첫째, 방송대의 설립 취지 및 이념은 묵의 근본 취지와 동일하며, 실제로 방송대 교육 운영은 사실상 묵 서비스 형태와 취지가 대동소이하다. 국립 원격개방대학으로서 1972년 창설 이래 '모든 이를 위한(education for all, open to all)' 고등교육 기회의 개방과 균등화 정책을 성공적으로 실현하였고, 그 실증적인 통계로 1972~2013년 사이 입학생이 총 2백 60만 명, 졸업생은 총 60만 명에 이른다. 또한 국내에 OER 개념이 정착되기 이전부터 방송대는 독자적인 TV 채널(OUN), 인터넷 공개강좌(OER), 국제 공개강좌(eLIC) 등을 통해 실질적으로 OER 서비스를 제공해 온 터다.

둘째, 방송대는 실질적으로 케이묵 허브 서비스 운영을 위한 최적의 시스템과 콘텐츠 제작 시설 보유하고 있어서 유비쿼터스 선도 대학으로서 전국을 네트워크로 연결하는 독보적인 교육 인프라를 갖추고 웹을 통한 온라인 강의, 모바일을 통한 모바일 강의의 교육 노하우를 확충하고 있다. 구체적으로 케이묵 구현에 제일 근본적이고 중요한, 온라인 강의용으로 제작된 교육 콘텐츠를 다수 보유(묵 자료로 전환 용이)하고 OER 서비스의 최상의 질 확보를 위한 학습 관리 시스템(LMS)을 운용할 수 있다.

방송대 KNOU 묵의 목적과 취지를 정리하면 다음과 같다.

첫째, 전 국민 무상 고등교육 · 평생교육 기회 확대에 기여한다. 즉, 민간의 교육 수요가 높은 고등교육 및 평생교육 콘텐츠를 개방하여 국민 공감의 교육복지를 실현한다.

둘째, 방송대 OER 콘텐츠의 특성화를 통하여 성인의 꾸준한 교육 기회를 확대한다. 즉, 대국민 인문교양 수준 증진을 위한 콘텐츠를 변환 · 가공 · 개발하고 직업 역량 강화를 도모할 실용적 · 응용적 교육 콘텐츠를 공개한다.

셋째, 스마트 러닝을 위한 이용자 중심형 학습 포털 시스템을 구축하여 스마트 러닝 시대에 적합한 다양한 원격 및 디지털 교육 콘텐츠, LMS 인프라, 이용자 간 실시간 상호작용을 통한 콘텐츠 진화형 서비스 체계 운영 및 국가적 추진 체계 등에 대한 제반의 추진 전략을 모색한다.

2. 한국방송통신대학교의 개방교육자료

OER[1](http://oer.knou.ac.kr)은 'Open Educational Resources'의 줄임말로, 교수 학습이나 평가, 연구 목적으로 제작된 자료로 무상으로 라이선스의 제약 없이 사용할 수 있는 것을 의미한다. OER 운동은 20세기 후반 나타난 열린 지식, 오픈 소스, 무상 공유 및 협업의 개념에서 시작했다고 볼 수 있다. OER은 OCW와 묵으로 이어지는 과정의 공개 및 공유 운동에 자료를 마련했다는 데 의미가 있다. 아울러 OCW의 경우 교육과정의 공개

---

1) http://en.wikipedia.org/wiki/Open_educational_resources

에 초점이 맞춰져 있는 것에 비해서 OER은 교육 자원 자체의 공개를 의미하고 있어 OCW보다는 더 많은 분야에서 사용될 수 있다는 점을 내포하고 있다.

국내 대학 중 OER을 전면에 내세워서 사이트를 운영하고 있는 곳은 방송대가 유일하다. 이는 방송대의 교육 목적이 다른 일반 대학과 차이가 있기 때문에 나타나는 현상으로 보인다. 이는 홈페이지에서 제시한 방송대 OER의 목적에도 잘 드러나 있다. 방송대 OER의 목적은 다음과 같다.

- OER 서비스를 통해 40, 50대에게 공감, 감동, 가능성의 기회를 제공하고, 이를 통해 행복하고 만족스러운 삶을 이루는 데 도움을 주고자 한다.
- 인생 후반기를 준비하는 학습자에게 삶을 돌아보고 앞으로의 인생을 위해 준비해야 할 것들을 살펴보는 기회를 제공하고자 한다.
- 사회 공헌에 관심이 있는 사람에게 재능 기부와 나눔에 참여할 수 있는 기회를 제공하고자 한다.
- 전문 인력, 현장 전문가의 경험과 기술을 축적한 현장 콘텐츠를 제공한다. 주제별로 전담 전문가와 현장 전문가에 의한 현장 중심의 학습 자료를 만날 수 있다.

방송대 OER이 다른 학교의 OCW와 차별되는 강점은 수용자 지향성과 개방성에 있다. 목적의 첫 번째와 두 번째에 나와 있는 것처럼 이 사이트의 주된 사용자는 40, 50대이며 이들에게 필요한 콘텐츠를 집중적으로 배치하여 다시 찾을 수 있는 사이트로 구성하였다. 아울러 재능 공유를 통해서 외부인이 콘텐츠를 제작하여 제공할 수 있을 정도로 콘텐츠에 개방되어 있으

[그림 7-1] 한국방송통신대학교 OER 홈페이지(oer.knou.ac.kr)

며 외부기관에서 제공하는 OER 콘텐츠를 서비스하면서 별도의 메뉴로 구
성하고 있는 점은 매우 우수하다고 할 수 있다([그림 7-1] 참조).

대학이 스스로 많은 콘텐츠를 생산할 수 있지만, 일반인을 만족하게 하
는 콘텐츠를 다수 확보하는 것에는 분명 한계가 있다. 그러므로 이러한 개
방성은 향후 묵 서비스를 준비하는 데 고려해야 할 사항이다. 현재 방송대
는 자체 콘텐츠와 함께 미래에셋은퇴연구소, KOCW, SNOW, 유튜브,
TED, KBS, 육군본부, KOICA, SBS, 한국저작권위원회의 콘텐츠를 제공
하고 있다.

방송대 OER은 콘텐츠 포털사이트의 구조로 구성되어 있으며, 주제별,
기관별, 분야별로 구분하여 콘텐츠를 찾아볼 수 있다. 주제는 평생교육 실
천하기, 사회 참여 함께하기, 취미·여가 즐기기, 비즈니스 역량 키우기,
취업 창업 시작하기, 건강생활 누리기, 자원봉사 참여하기 등 학제적 접근
보다는 실생활에서 필요한 내용을 중심으로 구분하여, 주 사용자인 40대

이상 학습자가 자신의 목적에 맞게 찾아서 볼 수 있도록 준비되어 있다. 이는 주로 분야별로 콘텐츠를 구분하는 타 OCW와의 차별점이다.

학습 지원 요소로서 웹진과 CC 가이드, 동영상 매시업 서비스 등이 있는데, 여기서 눈여겨보아야 할 것은 CC 가이드와 동영상 매시업 서비스다. 동영상 서비스에서 문제가 될 소지가 있는 것이 저작권과 관련된 것이다. 방송대의 OER은 이 문제를 CC 라이선스로 해결한 것으로 보인다. CC 라이선스(Creative Commons License: CCL)란 특정 조건에 따라 저작물 배포를 허용하는 저작권 라이선스 중 하나[2]다. 2002년 12월에 처음 생겨났으며, 이를 관리하는 기관명은 크리에이티브 커먼즈다.

방송대 OER은 [그림 7-2]와 같이 기본적으로 CCL에 의해서 운영되고 있으며, 관련 내용을 자세히 안내하여 콘텐츠의 활용 및 공유에서 발생할

[그림 7-2] 방송대 OER의 CC 가이드 사이트

2) 위키백과 '크리에이티브 커먼즈 라이선스' 검색(최종접근 2014. 11. 07.).
   http://ko.wikipedia.org/wiki/%ED%81%AC%EB%A6%AC%EC%97%90%EC%9D%B4%E
   D%8B%B0%EB%B8%8C_%EC%BB%A4%EB%A8%BC%EC%A6%88_%EB%9D%BC%EC
   %9D%B4%EC%84%A0%EC%8A%A4

수 있는 저작권 문제를 예방하고 있다. 이는 앞으로 묵 서비스를 준비할 때도 반드시 고려해야 할 사항이다.

이와 함께 묵과 관련 있는 서비스는 동영상 매시업 서비스다. 동영상 콘텐츠는 제작에 많은 인력과 비용이 필요하며, 완성된 것은 다른 콘텐츠와 함께 편집하는 것이 어렵다. 그런데 동영상 매시업 기능은 짧게 나뉜 동영상 콘텐츠를 교수자나 학습자가 의도에 맞게 재편성 및 재구성하는 것이 가능하다. 이 기술을 활용하면 자료 화면을 새로 촬영하거나 편집하지 않더라도 OER 중 동영상으로 제작된 콘텐츠를 편집하여 새로운 콘텐츠로 활용할 수 있다.

유튜브나 비메오 등에 올라와 있는 영상과 함께 우리나라에서 만든 영상을 매시업한다면 비교적 쉽게 콘텐츠를 확보할 수 있다([그림 7-3] 참조).

[그림 7-3] 방송대 OER의 동영상 매시업 서비스

3. 한국방송통신대학교 묵을 위한 콘텐츠 보유 현황

방송대는 프라임칼리지 내에 기존의 풍부한 강의 콘텐츠를 기초로 KNOU OER을 운영하고 있다. 2012년 355개 과목을 탑재하고, 2013년도에 660과목, 방송대 과목 125개 및 외부 링크 564개 과목으로 운영하고 있다. 방송대의 기존 교과목 개발 환경 및 운영 방식을 적용하면 기존의 LMS를 활용한 케이묵 운용에 초석이 될 것이다.

[그림 7-4]는 케이묵 구현의 기본이 되는 OER과 묵의 목적, 운영 주체, 서비스 종류 등을 비교한 것이다. 케이묵 구현의 본산이 될 방송대 프라임칼리지 구성도([그림 7-5] 참조)를 살펴보면, 프라임 칼리지 내의 한 구성으로 OER 부서에서 연구원 3명의 인력으로 운영하고 있다는 것을 보여 준다.

년도	OER (개방교육자료)	묵 (대형 온라인 공개강좌)
목표	– 교육 자료의 공개 ＊ OCW의 확장된 개념	– 대안적인 대학 교육의 일반화
주요기관	– 국내: 케리스(KERIS)의 KOCW, KNOU, 한양대학교, 숙명여자대학교 등 – 공공 서비스(EBS, 서울시 등)와 개인 서비스 – 국제: MIT, 하버드, 영국의 개방 대학 등	– 일부 대학과 기관의 컨소시엄 – 해외: 코세라(107개 대학), 에드엑스(29개 대학) 등 – 국내: 2013년 에드엑스에 참여한 서울대학교를 포함하여 아시아 6개 대학
서비스 종류	– 다양한 콘텐츠와 온라인을 통한 개별학습 지원	– 실질적인 학생 관리 및 상호 협력 관련 강의

[그림 7-4] OER과 묵의 목적, 운영 주체, 서비스 비교

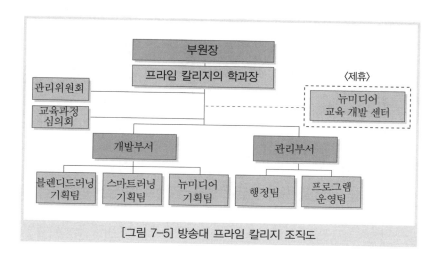

[그림 7-5] 방송대 프라임 칼리지 조직도

방송대가 보유하고 있는 교육 콘텐츠 리소스 중 OER과 관련하여 개설된 교과목은 방송대 홈페이지를 통해 제공되며(〈표 7-1〉 참조), 인터넷상에서 접할 수 있는 강의 콘텐츠는 〈표 7-2〉와 같은 규모로 운영되고 있다.

표 7-1 방송대 개방교육자료 운영 리소스

년도	학기	TV	오디오	멀티미디어	웹	평생교육원	계
2008	1	277	173	465	165	238	
	2	229	140	795	306	62	2,850
소계		506	313	1,260	471	300	
2009	1	229	165	960	420	56	
	2	319	209	840	245	68	3,511
소계		548	374	1,800	665	124	
2010	1	384	120	906	201	22	
	2	319	105	1,044	165	31	3,306
소계		703	225	1,950	375	53	

표 7-2 방송대 홈페이지를 통해 접속 가능한 콘텐츠 현황

년도	학기	TV 과목 수 (편수)	오디오 과목 수 (편수)	멀티미디어 과목 수 (편수)	웹 과목 수 (편수)	프라임칼리지 (평생교육원) 신규과목 수 (제작편수)
2012	1	62(930)	17(255)	271(4065)	7(95)	7(173)
	2	59(885)	13(195)	260(3900)	6(90)	
소계		121(1,815)	30(450)	531(7965)	13(185)	7(173)
2013	1	61(915)	10(150)	282(4204)	6(90)	76(1200)
	2	56(840)	11(165)	269(3990)	5(75)	
소계		117(1755)	21(315)	551(8194)	11(165)	76(1200)
2014	1	57(855)	9(135)	293(4395)	5(75)	3(405)
	2	47(705)	7(105)	290(4350)	3(45)	
소계		104(1560)	16(240)	583(8745)	8(120)	3(405)

   방송대는 '방송대학 TV'인 OUN 채널에서 교육 콘텐츠를 개방하여 공중파를 통한 케이묵을 이미 구현하고 있다고 볼 수 있다. 방송대는 독자적인 TV 채널(OUN)을 구축하고 있어 케이블 TV, 디지털 위성방송, IPTV 등의 형태로 교육 콘텐츠를 대국민에게 공개하고 있다. 또 하나의 방법으로는 방송대학 홈페이지를 통한 콘텐츠 개방을 들 수 있다. 방송대는 현재 연간 약 3,000편 이상의 콘텐츠를 개발, 운영하고 있으며, 모든 교과목은 방송대학 홈페이지를 통해 인터넷상에서 시청취할 수 있다. 방송대 홈페이지에 로그인하는 모든 사람에게 전 교과목 1강에 대한 무료 접속 권한을 을 부여하고 있다.

   방송대는 유러닝 선도대학으로서 현대 ICT의 꽃이라 할 수 있는 스마트러닝 체제를 구축하여 모바일러닝을 구현하고 있다. U-KNOU 서비스 운

영 실적으로 방송대는 2008년 12월부터 휴대전화를 통한 콘텐츠 제공 서
비스를 시행하여 개설 교과목의 95% 정도인 300개 이상의 교과목을 제공
하고 있다. U-KNOU 서비스를 통해 이동 시에도 학습이 가능하며, 저렴
한 이용료(월 2천 원)로 무제한으로 콘텐츠에 접속할 수 있다. 2014년 현재
디지털미디어센터와 정보전산원을 중심으로 스마트러닝 체제 시스템을
구축하여 운영 중이다.

방송대 교육 콘텐츠의 국제 교류의 성과로는 KNOU eLIC 프로그램 운
영을 들 수 있다. 방송대는 2007년부터 국제 교류 콘텐츠 공동 개발 사업
을 선도하여 eLIC(e-learning International Campus) 사이트를 운영해 왔다
([그림 7-6] 참조).

대부분이 영어로 제작되고 eLIC 프로그램 운영 강좌의 총 15개 과목명
은 다음과 같다.

[그림 7-6] 방송대 글로벌 캠퍼스 홈페이지(http://elic.knou.ac.kr/)

표 7-3　방송대 글로벌 콘텐츠

	강좌명	강의 언어
1	Korean Culture & Art	영어
2	Korean Culture & Art	중국어
3	Korean Culture & Art	일본어
4	Korean History	영어
5	Korean History	중국어
6	Economic Development and Economic Policy in Korea	영어
7	Click Korean!	영어
8	Understanding Korean cultural Values 1	영어
9	Understanding Korean cultural Values 2	영어
10	Korea modern history	영어
11	Introduction to Computers	영어
12	Statistics	영어
13	Water Quality Test method	영어
14	History of Economy	영어
15	TV Koreanology	영어
계	총 15개 강좌	

4. 한국방송통신대학교의 묵 요구도

1) 개방교육자료 콘텐츠의 특성화

콘텐츠 개방을 통한 사업 효과를 극대화하고자 2010년 실시된 대국민 수요 조사에 기반한 대국민 평생학습 요구 분석에 근거하여 교과목 구성을 도모한다.

- 직업역량강화(직업 준비, 자격 인증, 현직 직무 역량 강화 등): 42.9%
- 문화예술(생활 문화, 취미, 보건, 레저스포츠 등): 23.2%,
- 인문교양(생활외국어, 생활법률, 인문교양 등): 22.3%

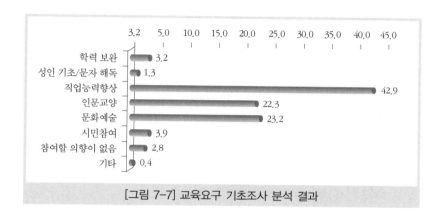

[그림 7-7] 교육요구 기초조사 분석 결과

다음의 대국민 요구 분석에 기초하여 방송대 케이묵 콘텐츠의 개발 · 제 공 · 운영에 관한 특성화를 추진하고자 한다.

[그림 7-8] 방송대 대국민 원격평생교육 요구분야 조사 결과

* 출처: 2010년 방송대 정책 과제[방송대 중장기 발전전략연구]
* 조사 대상: 대국민 설문 조사 패널(n=5,062)

- 내용 측면 – 인문교양 교육, 직업 능력 향상을 위한 교육 콘텐츠
- 운영 측면 – 모바일러닝 학습 전용 포털의 구축과 학습 관리 시스템 운영

2) 케이묵의 콘텐츠 구성 전략

기존 방송대의 교과목 중 일부를 케이묵 콘텐츠로 전환하고 일반인의 수요가 높은 콘텐츠를 개발 및 제공하여, 성인학습자의 다양한 교육 요구를 충족하는 콘텐츠로 구성한다. 방송대의 정규 · 비정규 교과목 중 일부를 케이묵용 콘텐츠로 변환하고, 단계별 개방 전략으로 정규 교과목(학부 과정) 중 일부 교과목을 전환한다.

비정규 교과목(평생교육원) 중 일부 코스로 대중에게 인기가 높은 교육 프로그램(시민 로스쿨, 노년기 생애 설계 과정, 컴퓨터의 기초, 소통의 리더십 과정, 영어 회화 등)이 있고, 고급 수준 교과목은 평생대학원 콘텐츠 가운데 고급 교양 지식을 제공해 줄 수 있는 강좌로 미국 문화론, 협상의 이론과

표 7-4 일반사회 일반 및 교양 증진 교과목

단계	주요 내용	예시
1단계	일반교양과목	세계의 역사, 컴퓨터의 이해, 생명과 환경, 인간과 사회, 인간과 과학, 여가와 삶, 인간과 교육, 생활과 건강, 한국사회 문제, 취미와 예술
2단계	전공 초급 과정 및 어학 관련 과정	경영학개론, 행정학개론, 세상읽기와 논술, 생활과 통계, 정신건강, 기초영어, 중국문화 개관, 인터넷의 활용, 생활법률, 매스미디어와 사회, 영화로 생각하기, 현대인의 영양과 건강, 초급 한문, 프랑스어 입문, 일본어 기초

표 7-5 학부 과정 중 응용학문 계열(밑줄 강조) 대상 교과목

단과대학	설치학과
인문과학대학	국어국문학과, 영어영문학과, 불어불문학과, 중어중문학과, 일본어학과
사회과학대학	법학과, 행정학과, 경영학과, 경제학과, 무역학과, 미디어영상학과, 관광학과
자연과학대학	농학과, 가정학과, 컴퓨터과학과, 정보통계학과, 환경보건학과, 간호학과
교육과학대학	교육학과, 청소년교육과, 유아교육과, 문화교양학과

실제, 가족학 특론, 평생교육 특강, 바이오 정보학 등을 들 수 있다.

- 평생교육원 자격증 취득 강좌 중 일부 개방
  → 정보처리기사, 워드프로세서, 사무자동화, 독서지도사과정, 주택관리사시험 준비과정, 베이비시터양성과정, 패션샵매니저과정, 공인중개사자격시험 준비과정, 한국어 교원양성과정(이주민 교육 지원) 등
- 평생대학원 콘텐츠 중 직업 능력 향상과 관련된 강좌 개방
  → 마케팅 이론, 제품 브랜드 관리, e-비즈니스, 패션마케팅 특론, 데이터베이스 특론, 유비쿼터스 컴퓨팅 등

이상의 구체적인 분야와 교육 리소스를 대상으로 방송대 평생교육의 이념에 적합한 케이묵은 국민 교육복지를 구현하고 평생교육에 대한 요구도를 충족시키고 새로운 기술 습득이 필수적으로 요구되는 기업의 직원 재교육 등의 요구도에 적합한 형태로 구현되어야 한다. 향후 글로벌 묵 네트워크 구축을 위해서도 양질의 콘텐츠를 위한 질 관리, 원활한 서비스를 도

모하기 위한 후속 연구가 필요하다.

3) 한국방송통신대학교 묵 강좌를 위한 제안

2014년 9월에 개최된 케이묵 워크숍 참가자들을 대상으로 실시된 설문 조사에서는 다양한 의견이 제시되었다. 우선 효과적인 교수-학습을 위한 제안으로 SNS를 활용한 튜터가 있기를 원했고, 비영어권 학습자를 위한 큐레이션과 도우미 기능이 필요하고, 튜터가 자주 과제나 진도에 관해 피드백을 제공하고 좀 더 쪼개어진 강좌 구성이 필요하다고 건의했다.

강좌는 각 강좌의 설명이 보다 명확하거나 지속적으로 학습하도록 운영하고, 번역 자막이 필요하며, 학습자의 지식수준에 따라 학습 내용을 구분했으면 했다. 한 주에 공부할 수 있는 적절한 영상의 수나 과제 수를 적절히 배분하는 것이 필요하다는 응답도 있었다.

묵 강좌 개발을 위해서는 도구 활용, 즉 동영상 제작과 편집을 보다 효율적으로 할 수 있는 통합 툴이 필요하다는 의견이 있었다. 아울러 영어 성취를 위한 정밀한 속도 조절 기능, 스크립트 파일 다운로드, 출력 기능, 강좌 수강 시 한 화면에서 쉽게 질문이나 댓글을 다는 기능, 용어 사전 공동 위키 기능 등이 필요하다는 의견도 있었다. 자금 면에서는 묵 강좌 콘텐츠의 질을 확보하고 관리하기 위한 공적 자금 지원이 필요하다고 응답했다.

5. 케이묵의 향후 발전 방향

묵이 전 세계적으로 보편화될 때 우리의 고등교육 및 평생교육 경쟁력
은 어떻게 될 것인가? 협력과 경쟁이라는 글로벌 패러다임 변화 속에서 국
가 차원의 종합적인 계획을 세우고 추진해야만 한다. 우리의 현실은 어떠
한가? 우리나라의 경우 2013년, 서울대학교는 에드엑스에, 카이스트는 코
세라 그리고 몇몇 대학이 해외 묵에 각각 가입하고 일부 과목을 제공하고
있으나 전체적인 활동은 외국 대학에 비해 활발하다고 볼 수 없다. 이에
반하여 아시아 국가만을 살펴보아도 2011년 11월에 인도에서는 EduKart
가, 인도네시아에서는 2013년 8월에 UCEO가 시작되었다. 일본도 이미
2013년 11월에 자체 제이묵(JMOOC)을 창립하고 본격적인 서비스를 제공
하고 있어 향후 아시아 지역에서의 묵을 선점하기 위한 경쟁은 한층 가열
될 것으로 보인다.

이와 관련하여 우리나라에서도 교육부를 중심으로 그 중요성을 인식하
고 2014년에 기본 계획 수립, 2015년 플랫폼 구축, 2016년 서비스 안정화,
2017년 해외 연계 서비스 등 단계를 거쳐 추진하겠다는 계획을 세우고 현
재 국가평생교육진흥원을 중심으로 추진되고 있다. 케이묵이 보다 발전적
으로 추진되도록 하기 위해서 케이묵의 글로벌 비전, 케이묵 추진 시 고려
사항 및 과제 등에 관해 제언하고자 한다.

첫째, 케이묵이 발전적으로 나아가기 위해서는 [그림 7-8]과 같이 글로
벌로 보편화되고 있는 해외 묵 서비스 및 아시아 관련 국가들의 묵 서비스
와 연결될 수 있도록 제반 여건을 조성할 것을 제언한다.

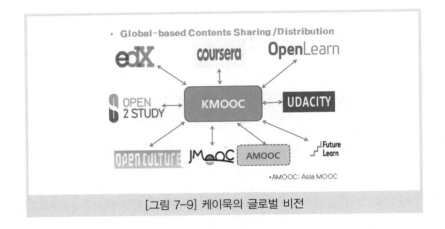

[그림 7-9] 케이묵의 글로벌 비전

둘째, 케이묵의 효율적 서비스를 위해 서비스 대상 및 영역, 운영기관, 운영비, 학점 인정 혹은 자격증 수여, 참여 교수에 대한 지원, 콘텐츠 개발 문제, 운영 인프라 및 학습자 단말기 그리고 학습자의 학습 비용 등과 관련하여 보다 세밀한 검토가 요구된다.

셋째, 케이묵 활성화를 위해서는 오프라인 대학들의 온라인 강의 학점 인정 등과 관련된 법적 제도 개선, 공개 교육에 대한 사회 전반적 인식 전환을 위한 사회문화 환경 개선, 그리고 무료 공개 교육 활성화에 따른 국내 대학들의 등록금 인하 압박이나 제반 물적·인적 인프라 구축과 관리 운영에 따른 추가 비용 발생 등과 같은 재정 운영적 개선 등을 심도 있게 검토해야 한다.

넷째, 방송대학은 기존에 보유하고 있는 양질의 OER 콘텐츠를 단순히 단방향으로 제공하는 서비스를 벗어나 케이묵과 연계하여 양방향의 상호 작용적 서비스로 확대한 후 아시아 국가 간의 공개강의 상호 공유를 위한 허브로서 에이묵(AMOOC: Asia MOOC)을 구축하고 이를 다시 글로벌 묵과 연계하는 데 중심 역할을 수행해야 한다.

참고문헌

교육부, 한국교육학술정보원(2013). 2013 교육정보화백서. 한국교육학술정보
    원.

장상현(2014). Knowledge Sharing for KMOOC 방송대 워크숍 발표자료. 한
    국방송대학교.

장상현(2014). 미래대학의 변화 MOOCs 도입 전략 토론회 토론자료. 한국사
    학진흥재단.

장상현(2014). 미래교육과 700만 재외동포 교육을 위한 포럼 토론자료. 국회-
    한국원격대학 협의회.

참고기사

김형률(2013. 12. 09.). 무크(MOOC) 시대 한국 대학들의 대응 전략. 조선비
    즈. Retrieved from http://biz.chosun.com/site/data/html_dir/2013/
    12/09/2013120902514.html.

동향과 전망(2014. 05.). 방송통신전파통권, 74호.

Laura P. (2012 Nov 2). The Year of the MOOC. The New York Times,
    Retrieved from http://www.nytimes.com/2012/11/04/education/
    edlife/massive-open-online-courses-are-multiplying-at-a-rapid-
    pace.html?_r=0.

Wikipedia (2014). TED. Retrieved from http://www.nytimes.com/2012/
    11/04/education/edlife/massive-open-online-courses-are-
    multiplying-at-a-rapid-pace.html?_r=0

참고사이트

Howl: http://www.howl.or.kr/

한양대학교 미디어 콘텐츠 제작 공유 시스템: http://hcms.hanyang.ac.kr

한국의 사례:
서울대학교의 묵스 운영*

1. 현 황

한국에서 대형 온라인 공개강좌(Massive Open Online Course: MOOC)를 운영하고 있는 방식은 2015년 1월 현재 글로벌 묵스기관과 협약하고, 해당 글로벌기관의 소속기관으로서 강좌를 운영하는 형태뿐이다. 약간 늦은 감이 있으나 교육부 주도의 국가 차원의 묵스는 2015년 9월부터 서비스될 예정이다.

2013년 서울대학교는 에드엑스(edX), 카이스트는 코세라(Coursera), 그리고 2014년 연세대학교는 코세라와 퓨처런(FutureLearn), 성균관대학교

* 김선영(서울대학교 교수학습개발센터 이러닝콘텐츠개발부 부장/연구조교수, ksystj@snu.ac.kr)

는 퓨처런과 협약을 체결하였다. 이 중 서울대학교와 카이스트는 2014년
에 각각 에드엑스와 코세라 플랫폼을 통하여 강좌를 운영하였고, 나머지
2개 학교는 강좌 운영을 준비하고 있다. 따라서 우리나라에서 실제 묵스
가 운영된 형태 및 방식을 알기 위해서는 서울대학교나 카이스트 사례를
살펴보면 된다. 이 장에서는 두 대학 중 우리나라에서 처음으로 글로벌 묵
스기관과의 협약을 통하여 온라인 강좌를 운영하고 있는 서울대학교 사례
를 살펴보기로 한다.

서울대학교에서는 교수학습개발센터 내 부서 중 하나인 이러닝콘텐츠
개발부가 에드엑스와의 협약에 따른 SNUx 강좌 사업의 실무를 담당하고
있으며, 2014학년도에 4개 강좌를 운영하였다. 2015년 1월 현재, 완료된
강좌는 세 강좌이고, 운영 중인 강좌는 한 강좌다. 로봇공학입문 I과
II(Robot Mechanics and Control Part I and Part II)는 각각 2014년 6월과 8월
에 종강하였고, 영어 강의 동영상과 스크립트 형태에 영문으로 강의를 진
행하였으며, 수강 신청자 수는 13,758명과 5,890명이었다. '한반도와 국제
정치 1(International Politics in the Korean Peninsula Part 1)'은 2015년 1월 초
에 종강했고 수강 신청자는 6,080명이었으며, '물리의 기본 1(Introductory
Physics 1)'은 2015년 1월 중순에 개강하였으며, 현재까지 17,099명이 수강
신청한 상황이다. '한반도와 국제정치 1'과 '물리의 기본 1'은 영문 스크립
트를 넣은 국문 강의 동영상을 활용하여 영문으로 수업을 진행하였다.

2. 서울대학교 묵스 추진 배경 및 맥락

서울대학교는 2012년 9월 총동창회의 지원을 받아 실제 강의실에서 운

영되는 정규강좌를 촬영하여 강의 동영상으로 개발하는 사업을 추진하게 되었다. 이 사업은 2013학년도 1학기 개설 강좌 개발을 1차 년도로 하여 총 5차 년도에 걸쳐 진행되는 사업으로, 3차 년도 사업이 완료되는 2015년 1학기 기준으로 총 50여 개 강좌의 콘텐츠를 개발할 예정이다. 또한 교비를 통하여 진행되는 기존 강좌 콘텐츠 개발 사업 역시 2014학년도 이후로 규모가 확장됨에 따라 2014학년도에 개설된 6강좌를 강의 동영상 형태로 개발하고 있으며, 2015학년도 이후에도 매년 최소 6개 강좌를 추가로 개발할 예정이다.

이와 같이 다양한 지원을 통하여 개발되는 강의 동영상은 학내 재학생에게는 개별 전공을 넘어서서 창의와 융합을 가능케 하는 교육 기회를 제공하고, 대학의 사회적 책무 이행 차원에서 일반인이 서울대학교의 우수한 교육 콘텐츠를 공유하는 데 활용되고 있다. 이러한 흐름의 연장선에서 국내뿐만 아니라 전 세계로 서울대학교가 보유하고 있는 지식 및 교육 경험을 알림으로써 국제적 지식 나눔에 동참하고, 글로벌 교육의 질적 향상에 기여할 수 있는 방안을 모색하던 중 2012년 말에서 2013년 초 사이에 에드엑스와 코세라로부터, 2014년 중반에는 퓨처런에게서 협약 제의를 받았다.

참고로 글로벌 묵스기관과의 협약은 해당 기관에서 먼저 대학교 측에 협약 제의를 하고, 대학교의 상황 및 특성을 고려하여 협약서를 수정, 보완한 후에 체결이 이루어지는 것이 일반적이다. 초기 제이묵 사이트(JMOOC, http://www.jmooc.jp/about)에 따르면, 에드엑스는 국가의 Top 1~2에 해당하는 대학에, 코세라는 Top 5 대학에 협약을 제의하는 것으로 알려져 있다. 퓨처런과 협약한 국내 대학의 담당자 말을 인용하면, 현재 퓨처런은 세계 Top 200에 포함되는 대학을 대상으로 협약 여부를 타진한다고 한다.

2013년 초 서울대학교는 에드엑스와 코세라로부터 비슷한 시기에 협약 제의를 받고, 2개월 정도 검토 기간을 가졌다. 초기에는 협약 대학 및 운영 강좌 수가 월등히 많은 코세라를 염두에 두었지만, 다음과 같은 측면을 고려하면서 에드엑스와의 협약으로 무게중심이 옮겨갔다. 우선, 영리를 기본으로 하는 사회적 기업인 코세라보다는 비영리기관인 에드엑스와 협약을 추진하는 것이 국립대학법인으로서 추구해야 할 방향이라는 의견이 많았다. 또한 설립 주체에 있어 2명의 스탠포드대학교 교수가 개인적으로 창립한 코세라보다는 MIT와 하버드대학교가 공동 투자하여 설립한 에드엑스와의 협약이 안정적이고, 대표성을 가질 수 있다는 면이 고려되었다. 마지막으로, 에드엑스 대외 담당자가 직접 서울대학교에 방문하여 에드엑스가 서울대학교에 협약을 제의하게 된 배경을 설명하고, 에드엑스와의 협약이 단순히 전 세계적으로 묵스를 운영하는 것뿐만 아니라 학교 내 교육에 대한 재고 및 관련 연구를 수행할 수 있는 기회가 될 것임을 강조하였다.

이에 2013년 5월 21일, 서울대학교는 교무처장이 협약서에 날인하고 이를 공표함으로써 에드엑스와 협약을 체결하고, SNUx라는 명칭으로 에드엑스 회원이 되었다. 서울대학교는 에드엑스를 설립한 MIT와 하버드대학교와 같은 인가 회원(edX Charter Members)으로, 이후에 가입한 대학, 기업, 기관 등으로 구성된 일반 회원(edX Members)과 구분된다. 또한 서울대학교는 에드엑스 설립 및 운영을 위한 재정 지원을 하는 설립자와 기여자가 아니므로, 무료로 에드엑스 플랫폼을 활용하여 강좌를 운영하고 있다. 참고로 현재 에드엑스와 협약한 4개의 일본 소재 대학의 경우, 도쿄대학교와 교토대학교는 인가 회원이고 무료로 에드엑스 플랫폼을 활용하고 있으며, 도쿄기술대학과 오사카대학교는 일반 회원이자 기여자로 가입되어 있다.

3. 서울대학교 묵스 운영 내용

에드엑스와의 협약 및 SNUx 강좌 운영은 [그림 8-1]과 같은 주체, 절차 및 활동에 따라 이루어지고 있다. 주체는 묵스 관리기관인 에드엑스와 묵스 지원기관에 해당하는 서울대학교 교수학습개발센터 주관의 프로젝트 팀(Task Force Team)과 운영팀, 실제 강좌를 운영하는 서울대학교 교수 및 조교로 구성된다. 절차는 협약, 설계 및 개발, 운영이 순차적으로 진행되며, 해당 절차마다 교육 및 의사소통이 이루어진다. 각 절차에 따른 활동 내용을 좀 더 자세히 살펴보면 다음과 같다(임철일 외, 2014).

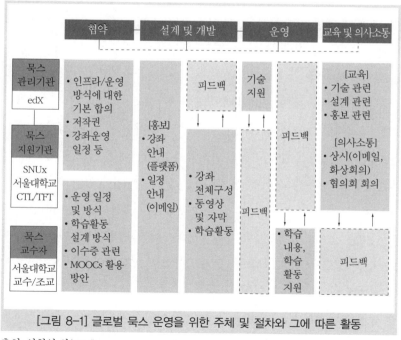

[그림 8-1] 글로벌 묵스 운영을 위한 주체 및 절차와 그에 따른 활동

출처: 임철일 외(2014).

1) 협 약

협약은 크게 묵스 관리기관과 전 세계 대학, 교육기관, 기업 등의 묵스 지원기관과의 협약 그리고 묵스 지원기관과 묵스 교수자와의 협약으로 이루어진다. 묵스 관리기관과 지원기관 간 협약은 기관 간 인프라 및 운영 방식에 대한 기본 합의와 함께 저작권, 강좌 운영 일정 등과 같은 내용에 대하여 논의 과정을 거친다(edX, 2013a). 현재 유데미(Udemy, http://www.udemy.com)를 제외한 대부분의 묵스 관리기관은 강좌의 효율적인 질 관리를 위하여 전 세계 대학 및 교육기관, 기업 등과 같은 묵스 지원기관과 협약을 체결한다. 묵스 지원기관은 운영위원회 등을 통하여 강좌를 선정하고, 선정된 강좌의 교수자와 함께 운영 일정, 학습활동 설계 및 운영 방식, 설계 및 개발 업무 분담, 조교 선정, 이수증 발급 여부, 더 나아가 향후 대학교육 혁신을 위한 구체적인 묵스 활용 방안 등에 대해 논의하고협약을 수행하게 된다.

서울대학교는 에드엑스와의 협약 체결 후, 먼저 SNUx를 위한 운영위원회를 구성하고, 2014년에 운영할 강좌를 선정하였다. 강좌 선정의 기준은, 첫째, 에드엑스 협약 내용을 고려하여 2014년에 운영될 수 있도록 개발 콘텐츠가 있는 강좌일 것, 둘째, 교육 내용 및 방법에 있어 우수한 강좌 또는 대한민국 고유의 강좌일 것, 셋째, 강좌를 운영하는 교수자가 동기 및 의지를 가지고 운영할 수 있을 것이었다. 이러한 기준에 따라 2013학년도 정규수업을 촬영한 강좌 중 '로봇공학입문', '물리의 기본 1', '한반도와 국제정치' 세 강좌를 선정하였다. 그리고 세 명의 교수와 논의하여 원래 강의 콘텐츠를 묵스 분량에 맞게 한 학기 분량의 내용을 2개 또는 3개 파트로 구분하고, 해당 강좌를 무료 이수증 과정인 명예과정(Honor Code)

으로 운영하기로 결정하였다. SNUx 강좌를 서울대학교 정규강좌에 활용
하는 방안도 고려하였으나, 두 강좌의 운영 일정이 맞지 않는 관계로
SNUx 강좌는 묵스 형태로만 진행하기로 하였다.

2) 설계 및 개발

묵스를 운영하기 위하여 설계, 개발해야 하는 대상은 크게 홍보, 강좌의
전체적인 구성, 동영상 및 스크립트 그리고 학습활동으로 나누어 볼 수 있다.
먼저, 홍보를 위하여 개강 8주 전 강좌명, 교수 및 조교 사진과 프로필,
강좌에 대한 설명 및 이미지, 강좌 일정 및 주당 필요 학습 시간 등이 포함
된 강좌 안내를 제공하고, 개강 2주 전부터 해당 강좌에 수강 신청을 한 학
습자를 대상으로 강좌 개강 및 주차별 시작을 알리는 이메일을 보내 강좌
에 대한 학습자의 관심을 환기시키고, 학습 시기를 놓치지 않도록 안내하
였다.
강좌의 전체 구성은 학습 집중도 및 이수율을 고려하여 5~8주차로 설정

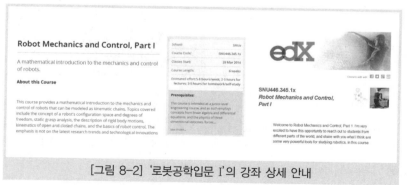

[그림 8-2] '로봇공학입문 I'의 강좌 상세 안내

출처: https://www.edx.org/course/snux/snux-snu446-345-1x-robot-mechanics-
1529#.VGBbMTSsV8E(좌)와 수강 신청자에게 송부된 이메일(우).

하고, 주차에 따른 학습 주제, 학습활동과 학습 자료의 제목, 수와 순서를 설계, 개발하였다. 학습 자료 중 주요 자료인 동영상과 그에 따른 스크립트를 설계·개발하고, 해당하는 제목 아래로 업로드하였다. 동영상은 3~6분 정도로 분절하는 것이 좋지만(edX, 2013b), 교수자의 의견을 반영하여 '물리의 기본 1(Introductory Physics Part 1)'을 제외한 나머지 강좌는 15~30분 정도 길이의 동영상을 그대로 사용하였다.

마지막으로, 연습 문제, 토론, 설문, 과제, 시험 등과 같은 학습활동은 해당하는 제목하에 관련 웹 기반 저작도구나 관련 웹 주소의 링크를 추가하여 개발하였다. 특히 이수증을 발급하는 경우에는 다수의 학습자를 대상으로 학습 여부를 확인해야 하므로, 학습 동기를 저하시키지 않는 선에서 학습활동이 일정 수준의 난이도 및 횟수를 유지할 수 있도록 설계하였다.

[그림 8-3] 에드엑스 강좌 저작도구인 에드엑스 스튜디오를 활용한 '로봇공학입문 II'의 전체 구성 설정(좌)과 한반도와 국제정치 1의 동영상 및 스크립트(우)

출처: https://studio.edx.org/course/SNUx/SNU446.345.2x/2T2014(좌).
　　　https://studio.edge.edx.org/unit/SNUx.SNU216B.226-1x.2014_T1/branch/draft/
　　　block/verticala17#(우).

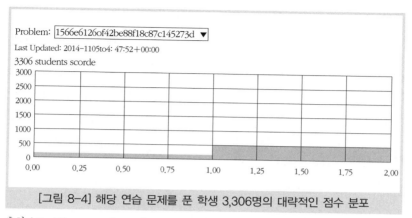

[그림 8-4] 해당 연습 문제를 푼 학생 3,306명의 대략적인 점수 분포

출처: https://courses.edx.org/courses/SNUx/SNU446.345.1x/1T2014/instructor#view-
instructor_analytics

3) 운 영

묵스의 중요한 특징 중 하나는 학습 자료와 학습활동을 설계, 개발하는
데 그치지 않고, 실제 학습자가 효과적인 학습을 수행할 수 있도록 운영하
는 데 있다(Clarà & Barberà, 2013; Milligan, Littlejohn, & Margaryan, 2013).
묵스는 다수의 학습자를 대상으로 하므로, 기본적으로 학습 시스템 및 저
작도구 등 기술적인 접근을 통하여 효과적 · 효율적으로 운영된다. 하지만
이러한 기술적 지원뿐만 아니라 교수 및 조교는 학습 내용과 관련된 질문
에 대한 답변, 학습자의 토론 활동에 대한 격려와 우수답안 선택, 이메일,
공지, 동영상 등을 활용하여 학습자의 자기주도적 학습 및 지속적인 참여
를 독려해야 한다(edX, 2013b).

서울대학교에서 운영을 완료한 SNUx 2강좌의 경우, 학습 내용과 관련
된 학습자의 질문에 조교가 답변을 하였으며, 에드엑스에서 제공하는 검

색 도구를 활용하여 모든 토론글을 검색하여 학습자가 원하는 내용을 빠르고 쉽게 확인할 수 있도록 지원하였다. 또한 묵스 관리기관, 지원기관, 교수자가 미리 설계하거나 예상하지 않은 형태 중 하나로, 강좌 운영 중 수강 신청자가 자율적으로 페이스북에 해당 강좌 페이지를 개설하고, 강좌 내용, 운영 방식 등에 대한 상호작용을 수행하기도 하였다.

4) 교육 및 의사소통

앞서 언급한 묵스 협약, 설계 및 개발과 운영이 효과적으로 이루어지기 위해서는 묵스 저작도구 및 학습 플랫폼, 교수 설계 그리고 홍보 등에 대한 교육이 중요하다. 또한 정례적인 교육뿐만 아니라 상시 이루어지는 이메일 및 화상회의를 통한 의사소통을 통하여 강좌 운영의 성패 및 질 관리가 이루어진다. 더 나아가 묵스 지원기관 간 협의체를 구성하고, 묵스 운영회의, 세미나 및 학술회의 등을 개최하여 단순히 묵스를 운영하는 데 그치지 않고, 대학교육이 나아가야 할 방향과 대응 전략의 필요성을 함께 인식하고, 관련 정보를 공유하는 장으로 발전하고 있다(edX, 2013b).

4. 서울대학교의 묵스 운영 결과 및 시사점

2015년 1월 현재 물리의 기본 1은 운영 중이고 나머지 세 강좌는 운영이 완료되었다. 먼저, 네 강좌 모두 수강 신청이 완료되었거나 가능한 상태이므로, 현재 운영 중인 한 강좌를 포함하여 수강 신청과 관련된 데이터를 분석하였다. 〈표 8-1〉은 SNUx 네 강좌와 MITx, HarvardX의 전체 강

표 8-1 SNUx 네 강좌와 MITx, HarvardX 전체 강좌의 수강 신청 및 수료율 비교

단위(%)

		SNUx				MITx 전체 강좌	HarvardX 전체 강좌
		로봇공학입문		한반도와 국제정치 1	물리의 기본 1: Mechanics and Waves		
		파트 1	파트 2				
수강 신청자 나이	평균 나이(세)	24	24	27	26	27	28
	25세 이하	61.9	58.2	40.0	46.6	41.7	35.6
	41세 이상	7.6	8.6	13.0	14.6	14.6	19.5
수강 신청자 학력	대졸	39.5	38.8	41.6	34.5	34.7	33.0
	석사학위 이상	20.4	23.7	28.1	19.7	26.9	27.8
수강 신청자 여성 비율		10.9	11.9	42.4	29.1	23.8	33.3
수강 신청자 국가 수		153	144	147	169	165	195
강좌별 수강 신청자 국가 비율	인도	23.7	20.6	4.2	13.9	15.7	8.2
	미국	15.9	16.9	23.6	29.5	26.3	35.0
	이집트	5.4	4.2	–	–	–	–
	브라질	3.1	2.5	2.4	2.8	3.2	2.8
	멕시코	2.5	2.2	–	2.1	1.7	–
	영국	2.4	2.5	4.5	4.0	4.1	4.4
	독일	2.2	–	2.3	1.8	2.0	1.8
	캐나다	2.2	2.2	3.1	3.1	2.8	3.5
	스페인	2.2	2.4	–	–	2.4	1.9
	중국	2.1	3.1	3.2	–	–	3.8
	러시아	–	2.0	–	–	2.0	–
	대한민국	–	–	12.5	1.7	–	–
	호주	–	–	2.5	2.0	–	2.1

일본	–	–	2.4		–	–
프랑스	–	–	2.5		–	1.6
파키스탄	–	–	–	1.8	1.7	–

※ 강좌별 상위 10위까지 비율(%)을 적고, 10% 이상인 경우 진하게 표시, 6개 강좌 강좌군
에 대하여 모두 10위에 포함되는 국가를 진하게 표시하였다.

좌의 수강 신청 현황을 나이, 학력, 성별 및 거주 국가별로 비교하여 제시
한 것이다(edX Insights, 2014; HarvardX Insights, 2014; MITx Insights,
2014).

수강 신청자의 나이와 관련하여 평균 나이는 강좌 및 강좌군에 따라 큰
차이는 없는 것으로 나타났다. 하지만 SNUx 공과계열 과목과 HarvardX
전체 과목의 나이 분포는 상반된 형태로 큰 차이가 났다. 즉, HarvardX의
경우에는 25세 이하인 학습자와 41세 이상인 학습자가 각각 35%, 20% 정
도로, SNUx 공과계열 과목에 비해 상대적으로 어린 학생 수가 적고, 나이
많은 학생 수가 많은 것으로 나타났다. 이러한 현상은 여성 비율에서도 유
사한 형태로 나타나 강좌 분야에 따라 연령층과 성별의 분포가 다름을 알
수 있었다. 하지만 각 강좌 및 강좌군별로 학력의 분포 차이는 크지 않은
것으로 나타났다.

수강 신청자의 국가 분포를 살펴본 결과, 6개의 강좌 및 강좌군의 Top
10에 모두 포함된 국가는 인도, 미국, 브라질, 영국, 캐나다인 것으로 나타
났다. 특이한 점은 SNUx 공과계열 과목은 다른 강좌 및 강좌군과는 달리
미국에 거주하는 학습자보다 인도에 거주하는 학습자가 많은 것으로 나타
났다. 또한 우리나라에 거주하는 학습자 비율은 '한반도와 국제정치 1'을
제외하고 대부분의 강좌 및 강좌군이 Top 10에 들지 못하거나 포함되더

라도 1%대에 머물렀다.

다음으로, 완료된 세 강좌를 대상으로 '로봇공학입문 I' 그리고 '한반도와 국제정치 1'에서 점수를 획득한 각각 1,077명, 326명, 500명의 학습자를 100%로 하였을 때, 100점 만점 중 10점 이상의 점수를 획득한 학습자의 비율 분포를 살펴보면 [그림 8-5]와 같다.

고득점에 해당하는 80점 이상 구간과 저득점에 해당하는 40점 미만 구간에서 '한반도와 국제정치 1'의 학습자 비율이 높은 것으로 나타났다. 저득점의 경우, [그림 8-5]에 제시되지 않은 0점 초과 10점 미만의 학습자 비율인 52.6%, 42.0%, 21.8%를 포함하면, 0점 초과 40점 미만의 학습자는 70.4%, 58.9%, 50.0% 정도 분포하는 것으로 파악되었다. 그리고 중간에 해당하는 40점 이상에서 80점 미만 구간의 경우, 한 구간을 제외한 나머지 세 구간에서 '로봇공학입문 I'의 학습자 비율이 높게 나타났다.

상기의 데이터를 통하여 '한반도와 국제정치'와 같은 인문사회계 과목

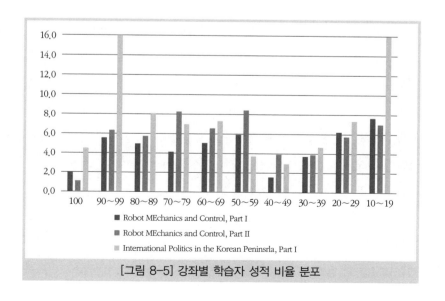

[그림 8-5] 강좌별 학습자 성적 비율 분포

의 경우, '로봇공학입문'과 같은 이공계 과목에 비해 학습 내용이나 활동
이 쉽기 때문에 고득점 학습자의 비율이 높고, 저득점 학습자 비율은 상대
적으로 낮은 것으로 예상된다. 하지만 예상보다 10점 이상 40점 미만 학습
자 비율이 높으므로, 이에 대한 보완책이 필요하다. 그리고 한 학기 분량
의 강좌를 2개로 분할하여 운영 완료한 '로봇공학입문'의 파트 I과 파트 II
를 비교하면, 100점 만점자를 제외하고 30점 이상 100점 미만 구간 모두
파트 II가 파트 I보다 학습자 비율이 높고, 40점 미만의 학습자 비율이
70.4%와 58.9%로 파트 II가 낮은 것으로 나타났다. 이를 통해 한 학기 분
량의 강좌를 한꺼번에 운영하는 것보다는 5~8주 정도로 분할하여 파트 I
에서는 학습자가 해당 강좌의 내용 및 특징을 확인하고, 관심 있거나 학습
의지가 있는 학습자를 대상으로 파트 II를 운영하는 것이 효과적인 것으로
나타났다.

이상의 서울대학교 묵스 운영 내용 및 결과를 통하여 도출된 시사점은
다음과 같다.

첫째, SNUx 공과계열 과목은 인도, 이집트, 브라질 등 제3세계 학습자
의 관심을 받는 것으로 나타났다. 그러므로 향후 공과계열 과목을 개발,
운영할 때에는 미국뿐만 아니라 제3세계, 특히 인도 학습자를 고려할 필
요가 있는 것으로 분석되었다. 또한 한반도와 국제정치와 같이 특정한 주
제를 제외하고는 우리나라에 거주하는 학습자 수가 매우 적은 것으로 나
타났다. 그러므로 향후 SNUx 강좌를 선정할 때에 자국어인 국문으로 강
좌를 운영할 수 있는 옵션에 유의할 필요가 있다.

둘째, 실제 강좌 운영을 준비하면서 가장 어려웠고, 시간이 많이 소요된
부분은 예상 밖에도 영문 스크립트 개발이었다. 그나마 영어 강의의 경우
에는 교수자의 음성을 받아 적고, 이를 검토하는 정도로 영문 스크립트를

개발할 수 있었다. 하지만 국문 강의는 교수자 음성을 받아 적은 후, 이를 영문으로 번역하는 작업이 추가되어야 하고, 영어 강의의 초벌 스크립트에 비해 완성도가 낮기 때문에 이에 대한 검토 역시 많은 노력을 요하였다. 그러므로 강좌 설계 및 운영 준비를 할 때에 스크립트 개발과 검토와 관련된 시간적·경제적 비용을 넉넉하게 산정할 필요가 있다. 실제 SNUx 세 강좌의 파트 1은 2014년 3월에 동시 개강할 예정이었다. 하지만 국문 강좌의 영문 스크립트 개발과 검토 작업이 지연됨에 따라 국문 두 강좌의 개강이 연기되었다.

셋째, 수강 신청자 수와 이수율보다는 학습자의 점수 분포와 학습활동 유형에 주목할 필요가 있다. 기본적으로 묵스에서 수강 신청자 수는 대학 및 교수의 인지도와 과목의 활용성에 따라 달라진다. 예를 들어, MITx 강좌 중 사회프로그램의 평가(Evaluation Social Programs)의 수강 신청자가 12,061명 정도로 다른 MITx 강좌에 비해 상대적으로 그 수가 적다. 이수율 역시 강좌의 난이도와 교수자의 이수증 발급에 대한 성향에 따라 달라질 수 있다. 예컨대, '로봇공학입문' I과 II는 학습 내용이 어렵고, 평가 기준으로 퀴즈와 중간고사 및 기말고사를 포함하였기 때문에 50점을 이수 기준으로 설정하였다. 이에 비해 '한반도와 국제정치 1'은 학습 내용이 쉽고, 퀴즈만으로 평가하였기 때문에 70점을 이수 기준으로 설정하였다. 그러므로 수강 신청자 수와 이수율보다는 각 강좌에서의 학습자 점수 분포와 함께 학습활동 유형을 분석하여 학습자의 학습 상황을 파악하고, 미진한 부분에 대한 지원 방안을 마련할 필요가 있다.

넷째, 학교별 또는 강좌별로 묵스를 운영하는 목적을 명확히 설정할 필요가 있다. 앞서 언급한 바와 같이 서울대학교는 강좌 콘텐츠가 꾸준히 개발되는 상황에서 다양한 방식으로 활용을 고려하던 차에 글로벌 묵스기관에서 협약 제의를 받아 묵스를 운영하게 되었다. 물론 전 세계에 대한민국 유수 대학으로서 위상을 높이고, 글로벌 고등교육 향상에 이바지한다는 철학에 기반을 두고 있지만, 실제로 그 목적을 얼마나 달성하였는가에 대하여 반추할 필요가 있다. 국외 대상의 목적뿐만 아니라 좁게는 서울대학교, 넓게는 대한민국 고등교육에 기여할 수 있는 바가 무엇인지에 대한 고민이 수반되어야 한다.

5. 서울대학교 묵스 향후 발전 방향

서울대학교는 에드엑스와의 협약 기간인 2016년 5월까지 기본적인 수준에서 강좌를 운영할 예정이다. 기본적인 수준이라 함은 에드엑스와의 협약 시 첫 번째 운영 강좌로 제시하는 1년에 4강좌 분량이다. 2014학년도를 기준으로 볼 때 이웃 국가의 에드엑스 멤버인 도쿄대학교, 교토대학교, 홍콩대학교의 1~2강좌보다는 많고 베이징대학교의 16강좌, 칭화대학교의 8강좌보다는 적은 수에 해당한다. 이미 개발되고, 향후 개발될 강좌 콘텐츠가 많지만, 강좌 수를 늘리기보다는 강좌별 특색과 상황에 맞는 학습 활동을 설계, 운영하는 데 초점을 맞출 예정이다.

또한 글로벌 묵스기관과의 협약을 통한 강좌 운영뿐만 아니라 서울대학교 내 강의 콘텐츠 운영 시스템인 서울대학교 열린교육(Seoul National University Open education: SNUON)을 활용하여 학생들의 자율적인 학습을 계속적으로 지원할 예정이다. 현재 SNUON에 탑재된 강좌는 강의 동영상 학습이 주를 이루고 있고, 일부 강좌의 경우에는 연습 문제를 제공한다. 향후에는 교수자 및 학내 유관기관과의 논의를 통하여 묵스와 같이 퀴즈,

토론, 중간고사, 기말고사 등과 같은 학습활동을 수행하고, 기준 점수 이상을 달성하면 이수증을 발급하는 방안을 도입할 예정이다. 특히 2015학년도 계절학기에 시범적으로 학점 부여 온라인 강좌 운영을 계획함에 따라 이러한 묵스 형태의 강좌 운영 가능성이 높다 할 수 있다.

마지막으로 2015학년도부터 순차적으로 진행되는 교육부 주관 케이묵(K-MOOC) 사업과 관련하여, 에드엑스와의 협약과 SNUx 강좌 운영, 정규 강좌 콘텐츠 개발 및 운영 등과 같은 묵스와 관련된 실제적인 경험을 바탕으로 자문, 연구 과제 수행 등 여러 형태로 지원하고 있다. 향후 이러한 지원은 계속될 것이며, 해당 사업에 직접 참여하여 국내외에 우리나라 고등교육의 위상을 높이고, 우수한 교육 자원을 공유하는 데 기여할 것이다.

참고문헌

임철일, 김선영, 김미화, 한송이, 서승일 (2014). 서울대학교 MOOCs 설계 및 운영 사례 연구-MOOCs 운영을 위한 주체, 절차 및 활동 개발-. 2014 한국교육정보미디어학회 춘계학술대회.

Clarà, M., & Barberà, E. (2013). Learning Online: Massive Open Online Courses (MOOCs), Connectivism, and Cultural Psychology. *Distance Education, 34*(1), 129-136.

edX(2013a). edX-서울대학교 협약서 초안.

edX(2013b). edX Workshop in Hong Kong.

Milligan, C., Littlejohn, A., & Margaryan, A. (2013). Patterns of engagement in connectivist MOOCs. *Journal of Online Learning and Teaching,* 9(2), 149-159.

참고사이트

edX Course: https://courses.edx.org/courses/ (강좌 관리자만 접속 가능)

edX Insights: https://insights.edx.org/courses/ (강좌 관리자만 접속 가능)

edX Studio: https://studio.edx.org/ (강좌 관리자만 강좌 페이지 접속 가능)

edX: https://www.edx.org

HarvardX Insights: http://harvardx.harvard.edu/harvardx-insights

JMOOC: http://www.jmooc.jp/about

MITx Insights: http://odl.mit.edu/insights/

Udemy: http://www.udemy.com

제3부
묵스의 개발과 운영 모델

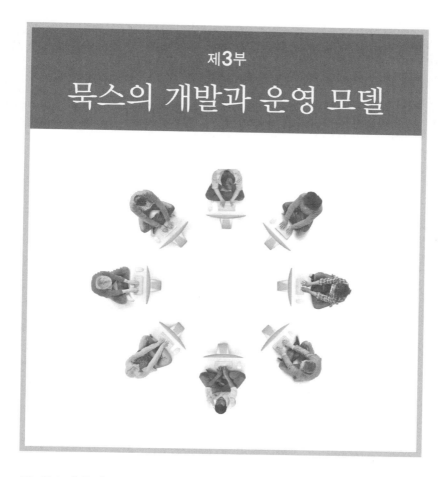

09 묵스의 운영 목적 설정과 운영 플랫폼의 선정

10 묵스의 비즈니스 모델

11 묵 만드는 기술: 묵스와 관련된 테크놀로지

12 묵스를 통한 학습 경험과 수료

13 묵스의 질, 학점 및 학위 연계

14 묵스의 미래 전망

묵스의 운영 목적 설정과
운영 플랫폼의 선정*

1. 묵스 운영의 목적 설정

　대형 온라인 공개강좌(Massive Open Online Course: MOOC)를 운영하는 목적은 크게 대학교육의 만족도를 높이기 위한 교육의 질 제고(Quality Up)와 경영 효율을 위한 비용의 절감 측면에서 접근되고 있다. 대학들은 그간의 묵스(MOOCs) 운영 목적을 면밀히 분석하여 다음과 같은 세 가지 전략적 서비스 모델(O-E-R)을 선택할 수 있다(장상현, 2014). 첫째, 대학의 사회공헌을 위한 우수 강의 공개 중심의 서비스 모델, 둘째, 기존의 대학 운영 방식을 탈피해 교육의 질을 높이기 위한 실험적 교수 학습 서비스 모델, 셋째, 대학의 명성을 높이거나 위상을 강화하기 위한 서비스 모델이

＊장상현(한국교육학술정보원 고등교육정보부장, shjang@keris.or.kr)

그것이다.

각각의 서비스 모델은 목적이 일부 중첩되는 영역이 있을 수 있으나, 각 대학이 묵스의 도입을 검토하는 과정에서 '우리 대학에서는 어떤 목적과 전략을 가지고 묵스를 도입할 것인가?'라는 고민에 대한 선택지를 제공할 수 있을 것이다. 묵스가 가장 활성화된 미국의 경우, 묵스 운영 목적은 교수의 교육 방법(Pedagogy)에 대한 고찰, 많은 학습자를 만날 수 있는 기회 제공, 경제적 이유 등으로 요약되는데(블랙보드 부사장, 2014년 11월 인터뷰) 이 또한 앞 세 가지 전략과 별반 다르지 않다.

묵스의 모델을, 첫째, 우수 강의 공개(Open), 둘째, 실험적(Experimental) 교수-학습 방법 도입, 셋째, 대학의 명성(Reputation)과 위상 높이기라는 세 측면에서 각각의 전략적 서비스별로 실제 대학에서 이루어지고 있는 사례를 살펴보기로 한다.

1) 우수 강의 공개: 우수 강의 공개 중심의 서비스 모델

묵스는 공개 강의(Open CourseWare: OCW)에 기반을 두고 있다. 2001년 MIT 대학이 강의 공개를 시작으로 2002년 유네스코는 본격적인 개방교육 자료(Open Educational Resources: OER) 운동을 시작한다. 이후 하버드대학교, 스탠포드대학교, 버클리대학교, 미시건대학교 등 미국의 유명 대학이 묵스 서비스를 통해 우수 강의를 공개하였다. 2008년 구글과 빌-멜린다 재단 등으로부터 기부금을 받아 플랫폼을 운영한 칸아카데미(KhanAcademy)는 초·중등학교 학생을 대상으로 한 수학 강의를 비롯해 컴퓨터공학, 인문학, 생물학, 역사 등 4,100여 종의 다양한 강의를 무료로 공개하고 있다. 이후 영국의 개방대학교를 중심으로 퓨처런(FutureLearn)이 2013년 9월 20개의 강의로 첫 서비스를 시작했고, 이웃나라 일본도 개방대학교가 협의회 의장을 맡아 제이묵(JMOOC) 서비스를 주도적으로 운영하고 있으며, 호주의 오픈투스터디(open2study) 역시 호주 개방대학교가 운영하고 있는 묵스 서비스다.

국내에서는 고려대학교가 대학 중 처음으로 글로벌 오픈 코스웨어 컨소시엄(http://www.oeconsortium.org/)에 가입하고 OCW 사이트(http://open.korea.ac.kr/)를 개설하여 운영하였으며, 이후 숙명여자대학교는 SNOW(Sookmyung Network for Open World, http://www.snow.or.kr/)를 구축하여 학교 소속 교수뿐만 아니라 해외 유명 교수 및 연사의 강의를 주제별, 전공별로 영어 스크립트 및 한국어 번역과 함께 제공하고 있다. 뿐만 아니라 서울대학교, 성균관대학교, 한양대학교, 경희대학교 등이 공개강의 서비스를 운영하고 있다. 또한 한국방송통신대학교가 이미 프라임칼리지(http://primecollege.knou.ac.kr/)를 통해 강의를 공개하고 있으며, 향후 이 사업을 발전시켜 새로운 묵스 서비스를 운영할 계획이다.

특히 국내에서는 교육부 산하기관인 한국교육학술정보원이 이미 2007년부터 국내 대학의 공개 강의를 수집·공유·유통하기 위하여 KOCW(Korea Open Course Ware: http://www.kocw.net/)를 구축하여 2014년까지 약 9,000개의 강좌를 180여 개의 국내 대학과 기관으로부터 제공받아 서비스하고 있다. KOCW는, 첫째, 공개된 강의 자료를 교육정보 메타데이터 국가 표준인 KEM(Korea Educational Metadata) 기반으로 구축했으며, 2008년 이후에는 교육 정보에 대한 저작권 관리 항목이 업데이트된 KEM 3.0을 적용해 보다 많은 이용자가 자료를 활용할 수 있도록 크리에이티브 커먼즈 라이선스(Creative Commons License) 관리 체계를 도입해 서비스하고 있다. 2007년 4월부터는 국제적 교육 자료 공동 활용 기관들이 모여 강의 자원 공동 활용을 위해 결성한 GLOBE(Global Learning Objects Brokered Exchange)에 가입해 유럽의 ARIADNE, 미국의 MERLOT, 캐나다의 LORNET, 호주의 edNA 등으로부터 공개 강의 자료 메타데이터를 OAI-PMH 프로토콜을 활용, 자동 수집하거나 개방형 API 웹 서비스 방식을 통해 통합 검색이 가능하도록 대학과 유관기관에 지원하고 있다. 이들 사이트를 통해 세계 각국의 다양한 교육 자료 콘텐츠를 연계, 활용할 수 있게 됐으며 이들 연계기관의 정책에 따라 공개 강의 자료의 양도 지속적으로 증가하고 있다(교육부, 한국교육학술정보원, 2014).

최근 들어서는 대학이 이러닝 강좌를 많이 개발하고 공개에 적극적이어서 강의에 대한 메타데이터를 [그림 9-1]과 같이 자동적으로 수집하는 체계가 구축되었고, 대학의 공개 강의 메타데이터가 실시간으로 KOCW에 구축되어 공유되고 있다.

표 9-1 2014년 KOCW 콘텐츠 현황

구 분	2011년	2012년	2013년	2014년 6월
인문학	416(15.9%)	1,024(22.7%)	1,497(21.0%)	1,688(20.2%)
사회과학	555(21.2%)	953(21.1%)	1,630(22.9%)	1,850(22.1%)
공학	698(26.7%)	1,087(24.1%)	1,535(21.5%)	1,742(20.8%)
자연과학	557(21.3%)	814(18.1%)	1,394(19.6%)	1,747(20.9%)
교육학	175(6.7%)	282(6.3%)	451(6.3%)	481(5.7%)
의학	114(4.4%)	182(4.0%)	333(4.7%)	537(6.4%)
예술학	102(3.9%)	165(3.7%)	287(4.0%)	326(3.9%)

출처: 교육부, 한국교육학술정보원(2014).

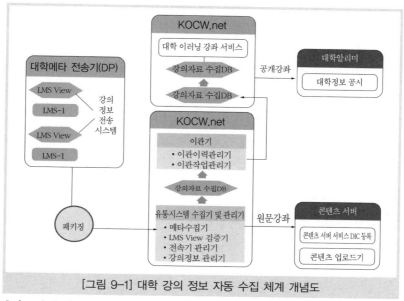

[그림 9-1] 대학 강의 정보 자동 수집 체계 개념도

출처: 교육부, 한국교육학술정보원(2013).

2) 교육 개선을 위한 실험적 활용: 새로운 교수 학습 방법 실험 서비스 모델

스탠포드대학교는 온라인 칸아카데미와 파트너십을 맺고 오프라인과 온라인 학습의 장점을 합친 학습인 소위 '플립러닝(Flipped learning)'이라는 방법을 적용한 생화학 코스를 선보였다. 학생들은 집에서 온라인 강좌를 시청하고 이어 교실에서 문제들을 푸는 시간을 보내며 교수들과 학생들이 수업에서 함께 커뮤니케이션하는 시간을 극대화한다. 이 파트너십은 의과대학으로도 확대되어 스탠포드 의대 학생은 온라인으로 핵심 교과과정을 시청하고 자유롭게 시간을 정해 교실에서 급우들, 교수들과 함께 그 교과과정을 실습하고 있다. 실습과 전달할 내용이 많아서 거부하거나 검토를 미루는 대학에 참고가 될 만한 사례다. 국내에서는 카이스트가 '교육 3.0 프로젝트'라는 이름으로 교육의 질을 제고하기 위해 묵스를 활용, 새로운 실험적 교수 학습 모델을 도입하고 있다. 카이스트에서는 교수가 전달식 강의를 줄이고 스탠포드대학교와 같이 플립러닝을 도입하기 위한 방법론으로 묵스를 채택해 새로운 교수 학습 모델을 실험하고 있는데, 학생들의 만족도가 높고 학습 성과도 올라간 것으로 보고되고 있다. 실제로 많은 수의 대학이 묵스를 통해 강의를 외부에 공개하는 것 자체에 관심을 두기보다는 묵스를 활용한 플립러닝의 도입에 더 관심을 가지고 도입을 적극적으로 검토하고 있는 것으로 나타나고 있다. 이에 따라 플립러닝을 지원하기 위한 목적으로의 변형된 묵스에 대한 논의도 활발하게 이루어지고 있는데, 이러한 플립러닝의 수요는 대학 차원에서 묵스 플랫폼을 선정하여 조속히 제공하여야 하는 이유가 되고 있다.

3) 명성과 위상: 대학의 명성을 높이기 위한 서비스 운영 모델

한편 대학의 위상을 높이고 국제적 수준의 강의를 제공하기 위한 노력도 이루어지고 있다. MIT는 2001년 MIT OCW(http://ocw.mit.edu/)라는 공개 강의에서 출발해 이를 후일 에드엑스(edX)라는 묵스로 발전시켰다. 2012년부터 에드엑스는 하버드대학교와 MIT가 공동 투자하여 개발한 플랫폼으로, 전 세계 약 34개 대학이 참여하고 있으며 400여 개의 강좌가 공개되고 있다(다만, 학습 후 수료증을 받기 위해서는 90달러 내외의 비용을 지불해야 한다). 스탠포드대학교도 2011년 미시건대학교, 버클리대학교 등 전 세계 107개 대학이 참여하는 코세라(Coursera)를 통해 600개 이상의 강의 콘텐츠를 서비스하고 있다.

　국내 유명 대학은 국내에서 직접 묵스를 운영하기에 앞서 해외 묵스 사이트에 참여함으로써 각기 대학의 명성과 위상을 강화하기 위해 노력하고 있다. 서울대학교는 2013년 동창회의 기부금으로 제작한 강의를 에드엑스에 제공하여 많은 국가의 학생이 이용하고 있고, 특히 로봇공학 강좌는 많은 인도 학생이 사용하고 있는 것으로 알려져 있다. 카이스트와 연세대학교는 코세라와 협약을 체결하여 강의를 공개하고 있는데, 카이스트는 공개 강의를 통해 해외 학생들이 학교를 알게 되는 홍보 효과를 톡톡히 보고 있다고 한다. 성균관대학교는 교내 학생에게 인기가 높았던 융복합 강좌에 대한 공개 협정을 퓨처런과 체결하였다. 또한 국내 대학들은 해외 유명 묵스 서비스에 가입하여 강의를 공개하는 동시에 자체 묵스를 구축하기 위해 노력하고 있다. 그중 연세대학교는 도서관, 교수학습센터 등 학내 묵스와 관련된 자원을 총괄할 수 있는 Open & Smart Education Center를 설치하여 글로벌 묵스와 경쟁하고 나아가 비즈니스 모델로 발전시키기 위해 노력하고 있다. 정부 차원에서도 에드엑스나 코세라 같이 국내 우수 대학이 참여하는 한국형 묵스(KMOOCs)를 구축하여 일반 국민 누구나 유명 교수의 강의를 언제, 어디서든 학습할 수 있도록 준비하고 있다.

　이상에서 살펴보았듯이 대학의 명성을 이용한 묵스의 운영 모델은 향후 고등교육 시장의 새로운 비즈니스 모델로 발전할 것으로 예측할 수 있다. 에드엑스와 코세라를 비롯하여 유다시티(Udacity), 유데미(Udemy) 등 많은 묵스가 수익을 발생시키는 구조로 발전하고 있고, 미국을 비롯한 많은 국가가 대학 등록금의 가파른 상승으로 교육 기회가 불평등해지고 사회적 계층 구분의 중요한 요인으로 반영되고 있다는 지적에 따라서 낮은 비용으로 고등교육의 접근 기회를 제공하는 측면에서 묵은 오프라인 대학의 대안으로 주목받게 될 것이다.

2. 묵스 운영을 위한 플랫폼 선정

일반적으로 묵스는 교수자(운영자), 학습자(학생), 강의 내용(콘텐츠, 커리큘럼), 플랫폼(LMS) 등으로 구성된다. 반면 우리에게 익숙한 오프라인 대학은 교수, 학생, 교재(커리큘럼), 캠퍼스로 구성되어 있다. 이때 묵스의 플랫폼은 오프라인 대학의 캠퍼스 같은 역할을 한다. 캠퍼스는 위치, 구성 등 대학을 운영하는 데 기반이 되는 시설이 된다. 캠퍼스는 대학을 운영하기 위해서 물리적으로 가장 먼저 고려된다. 어떤 지역에 어떤 건물을 세우고 어떤 용도로 사용함에 따라서(강의실, 교수 연구실, 실험 실습실, 기숙사, 조경, 편의시설 등) 다양한 고려사항이 있으며, 캠퍼스를 설립하는 방안에서도 땅을 매입하고 건물을 직접 설계하여 건축할지, 희망하는 위치에 필요한 규모의 건물을 임대할지 다양한 선택을 할 수가 있다. 묵스 운영을 위한 플랫폼도 마찬가지다. 플랫폼은 묵스를 운영하기 위해 가장 기반이 되는 시스템으로, 선정하기 전에 깊은 고민이 필요하다.

묵스 플랫폼은 우리가 익히 이러닝 플랫폼의 주요 기능으로 활용해 온 학습 관리 시스템(Learning Management Systems: LMS)의 연장선상에서 이해할 수 있다. 즉, 기존의 LMS의 특징과 MLE(Management Learning Environment), PLE(Personal Learning Environment), CWE(Collaborate Working Environment)의 기능을 포괄한 통합적 환경으로, 이러닝 플랫폼이 과제 관리, 토론, 상호 평가, 문제은행, 위키, 블로그, SNS 등 종류를 헤아릴 수 없을 만큼 다양한 솔루션을 포함해 교수 학습 주체 간의 상호작용을 지원하는 통합된 플랫폼으로 발전하고 있다. 묵스의 플랫폼 역시 LMS와 같이 통합적 플랫폼으로 다양한 기능을 고려해야 한다. 이는 한 가지 솔루션에서만 학습활동이 지원되는 것이 아니라 플랫폼에 기반한 다양한 솔루션과 콘텐츠가 통합되어 연계되어야 함을 의미한다.

이러한 통합과 연계의 기반이 되는 SCORM, IMS 등 다양한 이러닝 표준은 서로 다른 시스템 간의 연계 및 콘텐츠 간의 공유를 지원하기 위한 방식으로 발전되고 있다. 차세대 플랫폼은 온라인과 오프라인을 융합한 플립러닝 환경을 지원하는 것을 목표로, 학습 분석(Learning Analytics) 기술을 적극 활용하여 묵스를 지원하는 개방형 플랫폼으로 진화한 상태라고 볼 수 있다. 묵스 플랫폼을 선정하여 개발 및 운영하기 위한 방안으로 기존의 묵 시스템을 비교 분석해 보자.

1) 오픈소스 기반 묵 플랫폼으로서의 '에드엑스' 플랫폼

먼저 잘 알려진 오픈소스 기반 묵 플랫폼으로 에드엑스에 대하여 알아보자. 에드엑스(http://www.edx.org)는 원래 하버드대학교와 MIT 대학이 10만 명 이상의 학생에게 코스를 제공하던 대학 플랫폼의 하나다. 2013년 3월 오픈소스로 처음 발표되었으며, 마치 워드프로세스와 같이 모든 교수와 학생이 사용할 수 있도록 설계되어, 사용자가 직접 더 많은 기능을 자발적으로 추가할 수 있도록 플러그-인 사용을 허용하고 있다. 에드엑스 플랫폼은 빠르고, 모던하며, 대규모 학생의 등록을 수용할 수 있는 장점이 있어 유연성이 높으면서도 안정적인 코스 관리 플랫폼을 원하는 대학과 기관에 적합한 플랫폼이다. 에드엑스 플랫폼은 LMS와 저작도구, 스튜디오를 포함하고 있으며 수많은 강의 자료를 저장하는 저장소(repository)들과 연계되어 있다. 에드엑스 플랫폼은 다양한 XModule을 포함하고 아마존의 클라우드포메이션(CloudFormation) 템플릿을 참조하고 있는데, 존

[그림 9-2] 에드엑스 코스 플랫폼 인터페이스 예

미쉘(Jonh Mitchell) 스탠포드 부학장이 '온라인 학습 업계의 리눅스'라고 언급한 바 있고, Affero GPL(AGPL)[1]이라는 오픈소스 라이선스를 활용하고 있어 누구나 사용이 가능하다. 그러나 추가 기능을 개발한 소스 코드는 오픈해야 하고, 비록 오픈 소스이지만 설치와 유지 보수에 일부 비용이 발생한다.

XBlock은 에드엑스 코스를 만들기 위한 컴포넌트 아키텍처 표준으로, 오픈 에드엑스 코스들은 xBlock이라는 학습 컴포넌트를 통해 구성된다.

---

1) Affero GPL(AGPL)은 오픈소스를 제공받아 소스를 수정한 경우에도 코드를 공개할 것을 요구하는 라이센스 정책으로 기존의 소프트웨어 개발의 범주를 넘어서 '서버 소프트웨어인 경우에도 반드시 소스 코드를 공개해야 한다.'는 제약이 있으므로 네트워크로 서비스를 하는 경우에도 적용된다. 예를 들어, 클라우드서비스 사업자가 AGPL이 적용되는 오픈소스 소프트웨어를 사용하는 경우 기존의 GPL과 달리 소스 코드 공개가 의무화된다. GPL의 경우 '사용자에게 소스 코드를 공개해야 하는' GPL 제약을 적용하면 서버의 사용자(자기)에게만 공개하면 되기 때문에 소스 코드 공개를 피해갈 수 있으나, APGL은 이 경우에도 소스 코드를 의무적으로 공개할 수밖에 없다.

XBlock을 통해 다른 학습 플랫폼과 연동이 가능하며, 특히 서드 파티(3rd Party)[2]에 의한 학습 컴포넌트 개발 참여를 허용함으로써 기능을 확장하고 있다. xBlock 학습 컴포넌트 중 평가를 지원하는 edx-ora2(open response assessor)는 장문의 문제에 대한 답글을 동료 채점, 자가 채점하는 도구로, 예제 기반 인공지능 채점 기능을 제공한다. 또 다른 예로 CS(Comments Service)는 투표 기능과 주석의 해석을 지원하는 독립적인 코멘트 시스템으로 학습 과정에서의 활발한 토론을 지원한다. 에드엑스는 이 외에도 CodeJail, XQueue, XServer, notifier, Analytics Dashboard, Analytics Pipeline 등의 도구를 통해 다양한 기능을 지원하고 있다.

2) 오픈소스 기반 학습 관리 시스템으로 알려진 '무들' 플랫폼

묵스 플랫폼이라기보다 일반적인 오픈소스 기반 LMS로 알려진 무들(Moodle, https://moodle.org/)에 대하여 알아보자. 무들은 대규모 학생을 대상으로 한 묵스보다 오히려 전통적인 온라인 강의실을 만들기에 적합한 플랫폼으로, 에드엑스 플랫폼보다 설치가 쉽고 많은 교육도구와 분석도구를 포함하고 있으며 모듈의 확장성이 우수하다는 장점이 있다. 무들은 커스터마이징이 가능한 LMS로써 온라인 학습에 필요한 기능을 모두 갖춘 기능을 원하는 기관에 적합하다.

특히 무들은 플랫폼 내에서 블로그와 위키 모듈을 손쉽게 조작하고 사

---

2) 서드 파티(3rd Party)는 하드웨어나 소프트웨어를 개발하는 업체 외에 중소 규모의 개발자들이 주어진 규격에 맞추어 제품을 생산하는 경우를 말한다. 생산자와 사용자 사이에서 중개 역할을 하는 업체를 일컫기도 한다. 예를 들어, 어도비의 그래픽 프로그램인 포토샵에서 필터 장치를 사용할 경우 그림을 효과적으로 변형시킬 수 있다. 이 경우 어도비가 아닌 제3의 필터 공급업체가 서드 파티가 된다(매일경제 용어사전).

[그림 9-3] 무들 데모 사이트

출처: Mount Orange School.

용할 수 있도록 지원하여 협력 학습을 하거나 학습자와 학습자 간 혹은 학습자와 교수자 간 피드백을 쉽게 주고받을 수 있는 장점이 있다.

또한 학습자의 학습활동에 대한 관리가 쉽고 학습자의 학습 이력 등에 대한 정보를 체계화해 제공해 줌으로써 학생들의 학습 관리를 용이하게 해 주기도 한다. 무들은 개인별 퀴즈와 그룹별 퀴즈를 모두 지원하며, 강의 평가 등을 실시하기 위한 설문 기능 등이 지원되어 교수자와 학습자 간의 상호 피드백을 증진시켜 학습 효과를 보다 높일 수 있다. 교수자가 원하는 특정 교과에 대한 음성 강좌와 퀴즈 등의 공유가 쉬우며, 스콤(Sharable Content Object Reference Model: SCORM)을 포함한 다양한 형태의 자료에 대하여 저장, 내보내기, 가져오기가 가능하여 학습 활동에 대한 호환성과 표준화 작업이 용이하고, 교수자 상호 간 협력 여하에 따라서는 많은 시간과 노력을 절감할 수 있는 기회를 제공함으로써 생산적인 교수 및 연구 활

표 9-2 무들 플랫폼의 주요 기능

학습 지원	학습 활동	블록 기능
• 텍스트, 웹페이지	• 포럼	• HTML
• 파일 및 웹사이트 링크	• 게시판	• RSS Feed
• 디렉토리 표시	• 위키	• 관리자 갈무리주소록
• IMS 콘텐츠 패키지	• 블로그	• 무들 네트워크 서버
• 표지	• 데이터베이스	• 블로그 태그
• 콘텐츠 연동	• 용어집	• 태그
• Xnics eStream Presto	• 상호 평가	• 소식
• Adobe Presenter	• 과제 제출	• 최신 뉴스
	• 퀴즈	• 수강생
	• SCORM/AICC	• 피상담자
	• LAMS	• 예정된 행사
	• 대화방	• 임의 어휘 해석
	• 저널	• 전체 검색
	• 조사	• 포럼 검색
	• 핫포테이토	• 퀵메일

동을 지원할 수 있다. 다만, 플랫폼 구축 후 10년 이상 운영이 이루어질 경우, 기능 추가, 학생 수 증가 등의 이유로 플랫폼을 운영하는 데 소요되는 비용과 유지 보수 비용이 증가하여 비용 대비 효과가 떨어질 가능성이 있다. 국내에서는 서울대학교, 세종대학교, 숙명여자대학교, 이화여자대학교 등의 대학이 무들 플랫폼을 도입하여 블렌디드 러닝을 실시하고 있다.

3) 개인의 묵 서비스를 지원하기 위해 특화된 '유데미' 플랫폼

유데미(https://www.udemy.com/)는 무료 묵스 플랫폼으로 개인의 묵 서비스를 지원하기 위해 특화된 플랫폼이다. 앞서 소개한 두 가지 플랫폼

[그림 9-4] 유데미 강의 마켓과 강의 데모

출처: www.udemy.com/

은 독립된 서버에 플랫폼을 설치해야 하고 별도의 운영과 관리가 필요한 반면, 유데미는 강의 자료를 등록하고 서비스를 운영하기만 하면 되는 장점이 있다. 초기에는 유튜브와 같이 코스를 만들고 등록해 공유함으로써 학습자에게 단순히 콘텐츠를 제공하는 개별적 플랫폼이었다. 그러나 시간이 흐름에 따라 실시간 강의, 토론 등의 기능을 함께 지원하면서 다양한 방식의 이러닝 서비스가 가능한 플랫폼으로 발전하고 있다.

유데미는 오픈 마켓형 강의 서비스로써 전 세계적으로도 유례를 찾기 힘든 독특한 서비스 형태를 가지고 있다. 누구나 교육 서비스를 하고 교육 서비스를 받을 수 있는 프로슈머 개념을 가장 잘 반영하고 있는 플랫폼이다. 유튜브가 개별 콘텐츠를 직접 만들어 공유하는 서비스라면 유데미는 교육 프로그램을 직접 만들어 공유할 수 있도록 하는 서비스 플랫폼인 것이다. 그러나 유튜브와 달리 코스 서비스를 유료화할 수도 있고 실시간 강의 서비스와 같은 화상 강의 플랫폼도 활용할 수 있어 운영의 폭이 더 넓다. 이런 측면에서 유데미는 쉽게 기본 과정을 만들어 공유하고 직접 과정을 관리하기를 원하는 개인에게 적합하다. 실제로 프로그래머, 포토그래퍼, 설계자 외 전문가들이 각자 가지고 있는 지식을 온라인 코스로 제공하고 있다. 유데미의 가장 강력한 차별성은 4백만 명의 등록생을 가지고 있고 플랫폼을 통해 코스를 만들자마자 잠재된 학생 풀(pool)을 만날 수 있다는 것이다.

4) 블랙보드에서 운영하는 무료 묵스 서비스 '코스사이트'

다음으로는 블랙보드에서 운영하는 무료 묵스 서비스 코스사이트(CourseSites, http://www.coursesites.com/webapps/Bbsites-course-creation-

[그림 9-5] 공개 강의 개설 및 학생 초대 절차

BBLEARN/pages/index.html)에 대해 알아보자. 블랙보드는 유료 LMS 플랫폼을 보급하고 있는데, 최근 그 플랫폼을 구입한 대학에 한해서 묵스 버전을 호스팅 방식으로 무료로 추가 지원하고 있다. 블랙보드를 사용한 코스사이트는 앞서 소개한 사례보다 특별히 더 안정적인 플랫폼이라 할 수 있다. 코스사이트는 묵스가 지원하는 대부분의 특징을 보유하고 있고, 확장적 교수도구를 많이 포함하고 있으며, 보고서 작성 기능과 스콤 표준을 지원한다. 코스사이트는 클라우드 기반으로 운영되고, 짧은 시간에 코스를 구성할 수 있으며, 유지 보수와 업그레이드에 대한 부담과 걱정이 없다는 점 또한 장점이다. 교수자가 온라인 포맷으로 제공되는 커리큘럼의 일부분을 가져오고 싶다면 별다른 설치 없이도 코스의 일부분을 찾아서 가지고 올 수 있다.

반면, 5개의 코스까지만 무료로 운영할 수 있고, 코스에 블랙보드 로고가 표시되며 학생들이 블랙보드 서비스 회원에 가입해야만 쓸 수 있는 단점이 있다. 코스사이트는 가장 낮은 유지 보수 비용과 고사양의 다양한 기능을 지원하고 있으므로, 개인이 묵을 운영하기 위한 좋은 대안이 될 수 있다.

5) 직관적인 사용자 인터페이스의 '버살' 플랫폼

버살(Versal, https://versal.com)은 가장 최근에 출시된 흥미로운 플랫폼으로, 수려하고 직관적인 사용자 인터페이스와 안정적 드래그앤드랍(drag-and-drop) 기능을 가진 무료 플랫폼이다. 코딩 지식이 없이도 드릴

[그림 9-6] 버살 공개 강의 데모

출처: https://versal.com

다운(drill-downs)과 위젯 기능을 사용해 코스를 구성할 수 있으며, 어려운 수학 기호를 표현할 수 있고, 자신이 공개한 코스에 개인 블로그 같은 웹사이트를 삽입할 수도 있다.

버살은 엄밀하게 말하면 묵스 플랫폼이라고 보는 데 한계가 있다. 실시간 토론과 포럼 기능과 같이 묵스를 위한 구성요소들을 완전히 지원하지 못하기 때문이다. 대신 버살은 강력한 튜토리얼 플랫폼으로 가장 빠르게, 수려한 코스를 개발해 운영하기 원하는 개인에게 적절하다. 예를 들어, 뮤지션이나 교수자가 자신의 학생들에게 음악 이론을 담은 짧은 코스를 제공하고자 할 때나 자신의 블로그를 포스팅하고자 할 때 유용하게 활용할 수 있다. 버살은 신생 플랫폼으로 개발사에서 현재 부족한 기능을 자체적으로 추가 개발할 계획을 가지고 있다.

6) 자체 개발 플랫폼

마지막으로 묵스를 도입하고자 할 때, 일반 LMS 솔루션 사업자와 함께 자체적으로 개발하는 방법이 있다. 국내 LMS 관련 사업은 2000년 초반에 활성화되었다가 현재는 침체기라고 할 수 있다. 블랙보드와 같은 우수한 해외 제품과 오픈소스 기반의 무료 제품이 시장을 점령하고 있기 때문이다. 하지만 자체 개발에 대한 장점도 있다. 기존 제품이 제공하지 않는 특수한 기능이 필요한 경우 개발이 가능하고, 대학의 학사 관리 시스템, 행재정 관리 시스템 등 자체 개발된 시스템과 연계해 개발할 수 있다는 장점이 있다. 반면, 개발과 유지에 투자되는 비용이 막대하고 검증되지 않은 상태에서 운영을 시작할 수밖에 없는 단점을 가지고 있기도 하다.

현재 국내 대부분의 사이버대학이 자체 개발한 플랫폼을 활용하고 있으

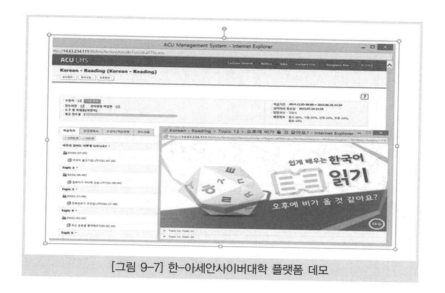

[그림 9-7] 한-아세안사이버대학 플랫폼 데모

며, 정부에서 운영 중인 한-아세안사이버대학 플랫폼도 국내 기업이 개발한 제품을 사용하고 있다.

이상에서 살펴본 플랫폼의 특징을 비교 분석해 보면 〈표 9-3〉과 같다.

표 9-3 묵스 플랫폼 비교

구분	최대 강의 수	호스팅	로고 사용	사용자 분석	과정	모바일
edX	300,000	자체 서버	○	○	○	○
moodle	10,000	자체 서버 또는 서드 파티	○	○	○	○
Udemy	무제한	호스팅	×	×	×	○
COURSEsites	무제한	호스팅	×	○	×	○
versal	무제한	호스팅	×	×	×	○
자체 개발	보유 환경에 의존	자체 서버 또는 서드 파티	○	○	○	○

7) 묵스 플랫폼의 향후 발전 방향

차세대 이러닝 환경에서 가장 주목받는 기술은 빅데이터를 활용한 학습 분석(Learning Analytics) 기술이라 할 수 있다. 온라인 학습을 통해 생성되는 학습행동 결과는 오프라인 교수-학습으로는 분석할 수 없는 다양한 진단과 처방을 위한 근거를 제공한다. 즉, 일반적으로 소비자의 행태를 분석하여 마케팅을 하듯, 교육에서도 플랫폼에 생성된 각종 데이터를 통해 학생의 학습 과정과 결과에 대한 예측 분석(predictive analytics)을 실시하여 학생들의 학습을 학습 데이터에 기반해 보다 체계적으로 지원하는 것이다. 일례로, 미국의 퍼듀대학교는 코스 시그널 프로그램을 도입하여 학생과 교수에게 모두 초기 경고 정보를 제공하는 서비스를 하고 있다. 학생들은 코스를 이수하기 위한 방법을 적시에 안내받고, 교수자들은 학생들의 학습 과정 데이터를 제공받음으로써 학생들이 과정을 이수하는 데 위험 요소를 찾아 개입하거나 촉진 요소를 찾아 장려하는 방식으로 학생들의 성공적 학업 이수를 지원할 수 있다. 실제로 코스 시그널 과정에 등록한 클래스의 경우, 이를 사용하지 않는 일반 코스를 등록한 클래스보다 21%나 높은 이수율을 보인다는 것이 증명된 바 있다.

3. 묵스 운영을 위한 고려사항

앞서 논의한 바와 같이 묵스를 운영하는 목적에 따라서 고려사항이 달라질 수 있으나, 묵스 플랫폼 도입과 운영을 위해 일반적이고 공통적으로 고려할 점을 살펴보면 다음과 같다.

- 얼마나 많은 학생을 수용할 것인가?
- 회원 가입을 받을 것인가?
- 무료로 운영할 것인가? 유료로 운영할 것인가? 적절한 비용은 얼마일까?
- 국내 이용자 대상인가? 전 세계를 대상으로 할 것인가?
- 실시간 상호작용을 할 것인가?
- 진도 관리는 어떻게 할 것인가?
- 코스의 운영 시작과 끝을 관리할 것인가?
- 수료증과 같은 증서(Badges)를 수여할 것인가? 학점(Credits)을 줄 것인가?
- 교수자의 역할을 어디까지 할 것인가?
- 학습 커뮤니티를 운영할 것인가?
- 서술형 평가를 하고 피드백을 줄 것인가?

이러한 고려사항을 검토하고 분석했다면, 다음으로 고려해야 할 사항은 기존의 플랫폼을 사용할지, 신규로 개발할지를 결정하는 것이다. 물론 개인이 운영한다면 무료로 제공되는 플랫폼이나 소속기관의 플랫폼을 활용하면 되겠지만, 대학이나 기관의 입장에서 묵스를 도입할 때에는 각기 다른 묵스 운영 목적에 따른 플랫폼 개발과 운영 전략을 수립하는 것이 중요하다.

앞서 소개된 대부분의 플랫폼이 데모 사이트를 제공하고 있어서 쉽게 코스 운영에 대한 도움을 받을 수 있고, 오픈소스 기반의 플랫폼도 개별적으로 다운로드 후 설치가 가능한 만큼 학교의 묵스 도입 목적과 여건을 고려하여 기존 플랫폼을 신중히 검토해 보고 신규 개발 시 비용과 인력, 시간 등을 종합적으로 고려한 신중한 검토가 선행되어야 할 것이다. 묵스의 개발 절차와 운영 기술에 대해서는 이 책의 11장에서 보다 자세하게 다룰 것이다.

참고문헌

교육부, 한국교육학술정보원(2013). 2013 교육정보화백서. 서울: 한국교육학술 정보원.

교육부, 한국교육학술정보원(2014). 2014 교육정보화백서. 서울: 한국교육학술 정보원.

매일경제(2014). 경제용어사전. Retrieved from http://dic.mk.co.kr

장상현(2014). KOCW of KERIS to KMOOC, 한국방송대학교 Knowledge Sharing 워크숍 발표자료. 서울: 한국방송통신대학교.

edX (2013). *Open edX: Why we're relicensing XBlock API under Apache.* Retrieved from http://www.edx.org

Sledge, L., & Fishman, T. D. (2014). *Reimagining Higher Education.* Deloitte university press.

Young, J. R. (2013, April 3). Stanford U. and edX will jointly build open-source software to deliver MOOCs. *The Chronicle of Higher Education.* Retrieved from http://chronicle.com/blogs/wiredcampus/stanford-u-and-edx-will-jointly-build-open-source-software-to-deliver-moocs/43301

참고사이트

고려대학교 OCW: http://open.korea.ac.kr

교육학술정보원 KOCW(Korea Open CourseWare): http://www.kocw.net

글로벌 오픈 코스웨어 컨소시엄: http://www.oeconsortium.org

숙명여자대학교 SNOW(Sookmyung Network for Open World):
   http://www.snow.or.kr

한국방송통신대학교 프라임칼리지: http://primecollege.knou.ac.kr

Blackborad Coursesites: http://www.coursesites.com

Coursera: http://www.coursera.org

FutureLearn: http://www.futurelearn.com

Jmooc: http://www.jmooc.jp

MIT OCW: http://ocw.mit.edu

Moodle: https://moodle.org

Moodledocs: http://docs.moodle.org

Open2Study: http://www.open2study.com

Udemy: http://www.udemy.com

Varsal: http://versal.com

10 묵스의 비즈니스 모델*

1. 묵스로 비즈니스가 가능한가

온라인 교육의 대중화에 새로운 전기를 마련해 준 대형 온라인 공개강좌(Massive Open Online Course: MOOC)는 교육 전반의 비즈니스 모델에도 큰 반향을 일으킬 것으로 예상된다. 세계 유명 대학의 인기 강좌를 온라인으로 무료 제공한다는 아이디어 자체가 관심을 불러일으키기에 충분한 데다 수익 사업을 하고 있는 사례도 있어 매우 고무적이다. 현재 묵스(MOOCs)는 미국 스탠포드대학교 등 아이비리그 유명 대학 간 연합 또는 대학 자체의 투자재단(Official Fund 활용 등) 혹은 유명 대학총장 출신의 CEO 영입과 이를 통한 투자 유치로 설립 운영되고 있어 비영리와 영리,

* 정현재(한국U러닝연합회 사무총장, cem@kaoce.org)
  이선화(서울대학교 교육학과 교육공학전공 박사과정, springvil@empas.com)

두 가지 성격으로 크게 나뉘나 중장기적으로 지속 가능한 사업 유지를 위해 일부 영리 사업으로 운영되고 있는 실정이다.

더구나 최근 붐을 일으키고 있는 공유경제의 가치 확산과도 맞물려 유명 교수의 강의 공개와 지식 공유를 계기로 묵스는 대학의 글로벌 리더십 확보와 함께 대학의 브랜드 제고를 통한 연관 비즈니스 기회 제공 등 여러 부대 효과까지 누릴 수 있어 대학의 참여가 더욱 늘어날 것으로 보인다.

1) 묵스의 비즈니스 모델

현재 활용되고 있는 묵스의 비즈니스 모델은 크게 씨묵(cMOOC)과 엑스묵(xMOOC)의 두 형태로 정리할 수 있다.

표 10-1 씨묵 비즈니스 모델

인프라 관리	제품 혁신	고객/사용자 관계
1. 가능성 • 활용의 촉진 • 사회적 보상의 제공 2. 파트너십 • 대학 • 학교 • 기업 3. 가치의 구성 • 가치의 공유와 결합	1. 가치 제안 • 창조 • 자율성 • 사회적 네트워크 • 사회적 인지 • 지식 공유 • 비공식적 학습	1. 관계 • 전 세계적 접근 • CoP 형성 2. 분배 경로 • 인터넷/웹 • 사회적 학습도구 3. 고객 • 학생 • 전문가 • 동료

재정적 접근	
1. 비용 • 플랫폼 구축 • 유지	2. 수익 • 플랫폼 광고 • 지원금

출처: Aparicio, Bacao, & Oliveira(2014).

표 10-2 엑스묵 비즈니스 모델

인프라 관리	제품 혁신	고객/사용자 관계
1. 가능성 • 활용의 촉진 • 묵스 클라우드 서비스 제공 2. 파트너십 • 대학 • 학교 • 기업 • 다른 플랫폼 3. 가치의 구성 • 플랫폼 • 대학 • 조직	1. 가치 제안 • 지식 습득 • 지식 확산 • 증명서 • 튜터링 • 협력 그룹 • 전문가 연결	1. 관계 • 전 세계적 학습 환경 설립 2. 확산 경로 • 인터넷/웹 • 묵스 플랫폼 3. 고객 • 학생 • 전문가 • 기업

재정적 접근

1. 비용 • 플랫폼 구축 • 유직 • 튜터링 • 과정 • 강좌 • 온라인 캠퍼스 학생들에 대한 잠재적 수익 • 기업 교육 과정 • 안전 평가 • 취업 알선	2. 수익 • 플랫폼 광고 • 지원금 • 유료 증명서(자격증) • 유료 학점 • 인적 자원 연습 • SaaS(Software as a Service) 판매 • 수업료

출처: Aparicio, Bacao, & Oliveira(2014).

　앞 표에서 확인할 수 있듯 두 모형은 학습자 간 상호학습을 중심으로 학습을 유발하는가 여부에 따라 세부사항이 구분된다. 씨묵은 외부의 개입보다는 학습자 간 자발적 학습을 강조하는 환경 구축에 더 집중하고 있으며, 엑스묵스(xMOOCs)는 학습활동의 도중에 튜터 활동을 포함한 지속적인 도움을 제공하여 최종 수료까지 보다 쉽게 갈 수 있도록 도움을 주고 있다. 운영자들의 참여가 더 많은 엑스묵스가 운영 과정에서의 인건비가 더 필요하고, 그로 인해 학습자에게 비용을 요구할 수 있는 여지가 더 많다고 볼 수 있다. 그러나 이것이 반드시 수익의 증가로 이어지는 것은 아니므로 학습자의 필요와 요구 등을 감안하여 최적의 비즈니스 모델을 상황에 따라 구성할 필요가 있다.

　이러한 두 유형의 모델을 참고하여 종합해 보면 묵스의 비즈니스 모델은 기본 시스템과 교육 콘텐츠 구축, 운영을 위한 비용과 그것을 충당하기 위한 다양한 방면의 수익 창출로 구성된다. 기본 구조를 보다 간략화하여 묵스 비즈니스 모델을 확인하면 〈표 10-3〉과 같다.

■ 표 10-3　묵스 비즈니스 모델 구조

	묵스 구축	묵스 운영	묵스 종료
발생 비용	• 시스템 구축 • 교육 콘텐츠 확보 • 홍보	• 운영 인건비 • 시스템 유지 보수	-
수익	-	• 시험 감독 비용 • 튜터링 비용	• 수료증 발급 수수료 • 수료자 기부금
수익의 원천	• 플랫폼 광고 수익 • 투자 재단을 통한 지속적 수익 • 수익 반환을 전제한 투자 유치 • 학습자(현재 학습자, 수료자)		

묵스를 실시하기 위한 비용의 영역과 수익 장면을 초반–중반–후반으로 구분하여 접근하면, 묵스의 전체 시스템을 구축하고 교육 콘텐츠를 확보하여 플랫폼을 개설하고, 운영을 시작하는 초반에 상당한 비용이 필요함을 확인할 수 있다. 학습자 확보를 위한 홍보에도 상당한 비용이 소요된다. 그러나 이 단계에서는 학습자로부터 직접적인 수익이 발생하기는 어렵다. 이후 학습자가 묵스를 활용하여 학습을 하는 상황에서는 시스템 유지 보수와 과정 운영 활동에 소요되는 인건비가 필요하다. 학습 과정 중 반드시 필요한 시험이나 활동을 위하여 학습자가 시험 감독 비용, 시험 비용 등을 지불하는 경우 일부 수익이 발생한다.

묵스를 통한 학습이 끝난 후에는 특별한 비용이 발생하지는 않으며, 학습자가 필요로 하거나 원하는 경우 과정에 대한 자격증과 수료증을 발급해 주는 과정에서 수익이 발생한다. 학습의 초반부보다는 후반부에 비용 발생의 요소를 끼워 넣어 최종 수료를 위해 비용을 지불할 수밖에 없도록 만들 수 있다. 추가로 이전에 수료했던 학습자의 자발적인 기부금을 기대할 수 있다.

전체 운영 비용에 비해 학습자로부터 기대할 수 있는 수익이 그다지 크지 않아 보일 수도 있지만, 묵스는 그 개념에 포함되어 있듯 거대한 규모라는 전제 아래 운영되는 교육 방식이므로 종합 수익은 크게 창출될 수 있다.

학습자를 통한 직접적인 수익 외에도 묵스는 사회적 의미와 가치로 인해 여러 경로로 수익이 발생할 수 있다. 먼저 온라인을 기반으로 운영되는 플랫폼에 광고를 탑재할 수 있다. 현재 많은 무료 콘텐츠 제공 서비스가 이러한 방식으로 상당한 수익을 올리고 있다. 교육적 가치와 의미를 인정하는 여러 단체나 개인에게 기부를 받을 수도 있다. 교육적 기부의 성격이 강한 묵스 서비스는 공적 가치에 관심이 있는 단체와 개인에게 많은 관심을 받을 수 있다. 장기적으로 수익이 발생할 수 있다는 사실이 입증된다면 전문적인 투자기관으로부터 투자를 유치할 수도 있다. 이 부분에 대해서는 보다 전문적이고 심도 있는 탐색이 필요하다.

2) 비즈니스 모델의 사례

일단 묵스는 전 세계인을 대상으로 한 무료 온라인 강좌 제공이 기본 모델인데, 코세라(Coursera) 등 일부 묵스 제공기관은 무료 강좌 이후에 유료로 디지털 배지(Badges), 수료증 및 학위를 수여하고 있어 부분적으로 글로벌 비즈니스가 이뤄지고 있으며, 이는 일부 영리 사업기관을 중심으로 점차 확대발전할 수 있을 것으로 예상된다.[1]

무료 온라인 강좌로 비즈니스 모델이 어려울 것으로 생각할 수도 있으나 유명 대학을 연계해 제공 중인 서비스는 중장기적으로 충분히 수익을 창출할 수 있고, 선두 그룹은 현재까지지도 서비스를 잘 유지하고 있다. 기본적으로 묵스는 대규모 무료 온라인 강좌 제공 이후에 수료증 및 학위 제공으로 비즈니스 모델을 유지하고 있고 이 외에도 자격 인증 시험 및 플랫폼을 통한 부가 프리미엄 서비스로 수익 사업을 하고 있다.

특히 코세라의 경우 전 세계적으로 2,000만 명 이상의 무료 수강생을 대상으로 온라인 강좌 제공 이후에 유료 수료증 발급을 원하는 학생은 별도의 커뮤니티 서비스를 제공하고 리포트 상호 첨삭 지도 등의 혜택을 누

---

1) 묵스에서 제공되는 디지털 배지는 교육과정에서 거둔 성과를 증명해 주는 수단으로 교육평가보다는 교육 보급에 목적을 두고 있다. 특히 성적보다는 강의 수료를 통한 성취와 기술·지식 습득이 더 중요하다는 최근 트렌드를 반영했다. 이미 주요 대학, 델, HP 등 기업과 기관이 디지털 배지를 적극 활용하고 있다. 조선일보(2014. 10. 17.) 참조.

릴 수 있게 해 수익 사업을 성공적으로 정착시키고 있다.

에드엑스(edX)는 과정 수료에 대한 수료증을 유료로 발급하는 서비스를 통해 수익을 발생시킨다. 아울러 2014년 11월부터 해당 강좌 담당교수와 강의 수익에 대해 5:5 배분하기로 해 본격적인 유료화의 길을 내딛기 시작했다. 또한 에드엑스의 취지에 공감하는 전문가로부터 자발적인 기부를 받고, 일정 금액 이상 기부했을 때 티셔츠를 보내 주는 프로모션을 실시하고 있다. 이러한 기부 구조는 교육 기부적 성격을 지니고 있는 묵스 과정 자체의 의미를 훼손하지 않으면서도 수익을 발생시키고, 그러한 수익 구조를 통해 더 나은 수준의 교육을 제공해 줄 수 있다는 당위성을 지닌다. 묵스의 의미와 가치가 충분히 공유된 상태에서는 이러한 기부 프로모션도 큰 효과를 가져올 수 있을 것이다.

유다시티(Udacity) 역시 과정 수료에 대한 증명서 발급에 수수료를 부여한다. 특이한 부분은 과정 수료 후, 수강생의 성취를 기반으로 하여 과정 이후의 취업 문제와 연계한 서비스를 제공하는 것이다. 학습에 대한 동기 부여와 가치 향상을 위한 접근으로 보다 높은 유인가를 부여하고 있다.

MIT 교육공학 강좌 시리즈는 '교육 설계와 개발', '게임 설계 기초', '연구와 교육을 위한 컴퓨터 게임과 시뮬레이션', '교육공학의 실행과 평가' 과목으로 총 4개 강좌다. 이 시리즈는 학생들의 프로젝트 기반 코스로 동료 평가가 매우 중요하므로 수강생은 평가받은 점수를 증명받기 위해서 각 코스당 50달러를 지불해 수료증을 받는다. 또한 학교 측은 모든 코스의 수료증을 받은 수강생에 한에 추가로 75달러를 받고 전문 수료증(XSeries)을 발급해 준다. 이렇게 전 과정을 마치려면 6개월간 총 275달러가 필요하다.[2]

---

2) 전자신문(2014. 10. 16.) 참조.

그 외에도 펜실베이니아대학교와 노스웨스턴대학교 등지에서도 다양한 묵스 과정을 제공하고 있으며 실제 유학 대신 이러한 과정 수강을 고려하는 사람 역시 점점 증가하고 있다. 특히 온라인 과정이라는 특성을 기반으로 SNS 등을 활용하여 경력을 알리기 적절한 부분이 있어 선호하는 학습자가 나타나고 있는 부분도 묵스가 가진 비즈니스 모델로서의 매력이라고 볼 수 있다.[3]

국내의 경우 숙명여자대학교 디지털휴머니타스센터에서 묵스 일부 강좌를 한글로 번역해 국내 학생에게 소개하고 있고, 오프라인에서 커뮤니티 활동을 통해 묵스 강좌의 심화 학습을 꾀하고 있어 독특한 모델의 발전 가능성을 내비치고 있다.

표 10-4 주요 묵스 사업체의 수익 모델

사업체	주요 사항
코세라	• 증명서 • 튜터링 또는 조교/교수 개인평가 • 기업의 직원 교육 지원 • 기업의 지원 • 수업료 • 증명서 발급 수수료(Signature Track) 30~90달러 USD
유다시티	• 증명서 • 성적이 높은 학생 채용 • 수강생 이력서를 기반으로 한 직업 알선 서비스 • 기업의 기술 교육 과정 제공 • 감독관 입회 시험 89달러

---

3) 중앙일보(2014. 5. 8.) 참조.

MIT	• 전용 플랫폼과 SNS를 활용하여 전체 과정 관리 • 수강 신청, 출석, 숙제, 평가의 체계적 관리 • 수료증 발급 50달러 • 전문 수료증 75달러 • 전체 과정 수료에 6개월간 275달러 필요

에드엑스	• 증명서 발급
	• 기부
	  – MIT 기부 사이트를 통해 에드엑스 기부
	  – 250달러 이상 기부 시 에드엑스 티셔츠 제공
	※ 해당 과목교수와 edX 간 5:5 강의 수익을 배분키로 해 향후 묵스 비즈니스 모델의 이정표가 될 것으로 보임

2. 성공적 비즈니스로서의 묵스

1) 코세라의 사례

코세라는 묵스 운영의 여러 형태 중 매우 성공한 사례로 볼 수 있다. 코세라는 과목별 수강료와 함께 수강료 이외에도 시험 및 시험 감독 및 운영비 형태의 수입 등 다양한 프리미엄 서비스를 제공하고 있고, 오프라인 커뮤니티 활동을 통한 비즈니스 모델도 계속 시도 중이다. 이를 심층적으로 분석해 성공 사례를 바탕으로 한 묵스의 현재와 미래의 발전 가능성을 살펴보고자 한다. 코세라의 운영 방안은 이전 장에서 충분히 다루었으므로, 여기서는 수익 구조를 간단히 살핀다.

코세라는 다음과 같은 사업 내용으로 부분적 유료화 모델을 채택하고 있다.

표 10-5 코세라의 주요 사업

1. 증명서 발급

1) 수료 증명서: 강사 서명, 코세라 로고, 수강생 이름, 강좌 제목

2) 인증서: 파트너기관의 로고, 신원 확인, 인증서 확인 가능한 URL 추가

3) 전문 인증서

- 증명서 발급 수수료: 30~90달러 USD

※ 수강한 과정의 수료 여부와 부여할 수 있는 자격의 종류와 질에 따라 구분된 증명서를 일정 비용을 받고 발급한다.

※ 과정 자체의 수강을 통한 내적 성취뿐만 아니라 외적 보상을 함께 제공하여 학습자의 전반적인 만족도를 증진시키는 동시에 수익을 창출할 수 있다.

2. 대학 학점

미국 대학학점추천서비스(American Council on Education's College Credit Recommendation Service: ACECREDIT)가 코세라의 다섯 가지 주요 과정에 대해 학점을 인정한다.

1) 감독관 입회 시험 60~90달러

2) 시그니처 트랙(Signature Track)[4] 30~99달러

※ 코세라는 주요 과정을 말미에 프록터유(ProctorU)[5]를 통한 시험을 제공하며 웹캠을 통해 학습자를 확인한다. 이러한 과정에 60~90달러 정도 소요된다.

3. 부대 서비스

1) 회사와 학습자를 연결하는 채용 서비스를 제공한다.

참고 링크: http://thenextweb.com/insider/2013/02/07/online-learning-goes-official-as-five-Coursera-courses-get-approved-by-the-american-council-on-education/

4. 코세라의 제휴 사업 전략

※ 과정을 통한 수익의 일정 금액을 투자자에게 지불하여 지속적인 투자를 유치하고 있다.

---

4) 수업에 등록한 학습자와 시험을 본 학습자가 같은 사람인지 확인하는 서비스다. 실제 웹캠에 찍힌 사진과 신분증 사진을 대조하여 확인하고, 평소 타이핑 습관과 시험 보는 상황에서 확인하는 타이핑 습관을 비교하여 동질성을 검증한다.

5) 프록터유는 시험감독 서비스를 제공하는 회사다.

코세라의 수익 모델은 과정 자체는 무료로 두되, 과정 종료 후 학습 경험에 대해 객관적인 가치를 인정받고 싶은 학습자의 심리를 잘 활용하여 인증서 발급에 대해 비용을 부과하는 방식이다. 이것은 교육 경험 자체는 여전히 무료로 수강했다는 느낌을 주면서 결과에 대해 스스로 선택하여 비용을 지불하는 것이라 큰 무리 없이 학습자에게 다가갈 수 있는 전략으로 볼 수 있다.

이처럼 코세라는 수강생 리포트 제출 및 학생 간 정교한 협업 관리 프로세스로 새로운 지식을 창출시키는 시스템을 만들어 카탈리스트(Catalyst, 촉매)적인 역할 수행으로 수익 사업을 펼치고 있어 교육 플랫폼 제공 사업으로서의 위치를 잘 다져나가고 있다.

3. 묵스의 비즈니스 모델

묵스의 비용의 발생 구조, 수익의 원천, 묵스의 교육적 의미 등을 종합했을 때, 몇 가지 비즈니스 모델로 압축될 수 있다. 〈표 10-6〉은 이를 간결하게 표현한 것이다. 각각의 모델을 살펴본다.

표 10-6 묵스 비즈니스 모델

비즈니스 모델	묵스의 역할	이익 창출 부분	가치
완전학습 모델	• 사전 학습 수준 파악 • 교육도구 • 총괄평가도구	• 평가와 인증 활동에서 수익 발생	• 완전학습의 교육적 가치를 실현

플랫폼 모델	• 무료로 학습 과정을 제공하고 싶은 사람에게 제공의 장 마련 • 무료로 학습을 하고 싶은 사람에게 학습의 장 마련 • 자격 인증	• 인증서 수익 • 광고 수익	• 교육을 제공하고 싶은 사람과 받고 싶은 사람을 자유롭게 연계하는 교육의 장을 만들어 줌 • 묵스를 누구나 쉽게 접할 수 있게 함
블렌디드 러닝 모델	• 사업자의 필요에 맞는 학습 과정의 제공 • 자격 인증	• 오프라인 강사 연계 수익 • 인증서 수익	• 기업 교육의 비용 절감 • 기업 교육의 질적 수준 향상 효과
학습 계좌 모델	• 평생학습 관련 강좌 제공 • 자격 인증	• 인증서 수익	• 평생교육의 방법 다양화 및 편리화
교육 기부 모델	• 과정 이수를 위한 튜터 제공 • 자격 인증	• 튜터 양성 및 제공 수익 • 인증서 수익	• 교육 기부와 나눔의 가치 실현

1) 블룸의 완전학습 전후방 비즈니스 모델

묵스는 과거 블룸(Bloom)의 완전학습모델을 IT 기술로 다시 부활시켜 다양한 비즈니스 모델 기회의 장을 열어 두는 측면에서 새로운 가능성을 발견할 수 있다. 즉, 완전학습 수업 전 단계로 학습자의 사전 기초학습 결함의 진단과 기초학력 보충 과정에 묵스 온라인 과정 제공과 IT 기술을 활용한 사전 진단 프로그램 가동을 통해 사전 학습 효과를 극대화할 수 있다. 바로 이 점에서 묵스 비즈니스 모델의 접목 가능성이 있기에 블룸의 완전학습에 주목할 필요가 있는 것이다. 또한 수업 중 활동과 수업 후 단계에서도 묵스와 IT 기술 및 관련 플랫폼을 활용한 다양한 교육 컨설팅이 가능하기에 비즈니스 기회는 충분히 살릴 수 있을 것으로 보인다.

완전학습은 교육을 선발의 도구가 아닌 발달과 계발의 대상으로 보기 시작하던 시기부터 중요한 의미를 지녔던 교수-학습 방안이나 시간적·비용적 문제로 인해 현실적으로 구현되기가 매우 어려웠다. 따라서 묵스는 평생학습과 인간의 내적 계발 및 발달의 문제가 더욱 중요한 가치를 지니고 있는 현재, 완전학습의 가치를 실현시켜 줄 수 있는 대안이 될 수 있다.

묵스는 완전학습의 사전 진단, 사전 진단에 따른 추가 보충학습, 본 수업의 보조 학습활동 제공, 총괄평가의 측면에서 단계적으로 활용할 수 있으며, 이는 본 수업이 면대면 집단 교수 상황이든, 온라인 교수 상황이든 상관없이 활용할 수 있다.

2) 플랫폼 비즈니스 가능성

묵스는 IT 기술 기반의 무료 온라인 콘텐츠 제공과 운영을 지원하는 플랫폼 비즈니스로도 사업이 진행되고 있다. 이미 글로벌 이러닝 LMS 기업인 블랙보드가 묵스 관련 클라우드 기반의 플랫폼을 출시해 시범적으로 운영하고 있고 국내 이러닝 솔루션 기업인 메디오피아와 유비온도 관련 플랫폼을 개발해 부분적으로 국내 학습자에게 무료 이러닝 서비스를 제공하고 있다. 아울러 국내 최고 인터넷 포털업체인 네이버가 SW교육재단을 만든 뒤 조만간 SW대학도 설립함과 동시에 묵스를 대대적으로 도입할 것이라고 해 거대한 플랫폼 기반의 묵스가 어떻게 추진될지 관심을 모으고 있다.

블랙보드 묵스 플랫폼의 경우 영어, 한국어를 포함한 18개 다국어 지원이 가능하고 코스 개수 및 신청 학생 수 제한이 없으며 모바일 학습이 100%로 가능하다는 장점이 있으나 기존 블랙보드 회원에 한해서만 제공되는 부가 서비스란 한계가 있다.

이러한 플랫폼 서비스는 과정 자체를 개발하고 운영해야 하는 부담 없이 묵스 과정을 제작하고 운영하고 싶은 다수에게 플랫폼을 제공하여 수익을 창출한다는 특징을 지닌다. 세계적인 동영상 공유 서비스인 유튜브의 경우도, 자체적인 동영상 콘텐츠 제작과 유통을 주로 하는 서비스가 아니라 동영상을 공유하고 싶은 불특정 다수의 참여로 인해 높은 수익을 발생시키는 플랫폼 서비스다.

현재 유튜브에서도 학습과 관련된 다양한 동영상 자료와 채널이 사용자의 자발적 노력에 의해 무상으로 제공되고 있다. 단지 동영상 학습 자료를 제공하는 것만으로도 상당한 수요와 공급이 존재하는 현재, 교육적 목적과 교육 활동을 도와주는 과정을 포함한 묵스가 플랫폼 형식으로 제공되면, 수요와 공급이 상당할 것은 분명하다.

묵스 과정에서 필수적으로 필요한 요소들을 정련하고 과정을 단순화하여 제공할 수 있다면, 유튜브가 다른 대부분의 유료 동영상 플랫폼을 누르고 압도적인 점유를 했던 것과 마찬가지로 현재의 많은 유료 온라인 교육 과정을 대체할 수 있는 엄청난 교육 플랫폼이 될 수 있다.

3) 블렌디드 러닝의 활용

묵스의 시작이 대학의 질 높은 강의를 온라인을 통해 제공하는 것이었다는 것은, 묵스가 블렌디드 러닝의 성격을 상당히 지니고 있음을 확인할 수 있는 부분이다. 현재 블렌디드 러닝이 활용되는 분야는 기업 교육을 중심으로 하여 원격교육 전반, 학교교육의 보충 교육 영역 등 상당히 다양하다. 이 중 기업 교육은 묵스가 활용될 수 있는 아주 중요한 교육 현장으로 볼 수 있다.

기업 교육은 보통 크게 직무 관련 과정과 일반역량 과정으로 과정의 내용과 목적이 구분된다. 이 중 직무 관련 과정은 특정 기업의 문화를 반영하여 자체적인 개발과 리뉴얼을 꾸준히 해 나가게 되고, 일반역량 과정은 직접적인 업무와 관련은 약하나 구성원의 잠재력과 역량을 강화할 수 있는 다양한 일반교양 관련 지식을 중심으로 구성된다. 이러한 두 과정 모두 자체적인 개발 능력과 인력이 있는 큰 규모의 기업은 무리 없이 개발과 운영을 하고 있지만, 그렇지 못한 많은 기업과 사업장에서는 사원 교육에 대한 필요성을 절감하면서도 비용과 시간의 문제로 외부 과정을 일부 구매하여 교육을 실시하거나, 위탁을 하거나, 충분한 교육을 실시하지 못하는 것이 현실이다.

묵스는 어떠한 규모의 사업장에서도 다양하게 활용할 수 있는 가능성이 있다. 이미 충분한 수준의 교육이 이루어지는 기업 상황에서는 보다 고급의, 세계 수준의 강좌를 무료로 제공하고 그에 대한 자격 부여가 평가에 반영될 수 있다. 주 교육은 묵스를 통해 이루어지며, 추가 특강과 토론회 등이 오프라인을 통해 병행되는 것이 효과적이다. 대기업의 경우, 세계와 경쟁한다는 목표 아래 교육의 질적 수준을 높이기 위한 노력을 상당히 실시하고 있으며, 세계가 인정하는 자격을 가진 인재에 대한 갈망도 매우 높다. 이러한 요구는 묵스가 제공할 수 있는 국내외 유수 대학의 질 높은 강의와 그에 대한 자격 부여가 충분히 매력적으로 작용할 수 있는 근거가 된다.

충분한 교육을 제공하지 못했던 기업에서는 묵스를 통해 현업과 일반

역량 관련 기본 과정을 순차적으로 활용할 수 있다. 역시 과정 수료에 대한 자격 부여는 직원 평가에 반영될 수 있다. 묵스를 통한 자격 인증이 비용을 발생시키기는 하나, 기업이 과정을 개발하고 운영하고 평가 활동까지 도맡아서 하는 비용과 비교하면, 묵스는 기업 입장에서도 엄청난 비용 절감 효과가 있을 것으로 예상할 수 있다.

4) 평생교육 학습계좌제와 연계

우리나라에서 시행하고 있는 학습계좌제는 평생학습사회에서 국민의 학습비에 대한 지원과 학습 이력을 통합·관리하고자 하는 평생학습 지원 제도다. 학습계좌제는 근로자(구직자 포함)를 제외한 일반 국민을 대상으로 직무기초소양, 민주시민교육, 학력 취득 프로그램의 학습비 지원과 학습 이력을 누적 관리하는 제도로, 현재 「평생교육법」상 인정될 수 있는 과정을 누적하여 기록하고 활용할 수 있게 해 준다.

해외의 경우, 코세라는 묵스 과정의 수료가 대학의 학점과 동일한 가치를 인정받을 수 있도록 교육과정과 평가를 연계하여 운영하고 있다. 특정 대학에서의 학점 인정도 과정 자체의 질적 수준을 인정한다는 점에서 분명 중요한 의미를 지니지만, 평생교육과 같이 보다 넓은 관점에서 접근할 필요가 있다.

묵스는 개인의 필요와 요구에 의해 선택적으로 수강하고 그 결과에 대해서도 자유로운 활용이 보장된다. 이것을 학습계좌제와 연계할 수 있다면 묵스는 우리나라 교육에서 상당한 영향력을 행사할 수 있을 것이다. 묵스 과정 중 평생학습과 관련된 과정을 선정하여 학습계좌제와 연계를 허가하거나, 특정 묵스 업체 자체가 학습계좌제와 연계하는 상황을 상정할 수 있다. 어떠한 형태를 지니든 다양한 분야에서 수요가 높은 평생교육과 연계할 수 있다면 묵스가 자리를 잡는 데 큰 도움이 될 것이다.

5) 교육 기부 모델

묵스를 통해 수익을 직접 창출할 수도 있지만, 묵스의 시작이 교육적 가치의 나눔과 사회적 기부의 성격을 가지고 있다는 것에서 묵스를 통한 기부 사업을 실시할 수도 있다.

묵스의 기본 강좌는 무료로 제공된다는 특성을 지니지만, 과정을 끝내는 사람의 비율이 상당히 낮다는 문제가 있다. 때문에 교육이 필요해서 묵스를 활용하다가도 끝내지 못해서 효과를 얻지 못하는 경우가 많다. 이러한 사람이나 집단에 대해서는 과정의 지속과 과정을 통한 효과적인 학습을 도와줄 수 있는 튜터가 필요하다. 이러한 튜터와 과정 이수 후 받을 수 있는 인증서에 필요한 비용을 교육적 기부라는 관점으로 접근하여 유도할 수 있다.

소외계층이나 지역, 집단 등에 묵스가 제공될 때, 그것에 부가적으로 필요한 튜터와 인증서 비용을 기부를 통해 지원하는 사업은 묵스의 본래적 가치를 훼손하지 않으면서 운영자 입장에서는 수익을 발생시키며, 학습자 입장에서는 보다 높은 학습 효과를 얻을 수 있는 매우 긍정적인 비즈니스 모델이 될 수도 있을 것이다. 사교육에 대한 지원을 기부를 통해서 하자고 하면 거부감이 발생할 수 있지만, 묵스는 발생 자체가 교육적 가치의 나눔에 기반하고 있어 훨씬 긍정적인 반응이 나타날 것으로 예상된다.

4. 묵스를 운영하려는 개인이나 기관을 위한 제언

많은 비용이 드는 묵스, 그 대가로 무엇을 얻는가?

초기 인프라 구축 시 많은 비용이 들지만 미국의 유명 대학들은 변화된 환경에서 생존을 위해 부득불 묵스를 추진한 측면도 있다. 하지만 상대적으로 앞선 대학들의 묵스를 통한 이러한 실험이 기회비용 이상의 높은 홍보 효과와 함께 IT 기술을 통한 새로운 교육 패러다임의 창출로 글로벌 인재 유입의 효과를 톡톡히 볼 수 있어 향후에도 더욱 확대될 것으로 보인다. 영리 목적이 아닌 경우에도 대학의 브랜드 홍보 전략의 일환으로서도 가치가 있고, 사회 공헌 활동으로 글로벌 커뮤니티 구축의 장으로 활용 가능성이 높기에 여유가 있는 대학은 묵스에 대한 투자를 마다할 이유가 없다.

유튜브가 처음 등장했을 때, 무료로 동영상을 올리고 제공받는 서비스가 어떠한 비즈니스 모델이 될 수 있겠는가 하는 우려를 하는 사람도 있었지만, 결국 한 해 광고 매출만 56억 달러 이상의 수익을 창출하는 거대 기업이 되었다. 무료 교육과정의 제공이라는 아이템 역시 무료 온라인 강좌 제공이라는 유인 요소를 활용하여 다양한 파생상품 및 비즈니스 모델과의 접목 가능성은 무궁무진하다. 앞으로 묵스 발전 방향에 주목할 이유가 바로 여기에 있다.

한국형 묵스는 공적인 측면의 묵스 추진에서는 정부 정책의 영향을 크게 받을 것으로 예상된다. 민간의 묵스는 대학 자체의 추진 역량에 따라 자율적인 대학 브랜드 강화 전략과 대학 간 협력 모델을 통한 무료 공개강좌 확대 등으로 나타날 것으로 보여 학점 교류 사업이 활성화될 것으로 예상된다. 이미 지역별 대학 이러닝센터 협의체를 통해 부분적으로 학점 교류가 이뤄지고 있기에 묵스는 이 같은 대학 간 학점 교류 사업을 크게 확산시키는 역할을 수행할 것으로 예측할 수 있다.

또한 민간 이러닝업체와 사교육의 경우에는 묵스의 여파로 롱테일(Long Tail) 전략 및 무료 강좌 제공 뒤 고급 강좌 유료화 방식 같은 프리미엄 서비스 모델로 차별화시키는 방안을 모색케 하는 등 민간 교육 시장의 비즈니스 생태계에도 큰 변화를 초래할 것이다. 아울러 각급 교육기관에서 플립러닝을 도입할 때 온라인 무료 교재로도 묵스가 활용되고 있기에 다양한 측면에서 활용 방안을 찾아볼 수 있을 것으로 기대된다.

이 같은 장밋빛 전망과는 반대로 묵스가 세계 유명 대학 중심의 스타플레이어들 잔치로 끝날 가능성도 배제할 수 없다. 현실적으로 공급자 측면에 무리하게 참여하기보다는 묵스 콘텐츠 활용에 무게중심을 두고 일차적으로 외국 강의를 번역하여 제공하는 것과 교실 수업의 자료로 활용하는 것에 초점을 두는 방안도 고려해야 한다.

그럼에도 묵스가 제기한 학습자 중심의 파괴적 교육 혁신과 글로벌 네트워크를 통한 질 높은 교육 서비스 제공은 너무도 매력적인 교육 아이템이다. 여러 가능성에 문을 활짝 열어 놓고 다양한 아이디어를 접목시켜 창조적인 비즈니스 모델이 나올 수 있도록 지금부터라도 서서히 준비를 해야 할 필요가 있다.

현재까지 미국을 중심으로 활발하게 진행되는 묵스가 세계적인 추세인 만큼 향후 변화 추이에 촉각을 곤두세우되 우리가 할 수 있는 부분과 없는 것을 명확히 따져본 뒤에 현실적인 행보를 취하는 게 바람직하다. 다행히 우리나라가 한류를 중심으로 아시아 지역에서 문화적인 연대가 가능한 점과 APEC 등 지역 국가 연합체를 통한 대학 교류가 활발한 측면을 살려 지역적(regional) 묵스를 주도해서 선진국의 묵스와는 다른 모델을 찾는 것도 한 방법이 될 것이다. 인접한 아시아에서 지역 국가 간 대학 및 지식재산 교류 협력을 통해 지역 묵스 기반을 구축하면서 자연스럽게 주도권을 잡은 뒤 중장기적인 수익 모델을 확보하는 방안도 접근 가능한 방법의 하나가 될 수 있다.

참고문헌

김명희 (2014, 10. 16.). [열린 교육의 주역 MOOC] ⟨14⟩ MIT 교육공학의 설계와 개발. 전자신문, Retrieved from http://www.etnews.com/20141016000109

장우정 (2014. 10. 17). [MOOC 2014] ⑤ '디지털 배지' '거꾸로 교육' … 무크 뒷받침하는 기술과 이론. 중앙일보, Retrieved from http://biz.chosun.com/site/data/html_dir/2014/10/17/2014101701323.html

천인성, 신진 (2014. 5. 8). 내 방에서 예일대 수료증 받는다. 중앙일보, Retrieved from http://article.joins.com/news/article/article.asp?total_id=14622340&cloc=olink | article | default

Aparicio, M., Bacao, F., & Oliveira, T. (2014, May). MOOC's business models: turning black swans into gray swans. In *Proceedings of the International Conference on Information Systems and Design of Communication* (pp. 45-49). ACM.

CourseSites MOOC Catalog (2014). *Empowering Learning Through Community*. Retrieved from https://www.coursesites.com/webapps/Bb-sites-course-creationBBLEARN/pages/mooccatalog.html

참고사이트

Blackboard Open Education: http://openeducation.blackboard.com

Coursera: www.coursera.org

edX: www.edx.org

MIT 오픈코스웨어(Opencourseware): http://ocw.mit.edu

Udacity: www.udacity.com

묵 만드는 기술:
묵스와 관련된 테크놀로지*

이 글을 쓰기 시작할 때는 도토리 수확이 한창인 9월 중순이었다. 도토리 하면 떠오르는 것은 단연 도토리묵일 것이다. 서늘해질 무렵, 탁주 한 잔에 풍성하게 내놓은 도토리묵 무침은 일미다. 그런데 어느 날 장모님이 많은 양의 도토리묵을 매우 빠르게 만든 이야기를 해 주셨다. 도토리묵 제조의 핵심은 도토리 열매를 이용하여 앙금을 만드는 것인데, 전통 방식은 열매를 깨끗하게 닦은 후, 물에 불려 껍질을 까고 말리는 과정을 수차례 반복해야 했기 때문에 손이 많이 가고 오랜 시간이 걸렸다. 그에 비해 새로운 방식은 기계를 이용하는데, 이 경우 시간이 단축되고 수율도 높아진다고 한다. 게다가 기계를 사용한다고 해서 묵의 맛이 달라지지 않으며 오히려 더욱 차진 묵을 만들 수 있다는 것이다. 전통 음식을 만드는 것에도

---

* 김종범(서울대학교 평생교육원 수석팀장, thinkout21@snu.ac.kr)

기술을 활용하는 시대가 되었으며 이를 통해서도 손이 적게 가면서도 전통의 맛은 유지할 수 있게 되었다.

　대형 온라인 공개강좌(Massive Open Online Course: MOOC)의 발음을 처음 듣는 사람들은 발음이 전통 음식인 묵과 비슷하여 혼동을 일으키기도 한다. 그런데 앞에서 언급한 도토리묵의 현대적 제작 방식은 전통적인 교육에 기술을 더한 묵스와 유사한 점이 있다. 묵스는 '학습'이라는 몸에 '기술'이라는 옷을 입어 많은 사람에게 더욱 효율적으로 교육이 이루어지게 하는 것이라고 할 수 있다.

1. 어떤 도구로 묵을 만들어야 하는가

　단순히 집에서 먹는 용도로 도토리묵을 만든다면 아무 그릇에 굳히더라도 상관없을 것이다. 그런데 만일 도토리묵 요리를 전문적으로 판매하는 식당에서 묵을 만든다고 한다면 어떨까? 분명 어떤 틀에 굳혀야 하는지에 대해 고민하게 될 것이다. 아울러 앙금을 끓일 때 쓰는 나무주걱이나 화로와 같이 만드는 과정에서 효율을 높일 수 있는 여러 가지 다른 도구에 대해서도 생각해 볼 것이다. 묵스(MOOCs)를 운영할 때에도 다양한 교수-학습 활동을 하는 데 필요한 시스템이나 관련된 기술을 복합적으로 고민해야 한다. 만일 온라인 과정이 단순히 한 학교나 기관에서 사용되는 온라인 과정 한두 개에 관련된 것이라면 시스템이나 기술에 대해서 심각하게 고려할 필요는 없다. 그러나 많은 학습자에게 공개되는 묵스 서비스에서 어떤 시스템과 기술을 활용할 것인지 결정하는 것은 서비스의 성패에 영향을 줄 수 있다.

1) 묵 만드는 틀, 묵스 플랫폼

(1) 묵스 플랫폼의 개념

묵스가 기존의 이러닝과 다른 점은 많은 사람에게 공개된다는 것이다. 하지만 묵스는 이러닝에서 시작되었고, 그 일종이기 때문에 이러닝의 기본 운영 방식을 따른다. 이러닝을 운영하기 위해서는 이를 전달하기 위한 시스템, 즉 플랫폼이 필요하다. 유동성이 있는 도토리 앙금을 형태가 있는 도토리묵으로 만들려면 틀이 필요하듯, 다양한 온라인 교육과정을 운영하기 위해서는 과정을 담는 틀이 필요한데, 이를 학습 관리 시스템(Learning Management System: LMS)이라고 한다. 묵스를 위한 플랫폼은 어떤 형태를 갖추고 어떤 기능을 가져야 할지에 대해서 고민스러울 수 있다. 묵스는 기존의 이러닝에서 과정 공급자와 학습자의 규모가 확대된 것이므로, 이러닝 LMS를 활용하여 묵스 서비스를 할 수 있다. 만일 서버나 네트워크 인프라가 다수의 사용자를 받아들일 수 있고 다량의 정보를 처리할 수 있다면 묵스 서비스로의 확장 가능성은 더욱 높아진다. 그러나 묵스는 목적이나 활동이 기존의 이러닝과 다를 수 있으므로, 이러닝 LMS를 그대로 사용하는 것보다는 일부 기능을 수정·보완하는 최적화가 수반되어야 한다(Kay et al., 2013).

한편, 묵스 서비스를 위해서 새로운 플랫폼을 개발할 수도 있다. 앞 장에서 자주 언급되었던 에드엑스(edX)의 경우 묵스의 운영을 위한 LMS를 자체 개발했으며 그 소스 코드를 공개하고 있다.

LMS는 기능이 여럿인데, 사용자 및 교육과정 등록, 학습 활동 및 정보 제공, 평가 및 관리 등으로 구분할 수 있다. LMS의 다양한 기능은 앞에서 언급한 세 가지의 대분류로 나뉜다. 각각의 기능과 묵스에서의 역할, 고려

표 11-1 LMS의 기능 분류와 묵스 관련 기능

구분	기능	묵스 관련 기능
사용자 및 교육과정 등록	회원 가입	SNS(트위터, 페이스북 등) 계정을 활용한 가입, 이메일 간편 가입
	수강신청	비학기제 운영, 상시 시작 가능한(self-paced) 수업
	결제	신용카드, 페이팔 등 다양한 결제 수단 활용 모듈
학습 활동 및 정보제공	학습콘텐츠 제공	대량 접속에 대비한 콘텐츠 분산 제공, 글로벌 클라우딩 시스템
	게시판/토론	자동 번역, 게시/조회/댓글 작성 등 활동 평가 시스템
	퀴즈/시험	다양한 형식의 퀴즈 및 시험 출제, 자동채점 시스템
평가 및 관리	성적 평가	자동 채점, 진도율 체크
	이수증 관리	이수증 발행 시스템, e-포트폴리오
	과정 관리	학습 분석, 통계 자료 제공

출처: 민두영 외(2009).

해야 할 점을 정리하면 〈표 11-1〉과 같다.

(2) 묵스 플랫폼에서 고려해야 할 사항

LMS의 기능 및 구성은 교육과정의 목적이나 운영 방식에 따라 달라진다. 마찬가지로 묵스도 서비스의 성격이 학습자 수의 증가에 초점을 맞춘 엑스묵(xMOOC)인지, 커뮤니케이션과 연결주의에 관심을 두고 있는 씨묵(cMOOC)인지에 따라서 구성되는 기능의 종류나 구현 방식이 다르다(Daniel, 2012).

엑스묵의 관점으로 서비스를 운영한다면, 서비스 기획자는 사용자의 수가 많아지는 것에 대한 문제에 대해서 고민하고 그에 대한 대책을 세워야 할 것이다. 예상되는 가장 쉬운 문제가 로딩 속도에 관련된 것이다. 많

은 수의 묵스 교육과정이 비디오 콘텐츠를 사용하는데, 이 경우 서버가 이를 감당하지 못할 수 있다. 좋은 고속도로를 만들었다고 하더라도 그 길이 수용할 수 있는 한계를 넘어서는 경우 정체 현상이 생기는 것처럼 좋은 서버와 네트워크를 도입한다고 하더라도 사용자가 폭주하면 동영상이 끊기거나 실행되지 않는 상황이 생길 수 있다. 다수의 사용자에게 효과적으로 동영상 콘텐츠를 전달하기 위해서는 전략이 필요하다. 유튜브와 같이 많은 사용자를 수용할 수 있는 외부 스트리밍 서비스를 활용하는 방법이 대표적이다. 만일 외부 서비스를 활용할 수 없다면, 서버를 이중화하거나 콘텐츠 전송 네트워크(Contents Delivery Network: CDN)를 활용하는 등의 방법을 고려해야 한다(Kop & Carroll, 2011).

이런 문제는 시스템 엔지니어가 생각해야 할 전문적인 문제로 여겨진다. 그런데 이런 기술적인 것이 아니더라도 사용자 수가 많은 데서 생기는 문제는 더 있다. 시간의 표시 방법이 좋은 예다. 학습활동에 있어 시간은 매우 중요한 요소다. 과제의 마감을 정하거나, 같은 시간에 온라인 시험을 보는 것같이 사용자는 시간을 기준으로 활동을 하게 된다. 학습자가 여러 나라 사람들로 구성되는 경우, 시간의 표시를 한 지역이나 나라를 기준으로 할 것인지, 사용자의 현지 시간으로 할 것인지에 대해 결정해야 한다. 이것은·운영 정책을 수립하는 과정에서 고민해야 할 것이지만, 묵스 LMS는 두 가지의 시간 표시 기능을 모두 가지고 있어야 한다.

한편, 씨묵의 관점에서 운영한다면 커뮤니케이션 기능 강화에 대해서 고민하게 될 것이다. 지금까지 개발된 여러 LMS가 커뮤니티나 게시판 기능을 제공하였지만, 실제 과정 운영에서는 활성화되지 않는 경우가 많았다. LMS는 커뮤니케이션에 특화된 시스템이 아니므로 사용이 불편하거나 낯설 수 있는데, 이런 문제를 해결하기 위해 사용자는 포털 사이트의 카페나 커뮤니티를 이용하게 된다. 커뮤니케이션할 때에는 자신이 사용하던 방식을 따르려는 성향이 강한데, 이는 온라인상에 기록을 남길 때 개인적인 선호가 강하게 작용하기 때문이다(김영애, 신호균, 2013). 학기나 과정이 끝나면 접근하기 어려운 LMS에 자신의 학습 기록을 남기기보다는 평소에 주로 사용하고 더 익숙한 트위터나 페이스북과 같은 사회관계망 서비스(Social Network Service: SNS)에 기록하고 학습 그룹을 만드는 것을 더 선호할 수 있다는 것이다(Bauerova, 2009). 이런 관점에서 LMS는 외부 시스템에 열려 있어야 하며 작성된 의견이나 학습 정보를 공유할 수 있어야 한다. 이를 구현하는 방법으로 자동 해시태그 시스템을 적용할 수 있다. 해시태그(hash tag)란 '#' 기호에 특정 단어를 넣어서 '#검색어' 형태로 표현하는 것으로, 이를 이용하면 특정 개념과 연관된 정보를 모아서 볼 수 있다(Hsia-Ching Chang, 2010). 학습자가 게시판이나 토론방에 글을 쓰거나 댓글을 달면, LMS는 이를 데이터베이스에 저장하면서 동시에 해당 강좌의 약속된 해시태그와 함께 SNS 계정에 자동으로 저장한다. 이렇게 되면 본인에게 익숙한 SNS를 활용하여 강좌와 관련된 의견을 남기거나 정보를 담을 수 있으며, 학기가 끝나거나 그 과정이 종료되더라도 의견이나 활동 내용을 쉽게 관리할 수 있게 된다(이병현, 2014).

언어 장벽은 엑스묵과 씨묵에서 모두 고민해야 할 문제다. 여러 나라 사람이 과정에 참여하게 되면 다양한 언어를 사용할 수 있는데, 이 경우 학습 내용의 전달 과정에서 문제가 생길 수 있다. 동시에 구성원 사이에서 커뮤니케이션 할 때에도 불편이 따른다. 비언어적 요소에 의해서 전달되는 이미지나 소리 등은 괜찮겠지만, 언어적 요소가 있는 글(텍스트), 음성, 동영상은 의미 전달에 문제를 일으킬 수 있다. 멀티미디어 콘텐츠는 더욱 복잡해진다. 각각의 미디어별로 사용하는 언어에 대한 보조 수단을 고려하면 경우의 수가 많아지기 때문이다. 예를 들어, 한국어로 제작된 동영상 콘텐츠를 제공할 때 영어를 보조 언어로 사용하는 경우, 다음과 같이 생각해 볼 수 있다.

먼저 주 언어인 한국어만 제공하는 방법이 있다. 이는 보조 언어를 생각하지 않기 때문에 시스템에 언어 문제를 해결하는 기능을 담지 않아도 된다. 하지만 한국어로 의사소통이 안 되는 학습자의 경우 스스로 언어 문제를 해결해야 하며, 해결할 수 없는 경우 수강을 포기할 가능성이 높다. 이런 한계는 학습자의 수를 늘리는 데 걸림돌이 될 수 있다. 영어로 더빙한 음성을 넣을 수도 있는데, 그렇게 하려면 한국어로 된 콘텐츠를 보면서 시간에 맞춰 영어로 녹음해야 하므로 제작비가 높아질 수 있다. 묵스 콘텐츠를 여러 언어로 구성하는 효과적인 방법은 스크립트와 실시간 자막을 제공하는 것이다. 이 둘은 서로 상호보완적인 장단점을 가지고 있다. 스크립트의 경우, 전체 내용이 한꺼번에 제공되기 때문에 강의와 함께 보려면 순서에 맞춰 보아야 하므로 상당한 집중력이 필요하다. 하지만 복습을 하거나 토론에 참여하는 경우에는 매우 유용하다. 실시간 자막은 강의를 들을 때 화면과 자막 내용이 동시에 나오므로 강의 내용을 쉽게 이해할 수 있지만 학습 후에 필요한 자료를 골라서 보거나 전체 내용을 파악하기 위해서는 원하는 시간으로 다시 돌아가서 봐야 하므로 번거롭다. 그러므로 스크립트와 실시간 자막을 동시에 제공해야 하며 LMS는 필요한 시기와 위치에 표시하는 기능을 가지고 있어야 한다.

게시판이나 토론방에서 생기는 의사소통 과정에서 발생하는 언어의 문제에 대해서는 구체적인 해결방안이 나오지 않았다. LMS에 자동 번역 기능을 추가하는 방법이 있으나 문제가 완전히 해결된다고 보기 어렵다. 자동 번역이 학습과 관련된 다양한 내용과 일상적인 글을 정확하게 번역해

주기 어렵기 때문이다. 그러므로 주 언어 사용에 미숙한 학습자를 위해서
수업에 필요한 용어나 표현을 정리하여 제공하면 도움이 될 것이다.

(3) 묵스 학습 관리 시스템의 구축 방법

묵스 LMS를 구축하기 위한 가장 좋은 방법은 서비스의 목적에 맞게 새
로운 시스템을 개발하는 것이다. 하지만 새로운 LMS를 만드는 것은 시간
과 비용이 많이 필요하므로 이미 개발된 LMS를 활용하는 방법도 있다. 공
개형 묵스 LMS를 도입하거나 기존 오픈소스 LMS를 최적화하면 이를 활용
하여 묵스 서비스가 가능하다(백영태, 이세훈, 2005). 다른 방법으로 유료
LMS 상품에 포함된 묵스 모듈을 사용할 수도 있다.

묵스 LMS 중 대표적인 것이 에드엑스 플랫폼이다. 에드엑스는 묵스를
운영하는 서비스 전체의 이름이기도 하지만 동시에 묵스용 오픈소스 LMS
의 이름이기도 하다. 에드엑스는 별도의 웹사이트(http://github.com/edX)
를 통해 자체 LMS를 누구나 활용할 수 있도록 공개하고 있다. 이를 기반으
로 기관이나 대학의 선호에 맞게 기능과 디자인을 보완하면 묵스 서비스
를 구축할 수 있다. 무들(Moodle)과 같은 오픈소스 LMS를 활용할 수도 있
다. 오유제이묵(OUJMOOC)의 경우 무들을 기반으로 한 LMS를 활용하여
운영되고 있다(リセマム, 2014). 하지만 오픈소스 LMS의 경우, 일반적인 이
러닝을 기준으로 만들어졌기 때문에 계획하고 있는 묵스의 성격에 따라 요
구사항을 반영하여 최적화해야 한다. 상용 LMS에 포함된 묵스 모듈을 사용
할 수도 있다. 대표적인 예로 블랙보드의 오픈에듀케이션(Open Education,
http://openeducation.blackboard.com)이 있다. 이 모듈은 묵스 운영을 위한
다양한 기능이 갖춰져 있으며 관리하기도 쉽지만, 기관이나 대학 등 묵스
서비스의 운영 주체가 해당 회사의 상용 LMS를 사용하고 있거나 묵스 모

듈 사용을 위한 계약을 맺어야 한다.

2) 맛있는 묵을 만드는 도구: 묵스의 운영을 위한 부가 기능

묵을 만드는 과정에서 틀이 중요한 역할을 하지만, 좋은 틀이 있다고 해서 맛있는 묵이 만들어지는 것은 아니다. 도토리묵 특유의 탱글탱글하고 쫀득한 맛을 내기 위해서는 앙금을 끓일 때 쓰는 화로와 주걱, 완성된 묵을 담는 그릇과 얹어내는 양념장까지 여러 가지가 두루 잘 갖춰야 한다. 마찬가지로 묵스의 원활한 운영을 위해서는 다양한 부가 기능이 필요하다. 각 부가 기능을 제대로 알고 적재적소에 도입해야 성공적인 묵스 서비스를 구현할 수 있다.

(1) 학습 콘텐츠 관리 시스템

학습 콘텐츠 관리 시스템(Learning Contents Management System: LCMS)은 다양한 유형의 학습 콘텐츠를 보관하고 실행하며 LMS에 연결하는 역할을 한다. 시스템의 구성에 따라 LMS에 포함된 기능으로 보는 경우도 있고, 독립된 시스템으로 구성하기도 하는데 이는 콘텐츠를 어떻게 관리할지에 따라 결정하게 된다.

묵스 시스템의 경우 LCMS는 독립적으로 개발하는 것이 유리하다. LMS는 과정별·구성원의 자격별로 자료를 관리하며 각 요소의 사용이나 통신도 이 기준에 의해서 이루어진다. 만일 다수의 과정과 구성원이 참여하는 묵스 서비스에서 LCMS 없이 과정이나 사용자 기반으로 콘텐츠를 관리하게 된다면 자원 낭비가 발생할 가능성이 있다. 아울러 콘텐츠 분산이나 클라우드 시스템으로 확장을 고려하는 경우에는 콘텐츠만 별도로 관리할 수 있도록 LMS와 LCMS를 분리하여 운영하는 것이 좋다(이준, 2002).

(2) 결제 모듈

묵스의 특징 중 가장 대표적인 것이 '열려 있다(OPEN)'는 것이다. 그런데 사람에 따라서 열려 있다는 것의 의미를 다르게 생각할 수 있다. 먼저 교육과정에 무료로 접근할 수 있는 것을 열려 있다고 생각할 수 있을 것이다. 이 경우 묵스 시스템에 결제 기능을 개발할 필요가 없다. 그러나 열려 있다는 것의 의미를 그 사람이 감당할 수 있는 수준의 금액을 내면 입학전형의 통과나 별도의 승인 없이도 교육과정에 참여할 수 있다고 생각할 수도 있다. 접근은 무료로 할 수 있지만, 이수증을 받기 위해서 일정한 수수료를 내도록 한 경우도 마찬가지다. 이때는 수업료나 수수료를 수납할 수 있는 기능이 필요하다. 결제 모듈(Payment Gateway Module)이란 온라인에서 비용을 결제할 수 있는 다양한 방식을 시스템에 구현한 것을 의미한다. 온라인 쇼핑몰에서 물건을 구매하고 대금을 내는 것을 생각하면 쉽다.

만일 같은 나라 안에서만 이루어진다면 결제 기능을 쉽게 개발할 수 있다. 특히 통화나 환율에 관련된 문제를 고려하지 않아도 된다. 그러나 다양한 국가의 사람이 결제할 경우 통화나 환율 등의 문제도 고려해야 한다. 사용자가 환율 계산을 하지 않아도 되도록 현지 통화로 결제 금액을 표시하거나 다양한 결제 수단을 활용하여 결제할 수 있으면 더욱 좋을 것이다. 신용카드, 계좌 이체는 기본적으로 가능해야 하며 이 외의 방법 중에서도 해당 국가에서 주로 사용하는 것이 있다면 도입하는 것이 좋다. 또한 결제 시스템은 사용자의 컴퓨터 종류나 브라우저에 상관없이 사용 가능해야 한다. 모든 시스템에 문제없이 사용할 수 있는 방식이라면 최선이겠지만 그렇게 되기는 어려울 것이므로 다수가 사용하는 환경에서 사용할 수 있도록 준비해야 한다.

(3) 스마트 러닝

스마트 세상이라고 해도 과언이 아니라고 할 만큼 대부분의 사람이 스마트 기기를 사용하고 있다. 그러나 모든 웹사이트가 스마트 환경에 맞게 개발되는 것은 아니다. 유명한 묵스 사이트라고 하더라도 스마트폰이나 태블릿 등에서 교육과정을 제공하지 못하는 경우가 있다. 이것은 스마트 기기에서 LMS의 기능을 완벽하게 제공하지 못하는 기술적인 문제일 가능성이 크다. 그러나 기술적인 것과는 다른 문제로 운영 정책상 스마트 환경에서 제공하는 기능을 제한한 것일 수도 있다. 예를 들어, 스마트폰에서 긴 글을 쓰는 것은 사용자에게 불편을 초래할 수 있기 때문에 이런 기능을 막을 수 있다는 것이다. 묵스 서비스를 스마트 기기로 제공하려면 필요한 기술에 대해서 잘 파악해야 하고 아울러 다양한 정책도 수립해야 한다.

스마트 기기와 데스크톱에서 가장 큰 차이를 보이는 것은 화면의 크기다. 스마트 기기는 데스크톱보다 화면이 작다. 데스크톱의 경우 대각선 길이 기준으로 17인치 이상인 화면을 쓰는 데 비해 스마트폰의 화면은 7인치를 넘지 않으며 태블릿의 경우도 10인치 미만이 대부분이다. 크기 차이가 2~3배 정도 된다. 한편, 스마트 기기는 무선 인터넷이나 셀룰러 통신망(3G, LTE 등)에 의해서 정보를 내려받는다. 이러한 무선 네트워킹의 경우 데스크톱에서 주로 사용하는 유선 LAN보다 전송 속도가 느리며 접속이 불안정하다. 스마트 기기용 콘텐츠나 시스템은 이러한 특성을 고려하여 제작되어야 한다.

묵스 교육과정을 스마트 기기에서 구현하려면 용량이 큰 동영상 콘텐츠를 어떻게 실행할 것인지에 대해서 고민해야 한다. 가장 쉬운 접근 방식은 데스크톱용과 스마트 기기용 콘텐츠를 별도로 만든 후 기기에 따라서 맞는 파일을 제공하는 것이다. 이 경우 LMS는 학습자가 접속하는 기기를 인식할 수 있어야 한다. 이 방법의 장점은 장비의 종류에 따라 그에 맞는 콘텐츠를 제공할 수 있다는 것이다. 안정적인 인터넷 연결이 가능하고 화면이 큰 데스크톱 이용 학습자에게는 고화질의 콘텐츠를 제공하고, 스마트 기기로 접속한 학습자에게는 전송이 빠른 일반화질의 콘텐츠를 제공하는 방법을 사용한다. 다만, 이 경우는 기기에 따라 여러 종류로 만들어야 하므로 콘텐츠 제작비가 높아진다는 단점이 있다.

다른 방법으로 스마트 기기용 콘텐츠를 만들고 그것을 PC 환경에서 시청할 수 있게 하는 것이 있다. 스마트 기기의 작은 화면을 기준으로 콘텐츠를 만들기 때문에 데스크톱에서 시청하더라도 무리가 없다. 또한 첫 번째 방법처럼 콘텐츠를 여러 벌 만들 필요가 없으므로 제작 비용 면에서도 효과적이다. 그러나 화면이 큰 데스크톱 환경에서는 허전하거나 화질이 떨어져 보일 수 있기 때문에 이를 큰 화면에서 효과적으로 배치하는 방법에 대해서 고민해야 한다.

마지막 방법은 앞 두 가지 방법을 융합하는 것이다. 이를 적용하는 데 필요한 핵심 기술은 화질 자동 조절 기능이다. 화질 자동 조절 기능은 다양한 화질의 콘텐츠를 준비하고 네트워크나 장비 상황에 맞게 실시간으로 콘텐츠를 전송하는 기술을 의미한다. 네트워크 상황이 좋고 화면이 큰 장비에서는 고화질의 콘텐츠를 제공하다가 네트워크 연결이 느려지거나 고화질의 파일을 실행하기 어려운 경우 일반화질의 콘텐츠로 자동으로 바꾸어 전송하는 것이다(김동칠, 정광수, 2011). 장비나 상황에 따라 자동으로 바꿔 주기 때문에 학습자 입장에서는 중단되지 않고 학습을 할 수 있다는 장점이 있다. 때문에 LMS나 LCMS가 화질 자동 조절 기능을 지원해야 한다.

2. 어떤 재료로 묵을 만들까

어떤 묵을 먹어봤는지 물어보면 주로 도토리묵, 청포묵을 먹어 봤다고 이야기한다. 이런 묵들은 재료를 한 가지만 사용하여 만드는 묵이다. 맛이나 식감을 위해서 다양한 재료를 사용하여 여러 종류의 묵을 만들 수도 있고 재료를 섞어서 만들기도 한다. 묵스 과정을 만들 때도 교육의 목적이나 학습 내용 등에 따라서 다양한 종류의 콘텐츠를 사용할 수 있다. 묵스 과정을 구성하는 재료인 콘텐츠도 한 종류로 만들 수도 있지만 여러 매체를 혼합하여 만들기도 한다. 동영상과 같이 우리가 흔히 콘텐츠 유형이라고 하면 떠올리는 멀티미디어 콘텐츠를 활용하는 것이 대부분이지만 다루는 분야나 내용에 따라서 문서나 음성 같은 단일 미디어를 활용하는 경우도 있다. 묵스를 위한 콘텐츠를 잘 만들기 위해서는 콘텐츠의 유형과 제작 방식에 대해서 잘 알아두어야 한다.

1) 한 가지 재료로 만드는 묵: 단일 미디어 콘텐츠

단일 미디어(Single media)는 널리 통용되는 말이 아니다. 일반적으로 미디어는 정보를 보관하거나 전달하는 매개체를 의미하는데, 최근에는 영상 제작이나 IT 기술이 발달함에 따라서 콘텐츠 대부분이 멀티미디어로 제작되고 있기 때문에 오히려 단일 미디어라는 개념이 익숙하지 않게 되었다. 그러나 교육과정에서 단일 미디어를 쓰는 경우가 많으며 묵스 과정에서도 중요한 요소로 활용되고 있다.

(1) 텍스트

텍스트(text)는 가장 전통적이면서도 친숙한 미디어다. 아울러 쉽게 전달할 수 있는 매체이기도 하다. 사전 학습이나 읽기 자료를 제공하는 경우 텍스트로 구성된 콘텐츠를 제공하는 경우가 많다. 텍스트는 특별한 재생 기술 없이 제공할 수 있으며 용량도 적으므로 LMS에 별도의 기능을 추가할 필요가 없다. 그러나 웹사이트에서 텍스트를 표시할 때 주의해야 할 것이 있다. 만일 사용자가 다양한 언어를 사용하고 있다면 이에 대해서 생각해 보아야 한다. 특히 단위나 특수문자의 경우는 학습자가 사용하는 컴퓨터 운영체제의 언어 팩(Language Pack, 운영체제가 모든 언어를 가질 수 없으므로 사용자의 선택에 따라 사용할 언어의 표기 방식과 문자를 담은 묶음)에 따라서 다르게 표현될 수 있으므로 유의해야 한다. 단위나 수식, 특수기호 등이 섞인 경우에는 사이트에 직접 텍스트를 표시하는 것보다는 PDF와 같은 표준 문서 방식으로 제공해야 한다. 언어 팩에 따라서 작성자가 의도한 것과는 다른 방식으로 표현될 수 있기 때문이다. 텍스트가 웹페이지에 바로 표시되지 않고 파일 형태로 제공되는 경우, 학습자가 쉽게 파일을 내려받고, 열어서 읽고, 인쇄할 수 있어야 한다. 만일 뷰어 프로그램이 필요하다면 쉽게 활용할 수 있도록 LMS에 올리거나 링크를 통해 제공해야 한다.

(2) 음성, 소리

동영상 강의를 본 후에 복습을 위해서 음성 파일을 요구하는 경우가 있다. 이때 강의 보충 자료로 동영상에서 음성만 추출하여 제공할 수 있다. 어학이나 음악 등 오디오 자체를 학습의 재료로 사용하는 경우도 있다. 라디오 프로그램처럼 오디오 위주의 강의를 제작하기도 한다. 아이튠즈유나 팟캐스트에 주문형 오디오(Audio On Demand: AOD, 사용자의 요청에 따라 제공되는 오디오 제공 방식)의 형태로 제공되는 교육과정이 대표적이다. 학습 콘텐츠로 사용되는 오디오 파일은 학습자가 이어폰이나 헤드폰을 사용하여 비교적 오랜 시간 동안 청취할 가능성이 높으므로, 잡음 제거나 음량 처리에 더욱 신경 써야 한다. 잡음 처리가 되지 않으면 귀가 쉽게 피로해질 수 있으며, 음량 처리가 되지 않아 커졌다가 작아졌다가 하는 경우 학습자가 수업을 들으면서 음량 조절을 해야 하는 불편을 유발할 수 있다.

(3) 이미지

이미지는 별도의 조치를 하지 않아도 표시할 수 있으므로 기술적으로 고려해야 할 부분은 거의 없다. 다만, 다음 두 가지는 이미지 제공 기능에서 고려해야 한다. 첫째, 저작권 문제다. 저작권 분쟁에서 가장 자주 거론되는 것이 이미지를 잘못 사용한 경우에 관한 것이다. 교실 현장을 바로 촬영하거나 면대면 수업에서 참고 자료로 활용하던 이미지를 온라인 콘텐츠로 바로 활용하는 경우 발생한다. 이 경우 정당한 사용 권한이 있는지 확인하고 문제가 있는 경우는 다른 이미지로 대체하거나 삭제해야 한다. LMS에 사용 권한에 따라서 이미지를 삭제하거나 안 보이게 할 수 있는 기능이 있다면 좀 더 효율적으로 이미지를 관리할 수 있다. 저작권 정책에 따라서 이미지에 사용 권한이나 저작자의 이름을 표시해야 하는 경우가 있는데, LMS에 저작권 표시 기능이 있으면 이미지에 일일이 저작권 표시를 하는 번거로움을 피할 수 있다.

둘째, 이미지의 크기와 관련된 문제가 있다. 데스크톱 환경에서만 서비스된다면 이미지의 크기가 문제 되지 않는다. 그러나 화면 크기가 작은 스마트 기기에서는 불편을 유발할 수 있다. 만일 크기가 큰 파일을 표시해야 하는 경우에는 화면 크기에 맞게 이미지 크기가 바뀔 수 있는 기능이 있어야 한다. LMS의 페이지 개발에도 이러한 방식을 도입하면 스마트 기기를 활용할 때 편리하게 사용할 수 있다.

2) 여러 재료로 만드는 묵: 멀티미디어 콘텐츠

단일 미디어는 멀티미디어보다 단순하므로 콘텐츠를 개발하거나 시스템의 기능을 구현할 때 고려해야 할 요소가 적다. 그러나 멀티미디어는 둘 이상의 미디어를 활용하여 복합적으로 만든 콘텐츠이므로 생각해야 할 것이 많다. 묵스에서 가장 많이 활용하는 멀티미디어 콘텐츠는 동영상이다. 영상 기술이 발전함에 따라 학습용 동영상 콘텐츠를 만드는 방법도 매우 다양해졌다. 그중 판서, 화면 캡처, 교실 녹화, 스튜디오 녹화, 가상 스튜디오, 방송 수준의 종합 구성 방식이 주로 사용되고 있다.

(1) 판 서

면대면 수업 현장에서 가장 많이 쓰이는 수업 지원 도구는 프레젠테이션 프로그램이다. 프레젠테이션 프로그램은 교실에서 다양한 종류의 학습 자료를 매우 역동적으로 재생해 준다. 그러나 이러한 프로그램들이 발전했음에도 교수자의 성향이나 학습 내용, 교육 목적에 따라 칠판을 주로 사용하기도 하고, 프레젠테이션 프로그램을 사용하면서도 중요한 부분에서는 판서를 하는 경우가 있다. 판서는 교수자의 의도를 충분히 나타낼 수 있고, 설명의 흐름에 맞춰서 표현할 수 있으며, 빠른 수정이 가능하다. 이와 같은 장점을 활용하여 판서를 교수자의 음성과 실시간으로 맞춰 녹음하면 동영상 콘텐츠로 만들 수 있다. 이때 전자펜이나 터치 인식이 가능한 모니터를 사용하는데, 이러한 장비들은 펜이나 분필과는 필기하는 감이 다르므로 콘텐츠를 만들기 전에 장비에 익숙해지는 연습이 필요하다. 장비에 적응하는 것이 문제가 되는 경우, 일반 펜으로 종이에 쓰거나 유리보드에 마커를 이용하여 쓰는 것을 녹화하기도 한다. 판서를 녹화하여 만드는 콘텐츠는 자연과학의 개념 설명, 수학의 문제풀이 등에 적합하다.

(2) 화면 캡처

면대면 수업에서 사용하는 수업 자료를 활용하여 온라인 콘텐츠로 만들어야 하는 경우가 있다. 이 경우 기존 자료를 컴퓨터 화면에 실행하면서 교수자의 음성과 함께 캡처하면 별도의 온라인용 수업 자료가 없어도 동영상 콘텐츠를 만들 수 있다. 또한 컴퓨터 안에서 이루어지는 화면의 내용이 학습 자료가 되거나 학습 그 자체가 되는 경우도 있다. 프로그래밍 교육이나 컴퓨터 프로그램을 활용한 시뮬레이션 교육 등이 이에 속한다. 프로그램 언어를 배우는 수업을 온라인으로 만든다면 프로그램 코드를 입력하는 것과 입력한 프로그램을 실행시켰을 때 나오는 결과물, 오류 메시지나 그 오류를 대처하는 방법 등을 설명과 함께 보여 주는 방법으로 콘텐츠를 만들 수 있다.

(3) 교실 녹화

교실 녹화는 면대면 수업 장면을 촬영하고 이를 편집하여 콘텐츠를 만드는 것을 의미한다. 평소에 하던 수업을 그대로 녹화하기 때문에 교수자의 부담이 적다. 하지만 교실 녹화로 콘텐츠를 제작할 때 특별히 주의해야 할 것이 있다. 면대면 수업은 많은 학생을 대상으로 하는 경우가 드물다. 대부분의 수업이 100명 이하의 학생을 대상으로 하며, 수업 방식이나 활동도 그 규모에 맞춰져 있다. 그러므로 교실 상황을 그대로 녹화하여 콘텐츠로 만드는 것은 다수의 학생이 온라인으로 수강하는 묵스 교육과정에 맞지 않거나 비효율적일 수 있다. 예를 들어, 면대면 수업 현장에서 나오는 학생의 질문과 그에 대한 답을 그대로 녹화하여 사용하는 것은 불필요하다. 교수자나 설계자가 예상하지 못한 질문이 나와 콘텐츠의 구성을 흩트릴 수 있고, 질문 자체가 온라인에서의 상호작용에 부정적인 영향을 줄 수 있기 때문이다. 이런 위험 부담을 줄이면서 동시에 현장감이 있는 강의 콘텐츠를 만들려면 교실 상황과 유사하게 꾸며서 녹화하거나, 실제 수업을 녹화하되 교육 목표나 기획 의도대로 편집하여 최종 결과물을 온라인 과정에 맞게 조정해야 한다.

(4) 스튜디오 녹화

면대면 수업을 그대로 녹화하는 것을 교실 녹화라고 한다면, 이에 반대되는 개념이 있을 것이다. 이를 정확하게 나타내는 마땅한 용어는 없지만, 스튜디오에서 촬영하는 경우가 많으므로 이를 보통 '스튜디오 녹화'라고 부른다. 그러나 교실 녹화 이외의 제작이 반드시 스튜디오에서만 이루어지는 것은 아니다. 빈 강의실, 연구실, 사무실, 실험/실습실, 산업 현장, 야외 등 학습활동이 일어나는 곳은 모두 촬영지가 될 수 있다. 교실 녹화는 면대면 수업이 이루어지고 있는 상황을 그대로 촬영하는 것이므로 같은 내용에 대한 재촬영이 어렵다. 스포츠 경기의 중계나 콘서트장 공연처럼 실시간 생방송 개념으로 제작된다. 그러나 스튜디오 녹화의 경우 실수하거나 맘에 들지 않으면 다시 녹화할 수 있다. 재촬영과 편집이 쉽다는 것이다. 필요하다면 학습 내용의 순서와는 상관없이 필요한 부분을 먼저 녹화하고 나중에 순서를 맞추어 편집할 수도 있다. 그러나 면대면 수업보다는 현장감이 떨어질 수 있으므로 학습자의 집중을 유지하기 어려울 수 있다. 강의가 지루해지지 않으려면 화면을 다양하게 구성하고 컴퓨터 그래픽을 사용하여 내용을 역동적으로 보여 주는 등의 대책을 세워야 한다.

(5) 크로마키(가상 스튜디오)

크로마키와 가상 스튜디오에 의한 제작 방식은 스튜디오 녹화의 일부이지만 이러닝 콘텐츠 및 묵스 과정 제작에 널리 사용되고 있으므로 이것을 하나의 제작 방식으로 구분할 수 있다. 크로마키(Chroma Key)는 방송 제작 기술의 일종으로, 두 영상을 합성하는 것을 의미한다. 촬영 대상 이외의 부분에 푸른색 혹은 녹색의 배경을 두어 촬영하면 이 배경색 부분만 투명하게 만들 수 있다. 투명하게 된 부분에 다른 영상이나 이미지를 두면 촬영 대상인 교수나 강사가 그 위에서 설명하는 것처럼 보이게 할 수 있다. 이때 배경에 가상의 스튜디오 이미지나 동영상을 두면 가상 스튜디오(Virtual Studio) 촬영이 되는 것이다(이충구, 박구만, 2012).

이 기술은 뉴스의 기상 안내 등 다양한 분야에서 많이 쓰인다. 만일 조선 시대의 건축 기술을 설명할 때 가상 스튜디오 기술을 이용하여 배경에 건축물 이미지를 사용하고 위치를 잘 조정하면 마치 그곳에 있었던 것처럼 콘텐츠를 제작할 수 있다.

(6) 종합 구성(방송 수준 제작)

종합 구성은 기본적으로 앞에서 언급한 각각의 제작 방식을 활용하여 제작된 콘텐츠를 섞어서 제작하는 것을 의미한다. 그런데 최근 묵스 콘텐츠는 이들 멀티미디어 요소를 단순히 섞는 것에 그치지 않고 지상파나 케이블 방송사에서 만드는 수준으로 동영상 품질을 향상시켜 제작하기도 한다. 교실 장면 녹화의 경우 일반적으로 생각하는 학교 강의실이 아니라 전문화된 대형 강의실에서 다수의 카메라를 활용하여 제작하면 좀 더 역동적이고 사실적인 콘텐츠를 만들 수 있다. 스튜디오 녹화의 경우도 유명인이나 전문가 패널을 등장시켜 교수와 함께 토론이나 토크쇼 형식으로 제작할 수 있다. 다큐멘터리 영상이나 전문가 인터뷰를 도입하거나, 학습 내용을 컴퓨터 그래픽을 활용하여 3차원으로 제작할 수도 있다. 이러한 제작 방식을 활용하면 학습 내용을 명확하게 하고 효과적으로 전달할 수 있게 된다. 방송 프로그램 수준의 종합 구성으로 제작되는 콘텐츠는 단일 매체 다중 사용(One Source, Multi Using: OSMU)의 대상이 되기도 한다(이승환, 2010). 즉, 교육 콘텐츠를 대형 TV에서 실행할 수 있을 정도로 제작하는 경우 약간의 처리를 하면 데스크톱 PC나 태블릿, 스마트폰에서도 실행시킬 수 있고, 여러 기기를 넘나들면서 보는 것도 가능하다.

종합 구성의 제작 방식은 단일 매체 다중 사용의 대상으로도 적합하지만 동시에 온라인 교육과정에서 부족할 수 있는 상호작용을 보완하는 역할을 할 수도 있다. 특히 엑스묵의 관점에서 제작되는 과정, 즉 많은 학습자가 참여하는 교육과정에서는 이러한 상호작용을 구현하기 어려운데 학습자 역할을 대변하는 패널로 하여금 궁금한 내용을 교수자에게 직접 물어보는 방식으로 제작한다거나, 필요한 추가 내용을 판서와 동시 녹음 방식으로 제공하는 방법 등을 사용하면 단점을 보완할 수 있다.

3. 우리 집 묵 드실래요

　최고의 요리를 만드는 식당이더라도 잘 알려지지 않으면 손님이 늘어나기 어려울 것이다. 맛집이 되는 것은 기술과 능력의 문제이지만 유명해지는 것은 맛 이외의 다른 것들도 필요하다. 맛집은 본점에서만 끝나는 것이 아니라 소비자가 쉽게 접근할 수 있는 지역에서 서비스하면서 입지를 넓이는 전략을 택하는 경우가 있다. 이와 유사하게 묵스의 경우도, 최고의 콘텐츠와 시스템으로 무장한 서비스를 만들더라도 사람들에게 알려지지 않는다면 많은 학습자가 사용하는 서비스가 되기 어려울 것이다. 묵스를 어떻게 홍보하고 방문하게 할 것인지에 대한 고민이 필요하다.

1) 유명한 맛집의 홍보 전략: 코스 소개 및 공유, 홍보 방법

　맛집 중에는 한 가지 메뉴만으로 승부를 거는 곳도 있지만, 다양한 메뉴를 갖추고 있는 곳도 있다. 그런데 메뉴판에 있는 다양한 요리를 보고 있으면 무엇을 어떻게 선택해야 할지 고민에 빠지게 된다. 메뉴판 구성을 잘하는 것은 자신의 요리를 고객에게 제대로 알리는 가장 중요한 전략이다. 묵스 사이트가 활성화되면 교육과정의 수가 늘어나게 되는데, 그렇게 되면 교육과정을 어떻게 표시하여 학습자가 쉽게 선택할 수 있게 할 것인가가 중요해진다.

　교육과정을 검색하는 방법에는 여러 가지가 있다. 교육과정을 만드는 대학이나 기관별로 분류하거나, 과정을 운영하는 시기나 주제별로 정리하기도 한다. 과정의 종류나 언어로 구분하는 경우도 있다. 각 사이트의 성

표 11-2 주요 묵스 사이트별 검색 방법

구분	에드엑스 (edx)	코세라	유다시티	퓨처런	오픈투스터디
대학별 · 기관별	○	○	○	○	
시기별	○	○		○	○
주제별	○	○		○	○
종류별	○	○	○		
수준별			○		○
언어별		○			

격이나 과정 구성에 따라 검색 방법을 전략적으로 선택하게 된다. 주요 묵스 사이트의 과정 검색 방식을 정리하면 〈표 11-2〉와 같다.

에드엑스는 대학별 · 기관별 검색을 별도의 1차 메뉴로 두고 있는데, 이는 참여 대학이나 기관을 강조하고 있기 때문이다. 영어권 대학의 강의가 대부분이고 다른 언어의 경우 소수의 강의에서만 제공되기 때문에 언어별 검색은 지원하지 않는다. 그에 비해서 다양한 언어의 강의 콘텐츠를 보유한 코세라(Coursera)의 경우 언어별 검색을 제공한다. 유다시티(Udacity)의 경우 온라인 석사 과정을 운영하는 등 학위 과정 등과의 연관 관계를 중요하게 생각하고 있기 때문에 난이도별 강좌 검색이 가능하다.

교육과정의 구성과 목적에 따라 과정을 검색하는 방법도 달라진다. 서비스 초반이나 특정 주제에 한정하는 사이트와 같이 교육과정이 많지 않은 경우에는 검색보다는 과정의 홍보와 제시가 더 중요하므로 검색 기능을 제공하지 않는 경우도 있다. 그러나 과정이 많지 않더라도 한 화면에 모든 과목을 제시할 수는 없으므로 운영 초기의 묵스 사이트 역시 검색이나 제시 방법을 고민해야 한다. 더욱 적극적인 방법으로 강좌를 제시하는 경우도 있다. 가입한 기존 회원이 사이트를 방문한 경우 학습자의 수강 이력과 사이트에서 검색했던 페이지 등을 분석하여 관심이 있을 만한 강좌를 서비스 페이지 전면에 내세우는 방법이다. 이 기능을 사용하면 학습자가 과정을 검색하지 않고도 과정을 쉽게 선택할 수 있도록 도와줄 수 있다.

검색 방법이나 과정의 표시 방법은 해당 사이트를 처음 방문하거나 방문했던 사람에게 과정을 조금 더 편하게 찾는 방법을 제공하는 것이다. 이는 맛집의 메뉴를 잘 구성하는 것과 유사하다. 하지만 메뉴를 잘 꾸미고 쉽게 볼 수 있도록 만들더라도 맛집 자체의 홍보가 잘 되지 않는다면 의미가 없다. 묵스 서비스도 홈페이지를 홍보하고 어떤 과정이 있다는 것을 알려서 잠재 사용자를 사이트로 유도하는 것이 필요하다. 묵스의 주요 사용 계층은 20~30대의 고등교육을 받았거나 받는 중인 사람들이다(Kizilcec et al., 2013). 이러한 대상에게 가장 유효한 홍보 방법은 트위터나 페이스북과 같은 SNS를 활용하는 방법이다. SNS를 활용하여 새로운 교육과정의 소개 영상이나 시작 시기에 대한 예고, 이벤트 안내 등을 제공하면 교육과정의 참여를 유발할 수 있으며 서비스 자체가 홍보되기도 한다.

맛집 평가 사이트가 있는 것처럼 묵스의 교육과정을 평가하는 사이트가 생기기 시작했다. 대표적인 것이 코스톡(Coursetalk, http://coursetalk.com)이다. 이 사이트는 묵스를 포함하여 대중에게 공개된 교육 사이트와 과정에 대한 평점을 매기고 의견을 쓸 수 있는 기능을 제공한다. 아울러 이 사이트의 정보를 이용하면 LMS에서 각 과정의 평점이나 평가 정보를 제공할 수 있다.

2) 그 묵을 우리 동네에서 먹을 수 있다면?
– 맞춤형 학습커뮤니티 구성

맛집은 재료의 원산지나 그 음식으로 유명한 곳에 있기 마련이다. 물론 그 집을 찾아가서 먹는 재미도 무시할 수 없지만, 그렇다고 해서 매번 재료의 원산지나 먼 지역에 찾아갈 수는 없는 노릇이다. 그래서 어떤 맛집은 그 집의 비법을 활용하여 집 근처에서 맛있는 음식을 먹을 수 있도록 프랜차이즈 사업을 하는 경우가 있다. 묵스는 유명 대학에 직접 가지 않더라도 그 대학의 우수한 강의를 수강할 수 있게 해 준다. 그런데 앞에서 자주 언급되었던 것처럼 온라인 교육은 중도 탈락률이 높고 학습 동기를 유지하기 어려운 단점이 있다. 프랜차이즈 사업에서 주요 지역에 지점을 내는 것처럼 묵스 과정을 운영할 때 지역이나 단체를 위주로 학습 커뮤니티를 만들어서 학습자들이 모일 수 있는 거점을 만들어 준다면 중도 탈락을 줄이고 학습 생태계 형성을 유도할 수 있다. 이를 위한 다양한 접근 방식이 있는데, 그중 대표적인 두 가지가 지역 기반 커뮤니티와 학교 기반 커뮤니티이다.

(1) 지역 기반 커뮤니티

묵스 과정에 수강신청을 하고 처음 강의실에 입장하면, 매우 다양한 나라의 사람이 참여하고 있다는 것을 알게 된다. 이미 이런 과정을 경험했다면 익숙하겠지만, 처음 강의를 수강한다면 이러한 상황이 매우 낯설 것이다. 경험이 없는 학습자는 우리나라 수강생이 있는지, 근처에 사는 사람이 있는지 찾아보게 된다. 비슷한 환경에 있는 사람과 함께 공부하게 되면 서로 정보도 공유할 수 있고 동질감도 느낄 수 있을 것이므로 학습하는 데 도움이 된다.

그러나 묵스는 많은 학습자를 대상으로 하므로 그중 같은 나라나 지역에서 접속하고 있는 사람을 찾는 것은 어려운 일이다. LMS가 자동으로 이런 사람들을 찾아서 추천해 줄 수 있다면 좋을 것이다. 회원 가입을 할 때 거주지 주소나 도시를 입력하게 하면 비슷한 지역끼리 찾는 데 도움을 줄 수 있다. 하지만 이런 정보를 직접 입력하지 않더라도 접속 정보만으로도 분석할 수도 있다. 온라인 서비스에 접속할 때 시스템에 제공하는 것 중에 접속 정보가 있다. 이를 IP 주소라 하며 각 사용자는 특정한 값을 가지게 된다. 이것은 인터넷에 접속하는 단말기에 고유하게 부여되는 정보로 접속자의 인터넷상 가상의 위치 정보를 나타낸다.

그러나 이는 가상의 위치를 나타내는 것뿐만 아니라, 실제 접속자의 지역적 위치를 대략적으로 나타내기도 한다. 만일 이러한 지역 분석 시스템을 개발하기 어렵다면 이미 서비스되고 있는 지역 기반 모임 서비스의 기능을 가져와서 사용할 수도 있다. 일부 사이트는 자신의 기능이나 변수 등 정보를 다른 사이트나 시스템에서 사용할 수 있도록 공개하는 경우가 있는데, 이를 공개형 API(Open Application Program Interface)라고 한다. API는 컴퓨터 프로그래밍에서 나오는 개념으로 프로그램이나 애플리케이션 사이의 통신에 사용되는 언어 혹은 메시지 등을 의미한다. 공개형 API를 활용하는 대표적인 예로 포털 사이트에서 제공하는 지도 서비스를 들 수 있다(김해진 외, 2010).

지역 기반 커뮤니티 중 대표적인 밋업(MeetUp, http://www.meetup.com)은 지역 기반 모임에 대한 공개형 API를 제공한다. 만일 밋업 서비스를 이용하는 사람이라면 이 서비스에 직접 접속하여 동일 관심 학습자나 동일 지역 학습자를 찾을 수 있다. 반대로 LMS가 밋업의 공개형 API를 활용할 수 있게 개발된다면, 온라인 강의실 내에서 자신의 지역 기반 학습 커뮤니티를 만들 수 있게 된다.

(2) 학교 기반 커뮤니티

학교 기반 커뮤니티는 지역 기반 커뮤니티와 유사하고 그것의 일종이라고 볼 수 있지만 약간의 차이점이 있고, 중요한 의미가 있기 때문에 구분할 필요가 있다. 묵스는 다수의 일반인에게 공개된 교육과정이기 때문에 다양한 연령의 사람이 여러 지역에서 각자 다른 목적을 가지고 수강하게 된다. 그러므로 묵스의 과정은 학습자의 다양한 수요를 모두 수용할 수 없다. 특히 학습을 시작하기 전에 배경지식의 정도가 비슷하게 맞춰진다든지, 필요한 부분에 대해서 심화 토론을 한다든지 하는 등의 개별화 전략을 갖는 것은 온라인 환경에서는 구현하기 어려울 수 있다. 그러나 학교를 기반으로 하여 생성된 커뮤니티의 경우 이러한 개별화에 대한 접근 방식을 비교적 쉽게 해결할 수 있다.

학교에서 묵스 과정의 운영을 지원하는 경우, 학교의 인적 인프라인 교수나 조교 등을 활용하여 더 적극적인 학습 지원을 할 수 있다. 또한 학교 시설을 활용하여 토론 활동 등의 오프라인 활동을 함께 구성할 수 있다. 무엇보다 같은 공간과 비슷한 생활양식을 갖는 동료들과 함께 학습하게 되므로 중도 탈락을 막고 학습 효과를 높일 수 있다. 나아가 학습의 결과를 학점 이수에 반영한다든지, 이수증을 학교에서 인정해 주는 등 대학 교육의 다양화로 연결될 수도 있다.

우리나라에서 운영되고 있는 학교 기반 커뮤니티 중 가장 활발한 활동을 하는 곳은 숙명여자대학교다. 숙명여대는 글로벌 묵 캠퍼스(http://kc4dh.com)를 열고 학생들의 묵스 과정 수강을 지원하고 있다. 대학은 일반적으로 자체 사이트를 만들어서 운영하는 방식이나 유명한 묵스 서비스에 가입하여 자신의 콘텐츠를 활용하는 방식으로 묵스 과정을 운영하려고 한다. 그런데 숙명여자대학교의 경우 직접 과정을 제작하여 운영하는 것이 아니라 다양한 묵스 사이트가 제공하는 강의 정보를 제공하고 일부 과목은 학교에서 교수나 수업 조교를 지정하여 함께 수강할 수 있도록 도와주는 방식으로 운영되고 있다. 일부 수업에서는 묵스의 콘텐츠를 학습 자료로 활용하기도 한다. 이러한 운영을 통해서 학생들의 역량을 강화할 수 있고, 학교도 다양한 교육 활동을 지원하게 되는 긍정적인 효과를 기대할 수 있다(구본혁 외, 2014).

4. 묵의 장인이 되기 위하여

맛있는 묵으로 유명한 맛집을 만드는 것이 꿈인 사장이 준비해야 할 마지막 단계는 무엇일까? 좋은 틀과 기자재를 준비하고 최고의 재료를 마련하는 것, 유명한 맛집의 레시피를 확인하고 위치 선정과 프랜차이즈 사업을 준비하는 것, 이런 것들이 모두 준비되면 성공할 수 있을까? 성공할 수 있는 확률이 높아지겠지만, 반드시 성공한다고 보장할 수는 없을 것이다. 재료와 레시피를 뛰어넘는 달인의 능력을 발휘하는 것과 남들이 겪는 시행착오를 똑같이 겪지 않는 것이 필요하다.

1) 달인을 찾아라: 묵스 서비스와 관련된 다양한 사례

맛집으로 성공하려면 음식을 잘 만들어야 할 것이다. 자신만의 비법이 있거나 좋은 재료를 조달할 수 있는 능력을 갖춘 경우도 있겠지만, 그렇지 않다면 달인을 찾아서 그의 노하우를 배우는 것도 성공의 비법 중 하나다. 달인은 단순히 그 일을 잘하는 것에만 그치지 않는다. 재료를 공급하는 사람과 함께 일하는 사람, 그 결과물을 사용하는 사람 등 그 일을 둘러싼 모두를 만족하게 한다. 교육과정을 운영하는 것도 교수자와 학습자를 포함하여 관여하는 모든 사람을 만족하게 하는 것이 중요할 것이다. 이를 위해서는 기존에 잘 운영되고 있는 서비스를 벤치마킹할 필요가 있다.

묵스 서비스를 잘하려면 무엇을 벤치마킹해야 할까? 먼저 외국에서 잘 운영되고 있는 묵스 서비스를 찾아보아야 한다. 그러나 외국 사례를 통해서 묵스 운영에 관한 전반적인 사항과 콘텐츠 구성 방법 등을 확인할 수 있겠지만, 우리나라 상황에 맞는 운영 사례를 찾기는 어렵다. 우리나라에서 벤치마킹할 서비스를 찾기 어렵다면 기존에 잘 운영되고 있는 이러닝 사이트를 살펴보는 것도 괜찮다.

먼저 공개교육자료(Open Educational Resources: OER)를 활용하여 서비스하는 사이트를 확인해 보아야 할 것이다. EBS의 클립뱅크, KERIS의 KOCW와 같이 공공기관에서 운영하는 공개 콘텐츠 서비스가 있다. 아울러 대학에서 운영하고 있는 사이트도 있다. 서울대학교의 SNUi, 한국방송통신대학교의 OER, 숙명여자대학교의 SNOW, 성균관대학교의 SKKOLAR 등이 그 예다. 시스템과 서비스 운영에 대해서는 다수의 사용자에게 제공되었던 교육 서비스 사이트를 비교해 보면 좋을 것이다. 초 · 중 · 고의 경우 에듀넷(사이버 가정학습)과 강남구청 인터넷 수능 강의가 있으며, 공무원 교육 사이트로 공무원 사이버교육센터와 지방행정연수원 사이버교육센터가 있다. 아울러 고용보험환급과정을 운영하는 기업교육 사이트와 교원연수 사이트도 살펴보아야 한다.

기술적인 면으로 교육 서비스를 벤치마킹할 때 확인해야 할 것은 다음과 같다. 이를 기초로 필요한 것을 보완하여 체크리스트를 만들면 효과적인 분석을 수행할 수 있을 것이다. 다음 질문 중에는 사이트만 봐도 쉽게 답할 수 있는 것들이 있지만, 그렇지 않은 경우도 있다. 이런 경우에는 해당 사이트의 시스템 담당자나 운영자에게 문의하는 것이 필요하다.

- 어떤 LMS를 기반으로 하는가? (오픈소스 기반/시스템 임대/맞춤형 개발)
- 콘텐츠는 어떻게 전달되는가? (스트리밍 방식, 콘텐츠 유형, 화질 조절 여부 등)
- 모바일 러닝의 운영 방식은 어떻게 되는가? (네이티브 앱/모바일 웹/하이브리드 웹앱)
- 다중 접속을 위한 대책은 수립되어 있는가? (로드 밸런싱, 서버 이중화, 클라우드 서버 활용 등)
- SNS나 공개형 API를 활용하고 있는가? API 등 시스템 정보를 공개하여 다른 시스템이나 프로그램에서 사용할 수 있는가?

2) 묵사발이 되더라도: 기술적 문제와 극복 방안

'묵사발이 되었다.'는 표현이 있다. 묵사발은 얻어맞거나 하여 얼굴 따위가 형편없이 깨지고 뭉개진 상태를 이르는 말이다(국립국어원). 시장에서 파는 묵 요리인 '묵사발'은 사람들에게 사랑받는 음식이다. 기술의 발전 속도는 너무 빨라 적응하기 어려운 수준이 되었으며 기술이나 규약들이 우리가 생각했던 것과 완전히 달라지는 경우도 생기곤 한다. 여러 사람의 노력으로 만들어 낸 결과물이 '묵사발'이 될 수도 있다는 것이다. 그렇지만 묵사발이 시장에서 사랑받는 것처럼 실패하거나 철이 지난 것이 다른 의미로 다른 관점에서 도움이 될 수도 있다.

한국은 다른 나라에 비해서 ICT 인프라가 잘 갖춰져 있으며 이를 기반으로 한 이러닝이 발달했다. 어떤 분야가 발달했다는 것은 그만큼 참여하는 사람이나 기관이나 회사가 많다는 것을 의미한다고도 할 수 있다. 이러닝의 경우 기술의 발전에 따라 대략적인 흐름은 비슷했지만, 사용하는 계층이나 서비스하는 기관에 따라 약간씩 다른 모습으로 발전해 왔다. 다양한 기관이 만든 콘텐츠를 활용하거나 여러 기관에서 만든 콘텐츠를 공유하기 위해서는 표준화가 필요하다. 아울러 시스템 간 호환성 문제도 중요한 이슈다.

콘텐츠의 표준화와 관련하여 가장 대표적인 것은 스콤(Sharable Content Object Reference Model: SCORM)이었다. 스콤은 미 국방성 산하 기구인 ADL에 의해서 제안된 콘텐츠 개발에 관한 표준규약이다. 스콤에 맞춰서 제작된 콘텐츠는 이를 지원하는 LMS에서 실행할 수 있을 뿐 아니라, 과정 전체를 재사용하거나 과정의 일부 요소를 재구성하여 교육과정을 만들 수 있다(조용상 외, 2008). 가장 널리 활용되었던 표준화 규약이었기 때문에 공공기관의 LMS는 스콤 콘텐츠를 실행할 수 있도록 제작되었으며 콘텐츠도 이 규약에 따라 만들어졌다. 그러나 현재는 이 방식을 거의 사용하지 않거나 사용하더라도 제한적으로 쓰고 있다. 스콤은 기본적으로 콘텐츠의 재사용 및 공동 활용을 위해서 제안된 규약이었기 때문에 콘텐츠 구성 방식이나 내비게이션에 관련된 내용을 가지고 있었으나, 콘텐츠 형식이나 실행 방식에 관한 내용은 다루지 않고 있다. 그러므로 콘텐츠를 어떤 방식으로 제작하고 실행하는지에 대해서 규정하는 것에는 한계가 있었다. 특히 이러닝이 스마트 러닝으로 확대됨에 따라서 스콤에 의한 표준은 활용이 어렵게 되었다.

스콤의 활용도는 점점 떨어지고 있지만, 이는 시스템이나 콘텐츠의 표준화 정책의 중요성과 관련된 좋은 예로 볼 수 있다. 콘텐츠의 표준화 정책을 수립하고 이에 따라 제작된다면 여러 기관에서 만든 콘텐츠를 여러 기관에서 사용할 수 있다. 시스템의 표준화도 마찬가지다. 일반적으로 LMS는 제작기관과 사용자의 요구를 분석한 결과에 따라 시스템을 구성하기 때문에 운영하는 기관에 따라 운영 방식이나 시스템 구조가 각각 다르다. 시스템 표준화 규약을 만드는 방법이 있지만, 사용자의 다양한 요구나 기관별 교육과정에서 제공해야 하는 기능을 모두 수용하는 것은 불가능에 가깝다. 시스템 간 호환성 문제를 해결하는 방법은 모듈을 공유하는 것과 공개형 API의 사용으로 해결할 수 있다. LMS는 시스템 자체는 기관마다 다르지만, 콘텐츠 뷰어나 진도 체크, 게시판 등 유사한 기능으로 구성되는 경우가 많다. 이러한 기능은 시스템을 개발할 때마다 새로 만드는 것보다는 오픈소스나 공용 모듈 등을 활용하면 노력이나 비용을 줄일 수 있다.

공개형 API를 활용하는 것도 호환성을 해결하는 방법의 하나다. 각 시스템이 과목 정보나 일정을 제시하는 방법을 API를 통해 공유하면 시스템의 메타데이터만 모아서 제공하는 과정 포털 사이트를 제작할 수 있으며, 이런 방식으로 국가 차원이나 국가 간 연합기구가 운영하는 묵스 서비스 사이트를 만들 수 있다(Perryman et al, 2013).

참고문헌

구본혁, 허서정, 이희숙, 김창석(2014). MOOC를 활용한 플립러닝의 효과성 분석 및 수업 방안. 한국지능시스템학회 학술발표 논문집, 24(2), 149-151.

김동칠, 정광수(2011). 광대역 무선네트워크에서 미디어 품질 향상을 위한 우선순위 기반의 적응적 데이터 전송기법. 정보과학회논문지, 38(2), 127-137.

김영애, 신호균(2013). SNS 이용동기에 따른 소셜네트워크 서비스유형의 포지셔닝 탐색에 관한 연구. 대한경영학회 학술연구발표대회, 6, 289-302.

김해진, 김해란, 한순희, 조혁현, 정희택(2010). 위치 기반 초·중·고 학교 정보 매시업 서비스. 한국전자통신학회 논문지, 5(6), 651-656.

민두영, 백영태, 이세훈(2008). 오픈소스 소프트웨어 기반의 LMS 비교 평가. 한국컴퓨터정보학회 2008 제38차 하계학술발표논문집, 16(1), 47-53.

백영태, 이세훈(2005). 공개 소프트웨어 기반 e-Learning 시스템 개발. 한국콘텐츠학회논문지, 5(1), 9-17.

이병현(2014). 페이스북, 효과적인 학습환경으로 어떻게 활용할 것인가? 교육정보미디어연구, 20(2), 247-273.

이승환(2010). 지역 콘텐츠를 이용한 OSMU 교육모델 개발에 관한 연구. 만화애니메이션연구, 21, 51-69.

이준(2002). LCMS(Learning Content Management System) 기반의 e-Learning 개발과 적용. 교육정보미디어연구, 8(2), 93-113.

이충구, 박구만(2012). 가상 스튜디오 크로마키 배경 비교에 관한 연구. 통신위성우주산업연구회논문지, 7(2), 36-41.

조용상, 황대준, 고범석, 최성기, 배우인(2008). 디지털 콘텐츠 표준으로써 SCORM 및 Common Cartridge에 대한 비교 분석 및 발전방안에 대한 고찰. 정보과학회지, 26(6), 62-69.

Bauerova, D. (2009). Elearning 2.0-How Can Higher Education Benefit from Web 2.0? *Proceedings of EDULEARN '09, Barcelona. International Association of Technology, Education and Development, Barcelona*, 99-104.

Hsia-Ching Chang. (2010). A new perspective on Twitter hashtag use: Diffusion of innovation theory, *Proceedings of the American Society for Information Science and Technology, 47*(1), 1-4.

John Daniel. (2012). Making Sense of MOOCs: Musings in a Maze of Myth, Paradox and Possibility. 평생학습사회, 8(3), 257-284.

Kay, J., Reimann, P., Diebold, E., & Kummerfeld, B. (2013). MOOCs: So Many Learners, So Much Potential... *IEEE Intelligent Systems, 28*(3), 70-77.

Kizilcec, R. F., Piech, C., & Schneider Emily. (2013). Deconstructing Disengagement: Analyzing Learner Subpopulations in Massive Open Online Courses, *LAK conference presentation, Leuven, Belgium.*

Kop, R., & Carroll, F. (2011). Cloud computing and creativity: Learning on a massive open online course. *European Journal of Open, Distance and E-Learning, Special Issue on Creativity and OER.*

Perryman, L., Law, P., & Law, A. (2013). Developing sustainable business models for institutions' provision of open educational resources: Learning from OpenLearn users' motivations and experiences, *Open and Flexible Higher Education Conference 2013, 23-25 October 2013, Paris, France, European Association of Distance Teaching Universities (EADTU),* 270-286.

リセマム. (2014). 大規模公開オンライン講義は日本の教育を変えるか？ JMOOC 4/14 開講(대규모 공개 온라인 강의는 일본의 교육을 바꿀 것인가?) livedoor News 2014.4.15. Retrieved from http://news.livedoor.com/article/detail/8739001/

참고사이트

국립국어원 표준국어대사전. http://stdweb2.korean.go.kr/search/List_dic.jsp '묵사발' 검색

12 묵스를 통한 학습 경험과 수료*

1. 묵스에서의 학습 경험

대형 온라인 공개강좌(Massive Open Online Course: MOOC)에서 최고의 학습 경험 중 하나는 세계 수준 석학들의 강의를 무료로 언제 어디서나 쉽게 들을 수 있다는 점이다. MIT 공개 강의(Open CourseWare: OCW)의 경우, 2014년 3월 기준, 전체 전임교수 중 약 66%인 606명이 참여하고 있으며, 해당 강좌 프로그램에 1억 9,929명이 방문하였으며, 2014년 이후에는 2억 명 이상이 방문할 것으로 예상된다. 예를 들어, 하버드대학교의 세계적 석학 마이클 샌델(Michael Sandel) 교수의 '정의란 무엇인가' 강의와 2013년 노벨 경제학상을 수상한 세계적인 경제학자 로버트 제임스 실러

---

* 성은모(한국청소년정책연구원 부연구위원, emsung@nypi.re.kr)

(Robert James Shiller) 교수가 예일대학교에서 강의한 '금융시장론(Financial market)', 웨스턴 리저브대학교 리처드 보야티즈(Richard Boyatzis) 교수의 '감성 지능을 통한 리더십 고취(Inspiring Leadership through Emotional Intelligence)', 버지니아대학교 데이비드 이반스(David Evans) 교수가 강의한 '컴퓨터 과학 입문(Introduction to Computer Science)' 등의 강의는 모두 묵으로 제공되고 있다. 학생 입장에서 보면 언제 어디서든 편하게 묵을 통해 세계 최고 석학들의 강의를 무료로 온라인으로 학습할 수 있는 경험을 할 수 있는 셈이다.

우리나라 한 일간지에 보도된 내용을 예로 들어 보자. 보도에 따르면 서울의 고등학교 2학년인 정 군은 2014년 1월 미국의 웨슬리안대학교에서 세계적 석학인 마이클 로스(Michael S. Roth) 총장이 세계적인 경제 불균형 문제 등을 설명한 '세상을 변화시키는 방법(How to change the world)' 강의를 수강하였다. 정 군은 6주 동안 매주 2~3시간씩 강의를 듣고 어려운 부분은 영어 자막 서비스를 활용했고, 토론, 퀴즈, 에세이 작성 등의 학습 활동을 하였다. 정 군은 묵(MOOC)을 통해 세계석학의 강좌를 들으며 생생한 진로 탐색을 무료로, 안방에서 경험할 수 있었다. 이렇게 세계석학의 묵 강좌를 들은 정 군은 '국제학'을 전공해 전 세계적 환경·경제 문제를 해결하겠다는 목표까지 세웠다고 한다.[1]

박 모(한국외국인학교 12년) 군은 에드엑스(edX)에서 선이수학점제(Advanced Placement: AP)를 이수할 계획이라고 한다. 학교에서 제공하는 선수이수학점제 수업은 만족스럽지 못한 경우가 있는데, 묵에서는 하버드대학교, 예일대학교 등 세계 명문대학교 교수가 생물학 등 기초과학 위주

1) http://news.chosun.com/site/data/html_dir/2014/11/02/2014110201123.html

로 선수학점제과정을 배우는 데 만족스러운 수업을 받았다고 한다.[2]

외국 사례로, 울란바토르에서 자란 몽골 소년 바투시 미얀간바야(Battushig Myanganbayar)는 열다섯 살 때 몽골에서 인터넷으로 미국 MIT의 공학 강좌를 수강해 만점을 받았다고 한다. 이 수업을 인터넷으로 수강한 학생은 약 15만 명에 달했으나, 만점을 받은 학생은 단 340명뿐이었으며, 바투시는 이 성적을 바탕으로 MIT에 지원했고 입학 허가를 받았다고 한다.

미국 스탠포드대학교의 쓰룬 교수가 스탠포드 학생 200명이 수강하는 '인공지능입문' 강좌와 동일한 수업을 묵스(MOOCs)로 제공한 바 16만 명 중 2만 여명이 수업을 완료하였고, 이 중 성적이 만점에 근접한 학생이 1천 명이었다고 한다. 대학은 이 학생들에게 이메일을 보내서 이력서를 받아 구글과 같은 실리콘밸리의 IT 기업에 취업할 수 있는 기회를 주었고 상당수가 실제로 취업에 성공했다고 한다. 이는 묵스가 학습의 경험을 넘어서는 가능성을 보여 주는 예라 할 수 있다.

과연 묵은 학습자에게 어떠한 선택지를 제공한 것일까? 필자는, 첫째, 다양한 콘텐츠와 최고의 교수자와의 만남, 둘째, 자기주도적 맞춤형 완전 학습의 경험, 셋째, 사회적 학습의 경험, 넷째, 학습 네트워크의 경험으로 보고, 이를 설명하고자 한다.

1) 다양한 콘텐츠와 최고의 교수자와의 만남

묵에서는 세계 수준의 강의 콘텐츠가 제공되며, 이에 따라 학습자는 자신의 흥미와 관심 주제에 따라 세계의 유명 대학교에서 제공하는 다양한

---

2) http://news.chosun.com/site/data/html_dir/2014/11/02/2014110201123.html

온라인 강좌를 수강할 수 있다. 주요 묵 기관의 주제와 콘텐츠를 살펴보면, 인문학, 사회과학, 경영학, 정보통신학, 교육학 등 기존의 전통적인 대학이 제공하고 있는 주제뿐만 아니라 새로운 주제까지 다루고 있다. 예를 들어, 2015년 1월 기준 코세라(Coursera)[3]의 경우 2,270개의 다양한 강의가 제공되고 있으며, 인문학 강좌(162개), 사회과학(157개), 경영과 관리(145개), 건강과 사회(129개), 정보·기술과 설계(120개), 교육(115개) 등의 주제를 다루고 있다. 게다가 이를 영어(777개)뿐만 아니라 중국어(117개), 스페인어(42개), 프랑스어(38개), 포르투갈어(32개)로 제공하여 학습자의 접근성을 높이고 있다. 유다시티(Udacity)의 경우에도 컴퓨터, 과학, 물리학 등 이공계 분야를 특화시켜 고난이도의 수준 높은 교육과정을 제공하고 있다. 에드엑스(edx)는 하버드대학교와 MIT가 2012년부터 공동으로 수료증을 부여하는 교육 서비스로서 수학, 자연과학, 인문학과 사회과학 영역의 강좌를 개설, 공개하고 있으며, 2013년에는 호주국립대학교, 네덜란드 델프트 공과대학교, 스위스 국립 로잔 공과대학교, 캐나다 맥길대학교, 토론토대학교, 미국 라이스대학교 등 29개 세계 대학이 컨소시엄으로 참석하여 다양한 주제의 강좌를 제공하고 있다. 이외에도 이 책의 여러 장에서 다루고 있는 각 묵의 제공자들은 다양하고도 전문적인 코스를 제공하고 있다. 영국의 퓨처런(FutureLearn), 스페인의 미리아다 엑스(Miriada X) 등을 이용하면 수많은 콘텐츠를 영어는 물론 스페인어로도 접할 수 있다. 묵은 학습자에게 거대한 콘텐츠의 바다를 제공하고 있는 것이다.

---

3) https://www.Coursera.org/courses

2) 자기주도적 맞춤형 완전학습의 경험

묵은 자기주도적 학습을 요구한다. 묵은 원격 교육의 일종으로 분류될 수 있으며 이는 학습자의 자발적 의사에 의한 학습을 전제로 한다. 학습에 대한 동기를 스스로 가지고 이를 행동으로 표현하는 '스스로 학습'의 의지가 없다면 묵의 학습자로서는 부적절하다. 사실 스스로 학습한다는 것은 쉬운 일이 아니다. 그렇기에 묵을 통해 학습하는 학습자가 경험하는 첫 번째로 중요한 경험은 '자기주도적 학습'이 될 것이다.

묵을 운영하는 주체들은 학습자의 자기주도적 학습을 돕기 위한 장치를 마련한다. 완전학습의 논리는 이러한 상황에서 도입된 것이다. 미국의 진보주의 교육학자 칼리톤 워시번(Carleton Washburne)에 의하면, 완전학습(mastery learning)에 있어 고정되어야 할 것은 학습자의 높은 수준의 이해이며, 서로 달라져야 할 것은 학습자가 내용을 배우고 이해하는 데 걸리는 시간의 양이어야 한다는 점을 강조하고 있다. 여기서 완전학습은 학습자가 좀 더 어려운 과제로 옮겨지기 전에 주어진 과제를 충분히 습득한다는 의미다(김희경, 김현경, 2013). 묵에서의 완전학습은 학습자가 자기주도적으로, 무엇을 배울지, 배울 내용을 언제 어디서 배울지를 결정하는 데서 시작한다. 묵 학습 상황에서는 학습자가 배우고 싶은 과목을 결정하고, 인터넷과 모바일 테크놀로지를 활용하여 언제 어디서든 공부할 수 있으며, 학습자 자신의 수준과 속도에 따라 '스스로 속도 조절하기' 전략을 활용하여 최적의 조건에서 시간의 제약 없이 반복적으로 학습할 수 있게 한다.

대개의 묵은 학습자가 완전학습을 수행하도록 하기 위해 몇 가지 전략을 제공하고 있다.

첫째, 학습 내용을 기초 수준에서 고급 수준까지 다양하게 제작하여 제공하는 것이다. 묵은 수많은 불특정 다수의 학습자를 대상으로 온라인 교육이 이루어지므로, 학습자의 내용 이해 수준이나 학습 속도 등을 실시간으로 파악하기 어렵다. 이를 극복하기 위하여 매우 기초적인 수준의 학습 내용에서부터 매우 높은 수준의 학습 내용을 작은 단위로 쪼개어 강의를 제작하여 제공한다. 강의가 동영상으로 이루어지는 경우가 많으므로 작은 단위의 동영상을 수준별로 제공하는 것이다. 다음으로 묵 학습은 학습자의 이해 수준과 속도에 따라 충분히 학습할 수 있도록 진행된다. 묵스 강의는 학습자가 집중할 수 있는 시간의 한계를 반영하여 10~20분 분량의 동영상으로 세분화하여 제작하여 제공하는 것이 그 예다. 이는 조안 미든도르프(Joan Middendorf)와 알란 칼리쉬(Alan Kalish)의 연구를 바탕으로 한 것인데, 대학생 대상의 수업에서 분 단위로 쪼개어 학생들의 집중력 변화를 관찰한 결과, 이들은 수업 시작될 때 3~5분의 적응기가 필요하며, 10~18분가량 집중력이 최고조에 이르고, 그 이후에는 집중력이 흩어진다는 것이다. 묵 동영상을 작은 단위로 쪼개어 제공하는 학습 전략은 학습자가 좀 더 어려운 과제로 넘어가기 전에 주어진 과제를 충분히 습득할 수 있는 기회를 제공하는 것이라 할 수 있다.

둘째, 공개강좌의 형태를 띠고 있는 칸아카데미(Khan Academy)는 맞춤형 완전학습의 전반적인 특징을 수용하고 있다. 예를 들어, 수학 교육 과정을 보면, 학습자의 나이, 성별, 직업, 지역 등에 상관없이 누구나 모두 '1+1=2'에서 시작한다. 점차 음수를 더하고 빼거나 간단한 지수와 같은 다양한 주제에 관해 무작위로 연습 문제를 쏟아내는 방식으로 구성된다. 이를 '지식 지도'를 통해 전체 내용의 구조와 현재 자신의 위치, 앞으로 공부해 나가는 방향에 대한 전체적인 큰 그림을 제공한다. 단순한 방식과 연습 문제를 통해 해당 개념을 익힐 수 있으며, 스스로 완전하게 이해했다고 느낄 때까지 연습 문제를 풀 수 있다. 이러한 학습 과정에 대해 학습 관리 시스템은 학습자가 어느 정도 진도를 나갔는지, 몇 문제를 맞히고 틀렸는지, 학습한 시간은 얼마인지, 하루 중 언제 공부를 했는지 등에 대한 정보를 즉각적으로 제공해 줌으로써 자기주도학습이 가능하도록 도와주고 있다.

학습자의 수준에 맞는 맞춤형 완전학습은 묵이 지향하는 방향이다. 나이, 성별, 직업, 지역에 상관없이 온라인 동영상, 과제, 연습 문제와 퀴즈 등은 각자 자신만의 속도로 접근할 수 있고, 천천히 나아간다고 부끄러울 것도 없고, 답이 틀렸다고 상처받을 것도 없고, 실수의 두려움도 없이 용납되고, 반드시 진도를 나가야 한다는 부담감도 없다. 언제나 다시 보기와 재생 버튼을 누를 수 있으며, 틀린 문제를 다시 풀고, 동료 학습자들과 서로 도와가며 내용을 이해하고 과제를 해결하는 과정을 통해 진정한 학습이 이루어진다. 이것이 묵이 지향하는 완전학습이라 할 수 있으며, 높은 수준의 이해를 고정시키고, 학습 시간의 속도와 양을 달리하는 의미인 것이다.

3) 사회적 학습의 경험

묵에서의 학습이 완전학습을 지향하는 것이라면, 완전학습을 보다 완전하게 이끌어 주는 학습 경험이 사회적 학습(social learning)의 경험이라 할 수 있다. 묵에서 사회적 학습의 주요 특징은 연결성과 상호작용성이다. 이는 온라인 토론이나 포럼, 협력적 과제 해결의 학습 과정을 통해서 나타난다. 묵 교육과정의 기본은 온라인 동영상, 학습 자료, 연습 문제나 퀴즈, 과제 등으로 이루어지지만, 전 세계 학습자가 온라인 가상공간에 모이면서 상호작용을 통한 배움의 방식이 활발해지고 있다. 온라인 포럼이나 온라인 게시판을 통해 질문과 토론이 이루어지면서 다양한 서로의 관점과 의견을 공유하고, 피드백을 주고받아 활발한 사회적 학습이 이루어지게 된다. 묵에서의 사회적 학습은 학습자의 자발적인 참여를 전제로 하고 있으며, 실제 자발적으로 이루어지고 있다.

사회적 학습의 예로 하버드대학교의 소규모 사적 온라인 강좌를 살펴보자. 2013년 1월 하버드 법대는 효과적인 토론을 위해서는 참석자들의 지적 수준이 어느 정도 동질적이고 토론자의 숫자가 제한되는 것이 바람직하다는 관점에서 소규모 사적 온라인 강좌(Small Private Online Courses: SPOC)를 개시하였다. 하버드 법대의 윌리엄 피셔 III(William Fisher III) 교수는 전 세계의 4,100명의 지원자 중에서 500명을 엄선하여 2013년 1월에 온라인 강좌를 열었으며, SPOC는 학습 준비도가 충분한 학생을 선발하였기 때문에 수강생 간 토론의 질이 높아지고 학습 성과도 개선되는 결과가 나타났다고 보고하고 있다(최진숙, 2014).

이러한 묵스의 사회적 학습은 온라인 넘어 오프라인까지 연결되기도 한다. 유다시티(Udacity)의 어떤 과정에서는 실제 오프라인에서의 토론 학습을 위해 묵의 동일한 강좌를 수강하는 동일 지역의 사람들끼리 현실 공간의 스터디 그룹을 결성하여 학습이 이루어지기도 하고, 이를 촉진하기 위해 유다시티에서 직접 만남을 지원하는 서비스를 제공하고 있다.

이 외에도 어떤 묵 학습자는 그들만의 그룹을 형성하여 페이스북, 위키, 트위터 등 SNS를 활용하여 온라인 토론과 포럼을 하고, 여기에서 이루어진 내용을 묵 게시판에 포스팅하여 다른 학습자가 이에 대한 코멘트와 피드백을 제공하게 하고, 만약 선호도가 높으면 이에 대한 보상으로써 포인트를 제공하는 서비스도 등장하고 있다.

4) 학습 네트워크의 경험

에드엑스 CEO이자 MIT 교수인 아난트 아가르왈(Anant Agarwal)이 2014년 9월 3일 서울 장충동 신라호텔에서 열린 '스마트 클라우드 쇼 2014'에서 영상으로 진행된 기조연설을 통해 다음과 같이 말했다.[4]

> 2년 전(2012년) 온라인으로 제가 강의하는 수업에 등록한 학생은 15만 5,000명이었습니다. 앞서 150년 동안 MIT를 졸업한 동문 수보다 많은 거죠. 지금까지 250만 명 정도가 수강했으니, 앞으로 10년간 온라인 수업을 듣는 사람은 10억 명(누적 기준)으로 늘어날 것입니다.

한 명의 대학교수가 한해 150명을 가르친다면, 100년이나 걸려야 가능한 수의 학생을 불과 한 학기만에 가르치는 셈이다. 그것도 학생들이 수동적이고 일방적으로 제공하는 온라인 동영상 강좌가 아니라 학생들과 교수, 학생들과 학생들이 네트워크를 형성하여 상호작용하면서 능동적인 교육이 이루어지고 있다는 점이다.

이렇게 한 강좌를 들으면, 이른바 전 세계의 수많은 학생이 동창생이 되는 것이 아니겠는가. 한 학기만에 15만 5,000명의 동창생이 생기는 셈이다. 물론 이 학생들을 모두 아는 것은 아니겠지만, 지역별로 동일한 과목을 수강하는 학생들 간에 현실 공간에서 스터디 그룹을 만들고 공부도 하고, 묵 학습 공간 이외에 다양한 SNS를 활용한 학습 커뮤니티를 만들어 학습이 이루어지는 등 학습 네트워크를 형성하는 것을 보면 불가능한 일만

---

4) http://biz.chosun.com/site/data/html_dir/2014/09/03/2014090301810.html.

은 아닐 듯하다.

　2013년도 코세라에 등록한 학생들의 지역 국가 분포도를 살펴보면 MIT OCW와 조금 다른 양상이 나타난다. 미국 내 거주하는 학생이 28%이고 72%가 미국 밖 전 세계에 분포하고 있다. 미국 다음으로 가장 많은 나라의 학생은 인도로서 9%를 차지하고, 브라질 5%, 영국 4%, 스페인 4%, 캐나다 4%, 오스트레일리아와 러시아가 각각 2%, 그 이외 지역의 국가가 42%를 차지하고 있다.

　「월 스트리트 저널(Wall Street Journal)」[5]에 의하면, 묵을 수강하는 학생의 평균 나이는 27.2세이며, 남성이 47%, 여성이 53%를 차지한다고 한다. 이들이 교육 수준은 박사학위자가 3%, 박사과정 10%, 석사학위자 34%, 4년제 학위자 30%, 2년제 학위자 7%, 대학 수준의 학위자 11%, 고등학교 졸업자 4%, 고등학교 이하가 1%를 차지한다. 이들이 묵을 수강하는 가장 큰 이유는 코스 주제에 대한 학습에 있어서의 흥미가 34%로 나타났고, 개인의 전문성 개발 24%, 코스가 무료로 제공되어서가 16% 묵스가 최고라는 것을 보기 위하여 14% 기타 12% 등으로 나타났다. 결국 학습이라는 흥미와 개인의 전문성 발달이 가장 주요한 이유였으며, 그 이면에는 양질의 온라인 코스가 무료로 제공되었기 때문이라는 주장이 설득력을 갖게 된다. 이와 같이 다양한 특성을 가진 묵 동창생들이 전 세계 어디에나 있으며, 이들과 함께 학습할 수 있는 네트워크의 세계는 언제나 활짝 열려 있다.

---

5) http://online.wsj.com/news/interactive/묵chrtPRINT?ref=SB10001424052702303759604
　　579093400834738972

2. 묵스와 수료

세계 수준의 교육이 무료로 제공되는 묵은 한 강좌를 10만 명 이상 수강하고 있다. 더욱 놀라운 것은 묵에서의 교육은 일방적 교육이 아니라 상호작용하는 교육이라는 점이다. 그렇다면 이러한 교육의 현장에서 얼마나 많은 학습자가 묵 강좌를 끝까지 완주하는가?

묵 온라인 교육이 무료이고 언제, 어디서나, 누구나 쉽게 접속할 수 있고, 학습자가 자기주도적으로 자신의 수준과 속도에 맞게 학습할 수 있다는 장점이 있지만, 이들의 학습을 학습자 자신에게만 맡기기에는 무리가 따를 수 있다. 온라인 학습 환경에의 부적응, 자기주도적 학습 전략 부재에 따른 학습의 어려움 등 환경 요인과 학습자 개인 요인이 묵 학습의 지속성을 방해하는 요인으로 작동할 수 있기 때문이다. 따라서 묵 역시 일반적인 온라인 교육과 같이 쉽게 접근할 수 있는 장점이 있지만, 그만큼 쉽게 포기하는 단점도 갖게 된다.

이러한 우려와 같이 묵에서 수업을 끝까지 듣는 비율은 평균적으로 7~9%인 것으로 나타나고 있다(Daniel, 2013). 묵 수업을 10만 명이 들으면, 700~900명만이 수업을 끝까지 듣는다는 것이다. 물론 한 강좌 코스를 완주한 학습자가 700~900명이라는 사실만 놓고 보면 매우 놀라운 결과이지만 10만 명이라는 수강생을 생각해 보면, 매우 낮은 수치임에는 틀림없다.

묵 이수율이 7~9%, 즉 중도 탈락률이 91% 이상이라는 사실은 여러 묵 강좌와 연구 결과에서 나타나고 있다. 다니엘(Daniel, 2012)에 의하면, MIT 6.002x의 수업인 '회로와 전자(circuits and Electronic)' 강좌에서 15만 5,000명이 등록했으며, 그중 2만3,000명만이 첫 번째 문제 세트를 풀었고,

그중에서 9,000명이 중간고사를 통과했으며, 7,157명만이 이 과정을 끝까지 이수하였다고 한다. 이 중에서 15세 몽골 학생(Battushig Myanganbayar)을 포함하여 340명이 만점을 받았다고 한다. 전체 중도 탈락률이 95.4%이고, 이수율은 4.6%에 그친 것이다.

듀크대학교에서 2012년 가을에 개설한 '바이오 전자공학(Bioelectricity)' 수업에 1만 2,725명이 등록했다. 이 중에서 온라인 강의를 시청한 학생은 7,761명이었고, 이 중에서 퀴즈를 푼 학생은 3,658명이었으며, 이 중에서 마지막 시험을 시도한 학생은 345명이었고, 이 중에서 313명만이 이 강좌를 이수했다고 한다. 중도 탈락률이 97.5%이고, 이수율이 2.5%에 불과한 것이다.

묵 강좌를 이수하는 비율이 현저하게 낮은 코스만 있는 것은 아니다. MIT OCW에서 '신호와 시스템(Signals and System)' 강좌의 이수율은 40%대에 이르기도 하고, 스탠포드대학교의 '인공지능(Artifical Intelligence)' 강좌는 17%대에 이르기도 한다. 그러나 대부분의 묵 강좌가 10% 이하의 이수율을 보이고 있다는 사실은 크게 달라지지 않는 듯하다.

하지만 묵 강좌 이수율이 낮은 이유를 면밀히 살펴보면, 허수가 존재한다는 사실을 확인할 수 있다. 코세라에 등록한 학생들의 시간 경과에 따른 중도 탈락률[6]을 살펴본 결과, 수많은 등록 학생 중에서 코스를 등록만 하고 강좌를 듣지 않는 학생(No-Show)의 수가 50%에 육박하고 있다는 것이다. 이는 묵 강좌가 무료이고 언제 어디서나 듣기가 가능하다는 점에서 초기에 단순히 흥미와 관심만 가지고 묵 강좌를 등록하는 학생 수가 많다는 것을 의미한다. 오히려 수업에 적극적인 학생들(Active participants)의 비

---

6) http://mfeldstein.com/emerging-student-patterns-in-묵s-a-revised-graphical-view/

율을 보면 전체의 25%를 차지하고 있으며, 이들이 코스를 끝까지 이수하는 비율 또한 가장 높다. 묵에 등록한 학생들의 중도 탈락률을 줄이고 이수율을 보다 높이기 위해서는 수강 초기부터 이러한 학습자의특성에 따라 예측하고 분류하여 중도 탈락을 예방하기 위한 전략을 세워야 한다. 이를 위해 수동적 학습자를 능동적 학습자로 끌어들이고, 단순히 관찰만 하는 학생들(observers)을 수업에 적극적으로 끌어들이려는 노력이 필요할 수 있다.

1) 묵스 학습자는 왜 중도 포기하는가

묵 강좌를 원대한 포부를 가지고 야심차게 등록한 학생이 중도 포기를 하는 이유는 무엇일까? 전통적으로 온라인 학습자의 중도 포기 원인을 개인적 환경(예: 일과 병행, 학습 시간 확보의 어려움, 연령, 낮은 소속감 등)을 비롯해 온라인 학습 환경(예: 콘텐츠의 질 저하, 상호작용의 부족, 평가 방식의 문제, 온라인 학습 환경의 부적응 등) 등 다양한 요인이 복합적으로 나타나기 때문인 것으로 보고하고 있다(주영주, 장미진, 이현주, 2007). 묵에서도 학습자의 중도 포기의 원인이 전통적인 온라인 교육 학습자와 비슷할 것이라는 점은 쉽게 예측할 수 있다.

하지만 루시노브(Rusinov, 2014)는 묵에서 학습자의 중도 포기의 주요 요인을 묵을 수강하는 학생과 학습 환경의 특성에 있다고 주장하고 있다. 그에 의하면, 묵 학습자가 중도 포기하는 이유 중 하나는 묵 강좌를 등록하는 학생이 대학교 이상의 학위를 가지고 있는 전문가(78% 이상)이기 때문이라는 것이다. 묵은 학습자가 언제, 어디서, 어떻게, 누구와 학습하는지 통제하지 않지만, 이미 대학교 이상의 학위를 가지고 있는 전문가에게 묵 코스를 반드시 이수하여야 하는 책임감이 상대적으로 낮고, 묵을 끝까지 이수하여야 하는 사명감을 제시하지 못하기 때문이라는 것이다.

또 다른 이유는 묵 학습자의 3/4 이상이 미국 밖에서 참여하고 있기 때문이라는 점을 들고 있다. 이는 아마도 묵 강좌 상당수가 영어로 진행되기에 묵 강좌를 끝까지 이수하는 데 결정적 어려움이 있기 때문이라는 사실에 주목하고 있다. 영어로 인한 언어 장벽은 학습자로 하여금 교수자와 학습자가 상호작용으로 이루어지는 문제 학습이나 협력적 학습에 소외될 가능성이 높아지고, 이는 곧 낮은 사회적 존재감을 느끼게 하기 때문에 아무리 높은 자율성을 갖춘 학습자라도 이를 극복하기에는 너무나도 그 벽이 높다는 것이다.[7]

묵을 중도 탈락하는 두 가지 핵심 이유 이외의 요인을 살펴보면, 묵을 지속적으로 수강하여 학습하기에는 너무 바빠 학습할 시간이 부족하다는 의견이 38%, 묵에서 제공하는 학습 경험이 기대에 미치지 못했다는 의견이 19%, 코스에서의 흥미를 잃어버리고, 학습을 끝까지 하기에는 보상이 충분하지 못하다는 의견이 각각 11%, 코스를 등록했다는 사실을 잊어버렸다는 의견이 6%, 코스를 끝까지 이수해야겠다는 의도를 전혀 가지고 있지 않았다는 의견이 3%, 마지막으로 기타 의견이 12%를 차지하는 것으로 나타났다.[8]

이와 같이 묵 중도 포기의 원인을 정리해 보면, 묵을 등록하는 학생의 교육 수준이 높다는 것과 영어로 이루어지는 묵 코스로 인한 언어 장벽이 가장 큰 요인으로 보인다. 이러한 학습자의 특성들로 인하여 바쁜 일상생

---

7) http://www.mcny.edu/student_serv/lecblog/luminaria-rise-of-the-묵
8) http://online.wsj.com/news/interactive/묵chrtPRINT?ref=SB1000142405270230375960457909340083473897 2

활에 충분한 시간을 할애하지 못하고, 높은 기대 수준으로 인한 실망감으로 학습의 흥미를 잃어버리고 끝까지 해야만 하는 목표 의식이 상실되는 결과를 초래하기 때문에 중도 포기의 비율이 높아지는 것이라 할 수 있다.

묵에서는 이러한 중도 탈락률을 줄이고 끝까지 코스를 이수할 수 있도록 다양한 전략을 적용하고 있다. 예컨대, 코세라의 경우는 '코세라 밋업(cousera meet up)'이란 사이트를 제공하여 나라별·지역별로 같이 수업을 들을 사람을 연결해 주어 학습에서의 존재감과 언어 장벽으로 인한 학습의 어려움을 극복하려고 노력하고 있다. 물론 이외에도 보다 다양한 학습자 지원을 위한 전략이 적용되고 있다.

3. 한국 묵스 운영에의 시사점

'묵은 고등교육의 대체재 또는 보완재인가?'라는 논란이 있기는 하지만, 당분간 묵의 열풍은 지속될 것으로 보인다. 묵을 통해 무료로 또는 획기적으로 저렴한 비용으로 다양한 주제와 콘텐츠를 학습하고,

최고의 교수로부터 자신의 학습 수준에 맞는 맞춤형 완전학습으로 양질의 고등교육을 받을 수 있는 경험을 한다는 것은 교육의 새로운 패러다임이라 할 수 있다. 이러한 긍정적인 특성에도 여전히 묵의 강좌 이수율은 평균적으로 7% 이하(중도 탈락률 93% 이상)다. 이는 묵을 운영하는 관점에서뿐만 아니라 함께 학습을 진행해 가는 학습자의 관점에서 높은 중도 탈락률을 극복하기 위해 다양한 전략이 필요하다는 것을 말해 준다. 이러한 특성을 기반으로 한국형 묵의 체계적인 운영을 위한 시사점 몇 가지를 제시하면 다음과 같다.

1) 묵스 교육과정 지도 작성

묵 운영을 위한 다양한 주제의 커리큘럼과 콘텐츠를 확보해야 한다. 이를 위해 두 가지 접근이 가능하다. 하나는 지금의 세계적인 묵 강좌를 효과적으로 활용하기 위해 묵 교육과정 지도(MOOC Curriculum Map: MCM)를 마련하는 것이다. MCM은 전 세계에서 제공하는 묵의 콘텐츠를 주제별로 한눈에 알아볼 수 있도록 만드는 세계지도 같은 형국이다. 다양한 분야의 콘텐츠를 직접 개발하기에는 비용과 시간이 너무 많이 소요되기 때문에 지금까지 만들어져 있는 콘텐츠를 주제별로 분류하여 하나의 교육과정으로 재탄생시켜 이를 효과적으로 활용할 수 있다. 예를 들어, '인공지능'이라는 주제를 바탕으로 다양한 교육과정이 구성될 수 있으며, 물리학, 화학 등과 같이 학문적 분류를 통해서도 묵 MCM을 구성할 수도 있다. 이러한 묵 MCM을 활용하여 현재 대학의 교육과정과 연계하여 고등교육을 실시할 수 있을 것이다.

2) 플립러닝 등 묵 활용 방법 및 전략 개발

다양한 주제와 양질의 묵 콘텐츠가 확보되었다면, 이를 어떻게 효과적으로 활용하여 학습의 효과를 극대화시킬 수 있을 것인가에 대한 교수-학습 방법과 전략을 개발해야 한다. 이러한 전략의 하나로 묵스의 학습 전략 중 하나로 제기되는 플립러닝(Flipped learning)의 적용을 생각해 볼 수 있다. 온라인으로 교수의 강의를 들은 후 강의실에서 교수 또는 학습자들과 함께 다양한 문제와 과제를 협력적으로 해결해 가는 학습 전략인 것이다. 묵 온라인 동영상 강의를 통해 완전학습이 이루어지고, 학습한 지식을 기반으로 오프라인 강의실에서는 현실의 실제적인 과제와 문제를 해결하거나 각종 실험이나 실기 교육에 집중함하여 완벽한 학습이 이루어지는 학습 경험을 지향하는 것이다. 이를 위해 앞서 언급한 고정된 시간과 다양한 학습 이해 수준이 아니라 고정된 학습자의 이해 수준과 다양한 학습 시간과 교육을 바라보는 관점의 변화가 함께 이루어져야 한다.

3) 멘토 지원 전략 마련

묵을 통한 학습에서 학습자가 어려움을 겪는 주요 요인은 영어에 대한 언어 장벽과 이에 따른 학습 흥미의 감소 그리고 사회적 존재감의 결여가 동시다발적으로 발생하였다. 이는 곧 중도 포기라는 결과를 초래할 수도 있다. 따라서 묵 학습자의 학습 지속성을 증가시키고 학습 몰입 증진을 위한 멘토 지원 전략을 마련할 필요가 있다. 이에 대한 전략으로 코세라의 '코세라 밋업(cousera meet up)'을 생각해 볼 수 있다. 코세라 밋업은 스터디 그룹을 현실세계에서 제공하는 것을 의미한다. 묵의 가장 큰 장벽은 영어라는 언어 장벽인 만큼 이를 효과적으로 지원할 수 있는 멘토 지원 전략을 강구할 필요가 있다. 동일한 주제, 동일한 지역을 중심으로 오프라인에서 스터디 그룹을 연결해 주고, 영어라는 언어의 장벽을 극복하여 이를 지원해 줄 수 있는 멘토를 선발 및 교육을 통해 지원해 주는 전략을 의미한다.

4) 중도 포기자 신호 찾기와 학습 지원 전략의 마련

묵에서 학습자의 효과적인 학습을 지원하는 것만큼 학습을 중도에 포기하지 않고 학습을 끝마칠 수 있도록 지원하는 것도 매우 중요한 사안이다. 이를 위해 묵 중도 포기자를 예측하여 사전에 예방할 수 있는 중도 포기자 찾기와 이들에 대한 학습 지원 전략을 제공할 필요가 있다.

묵 학습 환경에서 중도 포기자를 예측하는 방식은 묵 학습활동에 있어 학습자의 로그인, 참여 정보, 학습 속도 데이터 등과 같이 정형화된 웹 로 그 데이터(web-log data)를 활용하여 분석할 수 있다. 학습부진 학생과 학 습 우수 학생을 학습 과정 초기에 예측하여 학습 부진 학생에게는 다양한 학습 상황에 대한 정보제공과 동시에 성공 학습자의 행동 특성에 대한 정 보를 제공하여 학습 지속성을 유지시키는 처방 전략을 제공할 수 있다. 이 러한 전략의 한 예로, 이미 퍼듀대학교는 '코스 시그널(Course Signals)'이 라는 LMS를 활용하여 학습자의 상태를 신호등으로 알려 주고 있다. 이와 같이 묵 학습에 있어 중도 포기 학습자를 사전에 분석하여 학습 이수율을 높이고, 보다 높은 수준의 학습이 이루어질 수 있도록 지원한다면 보다 양 질의 묵이 될 수 있을 것으로 기대된다.

이상을 종합해 보면, 고등교육에 부는 묵의 열풍은 대세가 아닌 필수가 되어 가고 있다. 고등교육에 위기가 아닌 기회가 될 수 있을 것이다. 위기 를 기회로 만들기 위해 한국 고등교육은 묵이라는 교육 환경 또는 교육 방 법을 어떻게 내재화하여 한국형 케이묵(Korea MOOC)을 발전시킬 것인가 에 대해 논의와 준비가 필요한 시점이다.

참고문헌

김희경, 김현경(2013). 나는 공짜로 공부한다. 서울: 알에이치코리아.

신의항(2012). 오픈 온라인 고등교육 프로그램 개발과정. 교양교육연구, 6(3), 165-189.

유현수(2013). KOCW 서비스 확대 방안 연구. 한국교육학술정보원 연구보고 RR 2-13-3.

주영주, 장미진, 이현주(2007). 사이버대학 학생의 중도탈락 경험에 근거한 중도탈락 요인에 관한질적연구. 교육정보미디어연구, 13(3), 209-233.

최진숙(2014). 온라인 교육문화혁명: MOOC. 글로벌문화콘텐츠, 14, 179-198.

Balfour, S. P. (2013). Assessing writing in MOOCS: Automated essay scoring and calibrated peer review. *Research & Practice in Assessment, 8*(1), 40-48.

Brinton, C. G., Chiang, M., Jain, S., Lam, H., Liu, Z., & Wong, F. M. F. (2013). *Learning about social learning in moocs: From statistical analysis to generative model.* arXiv preprint arXiv:1312.2159.

Clow, D. (2013). *MOOCs and the funnel of participation.* In: Third Conference on Learning Analytics and Knowledge (LAK 2013), 8-12 April 2013, Leuven, Belgium.

Conole, G. (2013). MOOCs as disruptive technologies: strategies for enhancing the learner experience and quality of MOOCs. *Revista de Educació a Distancia, 39*, 1-17.

Daniel, J. (2012). Making sense of MOOCs: Musings in a maze of myth, paradox and possibility. *Journal of interactive media in education.* Retrieved from http://www-jime.open.ac.uk/jime/article/viewArticle/2012-18/html/

Davis, A., & Harrigan, J. R. (2012). Why the education bubble will be worse than the housing bubble. *U.S. News and World Report,* June 12. 2012.

de Waard, I. (2011). Explore a new learning frontier: MOOCs. *Learning Solutions Magazine*. Retrieved from http://www.learningsolution smag.com/articles/721/explore-a-new-learning-frontier-moocs/page2

Fernández, J. V., & Webster, S. (2014). From OCW to MOOC: Deployment of OERs in a massive open online course. *The Experience of Universidad Carlos III de Madrid (UC3M)*. *Open Praxis, 6*(2), 145-158.

Gaebel, M. (2013). *MOOCs?massive open online courses*. EUA Ocassional Papers.

Grüewald, F., Meinel, C., Totschnig, M., & Willems, C. (2013). *Designing MOOCs for the support of multiple learning styles*. In Scaling up Learning for Sustained Impact (pp. 371-382). Springer Berlin Heidelberg.

Honeychurch, S., & Draper, S. (2013). *A first briefing on MOOCs*. Retrieved from http://eprints.gla.ac.uk/93069/1/93069.pdf

Kay, J., Reimann, P., Diebold, E., & Kummerfeld, B. (2013). MOOCs: So many learners, So much potential. *IEEE Intelligent Systems, 28*(3), 70-77.

Knox, J. (2014). Digital culture clash: "massive" education in the E-learning and Digital Cultures MOOC. *Distance Education, (ahead-of-print)*, 1-14.

Kop, R. (2011). The challenges to connectivist learning on open online networks: Learning experiences during a massive open online course. *The International Review of Research in Open and Distance Learning, 12*(3), 19-38. Retrieved from http://www.irrodl.org/index.php/irrodl/article/view/882/1689

Liyanagunawardena, T. R., Adams, A. A., & Williams, S. A. (2013). MOOCs: A Systematic study of the published literature 2008-2012. *The international review of research in open and distance learning, 14*(3). Retrieved January from http://www.irrodl.org/index.php/irrodl/article/view/1455/2531

Mackness, J., Mak, S., & Williams, R. (2010). The ideals and reality of participating in a MOOC. *Proceedings of the 7th International Conference on Networked Learning 2010,* 266-274.

Masters, K. (2009). A Brief Guide to Understanding MOOCs. *The Internet Journal of Medical Education, 1*(2). Retrieved from http://ispub.com/IJME/1/2/10995

Mckenna, L. (2012). *The big idea that can revolutionize higher education: 'MOOC'.* Retrieved from http://www.theatlantic.com/business/archive/2012/05/the-big-idea-that-can-revolutionize-higher-education-mooc/256926/

Milligan, C., Littlejohn, A., & Margaryan, A. (2013). Patterns of engagement in connectivist MOOCs. MERLOT *Journal of Online Learning and Teaching, 9*(2), 149-159.

Piech, C., Huang, J., Chen, Z., Do, C., Ng, A., & Koller, D. (2013). *Tuned models of peer assessment in MOOCs.* arXiv preprint arXiv:1307.2579.

Rusinov, A. (2014). *Low MOOC completion rates.* Retrieved from http://www.mcny.edu/student_serv/lecblog/luminaria-rise-of-the-mooc

Waldrop, M. M. (2014). Massive open online courses, aka MOOCs, transform higher education and science. *Scientific American,* 1-5.

Yuan, L., & Powell, S. (2012). *MOOCs and open education: Implications for higher education.* Retrieved from http://publications.cetis.ac.uk/2013/667

참고기사

교육부 (2014). 미국 대학등록금 현황. http://if-blog.tistory.com/4271
대학 알리미 (2014). 등록금 현황.

http://www.academyinfo.go.kr/UIPISA/uipnh/unt/ipsrch/UntUnt
CprsSrchRdviewer.do?paramItemId=129&paramSvyYr=2014&para
mSchlDivCd=02&paramSchlEstabCd=99&paramZoneCd=99&para
mFormClftCd=30

조영복 (2013). 묵(MOOC)으로 창조하는 1인 대학교. 2015년 1월 16일 인용
http://www.kookje.co.kr/news2011/asp/newsbody.asp?code=170
0&key=20131023.22026195455통계청 (2014). 우리나라 고등교육 학자
금 대출현황. 2014년 11월 13일 인용 http://www.index.go.kr/potal/
main/EachDtlPageDetail.do?idx_cd=1553

13 묵스의 질, 학점 및 학위 연계*

묵스(MOOCs)는 기존의 원격대학에서 제공하는 온라인 코스와 여러 면에서 상당히 비슷하다. 원격대학의 온라인 코스 역시 묵스 수준에는 못 미치지만 대부분 대규모 강의인데다 온라인으로 운영되기 때문이다. 그리고 수업 운영을 지원할 수 있는 양질의 플랫폼을 기반으로 한다.

기존 원격대학의 온라인 코스는 대부분 코스 단위가 아니라 프로그램 단위로 패키지화되어 제공되며, 유료이고, 강력하지는 않지만 입학 조건 및 수강 조건도 있어서 원한다고 아무나 수강할 수 있는 것이 아니다. 이들 코스의 일부는 학외 평생학습자에게 저렴한 비용으로 개방되기도 하지만 대부분 수강생 수가 제한되어 있고, 코스를 이수하면 학점을 취득할 수 있다.

---

*최경애(중부대학교 원격대학원 교수학습컨설팅학과 교수, adela3@joongbu.ac.kr)

  이에 반해 묵스는 코스 단위로 운영되며, 경우에 따라 일부 유료도 있지만 대부분 무료이고, 수강생 수에 제한이 없다. 누구나 등록 가능하지만 이들에게 학점 인정은 되지 않으며, 원하는 경우 이수 요건을 충족하면 이수증(certificate)을 받을 수는 있다. 이러한 차이는 코스의 운영 방식에도 영향을 미치는데 기존의 유료 온라인 코스는 유료인 만큼 튜터나 교직원의 지원을 통해 학습자들이 일정 수준 이상의 성취에 도달하도록 돕는 데 초점이 맞추어져 있는 반면, 묵스는 대규모 학습자를 대상으로 코스를 무료로 제공하는 것에 초점이 맞추어져 있기 때문에 학습에서는 학습자의 선택권과 자기결정권이 강조된다.

  이런 이유 때문에 묵스에 대한 평가는 관점에 따라 서로 상반된다. 한편에서는 묵스가 양질의 고등교육 기회를 전 세계인에게 확대하고 사회적 통합을 촉진하는 데 기여하고 있다고 평가하는 반면, 다른 한편에서는 미국의 유명 대학들이 교육의 마케팅 수단을 하나 더 확보하려는 것이 아닌가 하고 의구심을 가지는 이들도 있다. 또 90%가 넘는 탈락률에서 보듯이 묵스 제공자들이 일정 수준 이상의 질 좋은 학습 결과를 달성하는 것보다는 투입되는 콘텐츠, 등록하는 학생 수 등에만 더 관심이 있는 것 아닌가 하는 비판도 제기된다. 또 어떤 이들은 묵스가 학습의 필수 요소라고 할 수 있는 동영상 강의, 교재 구매, 평가 등을 학습자 선택에 따라 분절된 형태로 제공함으로써 교육적으로 심각한 결함이 있다고 주장하기도 한다. 이런 이유 때문에 묵스의 학점 인정에 대해서는 아직도 대부분의 대학이 반대하고 있는 실정이다. 이러한 배경에서 보면 묵스의 질에 관한 논의는 아직 시기상조일 수 있다. 아직은 묵스가 어떠한 방식으로 교육의 일익을 담당하게 될지 분명하지 않기 때문이다. 그렇다 하더라도 필자는 묵스의 질에 대한 논의가 현 시점에서 필요하다고 본다. 교육은 책무성을 전제로 전개되어야 하기 때문이다.

이 장에서는 묵스의 질 논의와 관련이 있는 기존의 논의와 관련 연구, 그리고 관련 이슈들을 살펴보고, 앞으로 묵스의 질 개선을 위해 어떤 노력이 필요한지 살펴보기로 한다.

1. 고등교육의 질에 대한 제 관점

고등교육의 질은 다양한 주체에 의해 그들의 목적에 따라 다양한 관점과 방법으로 인식되고 평가된다. 예를 들어, 국가 수준에서는 고등교육을 국가경쟁력 확보의 수단으로 보고 질 관리에 관심을 가지며, 국제기구는 국경을 넘나드는 교육의 교류를 활성화하려는 관점에서 교육의 질을 어떻게 표준화할 것인가에 관심을 가진다. 이에 비해 대학은 교육기관으로서의 경쟁력 확보를 위해 어떻게 국가사회적 요구를 수렴하고 학습자를 고객으로 확보해 나갈 것인가의 관점에서 질에 관심을 가진다.

한편 교수자는 학문 지향적이거나 교과지향적인 관점에서 교육의 질을 이해하는 경향이 있으며, 학생은 접근성이나 편리성, 비용과 같은 교육 외적인 요소와 함께 그러한 교육 경험이 얼마나 자신을 새롭게 하고 발전시키는지, 그가 참여했던 실제적인 학습 경험과 효과, 즉 반성적 대화, 협동, 실천의 기회, 동료 간의 공동체의식, 창의성 계발 효과, 만족도 등에 기반을 둔 질을 평가하는 특징이 있다. 그리고 산업사회와 관련 업계는 자신이 필요로 하는 인력의 양성이나 생산성 증가 등의 관점에서 고등교육의 질에 관심을 가지며, 학부모는 자녀의 취업이나 진로 선택과 결과의 관점에서 교육의 질에 관심을 가진다.

이처럼 교육의 질에 관심을 가지는 이유가 다양하다보니 교육의 질을 바라보는 관점 또한 매우 다양하다. 아스틴(Astin, 1985)은 일찍이 교육의 질을 보는 관점을 다음과 같이 다섯 가지로 분류하였다. 평판(reputation)을 중심으로 보는 관점, 대학이 가지고 있거나 교육에 투자하는 자원(resources)을 중심으로 보는 관점, 교육이 지향하는 가치(value-added)를 중심으로 보는 관점, 자격증 취득이나 취업률과 같은 성과(outcomes)를 중심으로 보는 관점, 가르치는 내용(contents)의 수준을 중시하는 관점, 끝으로 질은 상대적이므로 알 수 없다는 허무주의(nihilist) 관점이 그것이다.

한편 그린(Green, 1994) 역시 교육의 질을 판단하는 기준으로 다섯 가지를 제시하였는데, 상품이나 서비스의 특징과 관련된 수준, 기준 적합성(conformance to standards), 목적 적합성(fitness for purpose), 효과성(effectiveness), 소비자의 요구 충족도(meeting client's needs)가 그것이다.

이에 비해 바네트(Barnett, 1992)는 교육의 질 평가 방법을 세 가지로 구분하였다. 교육의 모든 측면을 양화하여 측정하는 객관주의적 관점, 목적 적합성에 비추어 달리 평가해야 한다는 상대주의적 관점, 대학 내 교육 활동의 질을 높이는 방안으로 평가가 필요하다는 발달적 관점이 그것이다.

고등교육의 질에 대한 이상의 관점은 묵스의 질을 논하는 데 있어서는 그것의 질에 관심을 가지는 사람들이 누구인지 분명히 하고, 그들의 평가 관점 및 평가 기준을 밝힐 필요가 있다는 점을 시사한다. 과연 묵스의 질에 관심을 가지는 사람들은 누가 있으며, 그들은 묵스의 질을 어떤 관점에서 평가할까?

2. 묵스의 고객들과 그들의 질 관점

총체적 질 관리(Total Quality Management: TQM)에서는 특정 서비스의 질에 영향을 미치거나 질을 평가하는 모든 사람을 '고객'으로 명명한다. 그리고 고객은 서비스를 제공하는 집단의 구성원인 '내부 고객'과 그 서비스를 구매하고 제공받는 '외부 고객'으로 구분된다. 이런 관점에서 보면 묵스의 질에 영향을 주거나 질을 평가하는 모든 사람은 TQM의 고객에 해당한다. 그런데 TQM의 고객은 한편으로는 모두 묵스의 이해관계자 (stakeholders)라고 할 수 있다. 여기서는 묵스의 고객 혹은 이해관계자들의 유형에 어떤 이들이 있는지 살펴보고, 이들이 묵스의 어떤 측면에 관심을 가지는지 살펴보고자 한다.

묵스의 가장 중요한 고객은 아마도 묵스를 수강하는 학습자일 것이다. 다음으로는 묵스를 운영하는 튜터들, 그리고 묵스를 설계하고 평가하는 교수들이 있다. 이외에도 묵스에 참여하는 대학 혹은 참여하지는 않고 있지만 관심을 가지고 있는 대학의 경영자들, 교육의 지평 확대를 위해 장기적인 관점에서 묵스를 생각하는 정책입안자들, 그리고 지금까지의 투자비용을 회수하고자 기대하는 벤처자본가들에 이르기까지 매우 다양하다.

그렇다면 이들은 어떤 관점에서 묵스의 질에 관심을 가지며 평가할까? 묵스의 핵심 고객이라고 할 수 있는 학습자는 코스 등록에서부터 종료 시점에 이르기까지 제공되는 모든 교육 서비스의 수혜자이자 교육 활동의 참여자로서, 자신에게 제공되는 모든 서비스의 질을 평가하는 동시에 최종 학습의 질을 결정하는 주체다. 이런 점에서 그들의 묵스에 대한 평가는 그들이 참여한 개별 묵(MOOC)의 교수-학습 자체의 질 외에도, 묵스 제공업자가 제공하는 서비스의 유연성, 묵스 전체의 코스의 다양성 및 교수 모델의 다양성 등을 총체적으로 평가한다. 그러나 이 중에서도 가장 핵심적인 것은 그들이 개별 묵에 참여하는 과정에서 경험하는 교수-학습의 질일 것이다. 여기에는 강의 교재, 읽기 자료, 동영상과 같이 투입되는 교육 내용의 질에서부터 학습 과정에서 겪게 되는 튜터의 지원, 동료들과의 상호작용과 협동, 자신의 학습 몰입과 참여와 같은 과정 요소의 질, 그리고 학습 과정과 학습 종료 시점에 느끼는 지적, 정서적 만족감, 학습으로 인한 자신의 지식, 기술, 태도의 변화와 같은 결과적 차원의 질이 총체적으로 고려될 것이다.

다음으로 튜터와 교수를 포함한 교육제공자 집단이 인식하는 묵스의 질은 어떤 것일까? 먼저 튜터가 묵스의 질을 평가하는 데는 다음의 네 가지 측면이 고려될 것으로 생각된다. 첫째, 자신이 수업을 효과적으로 운영할 수 있도록 조직이 제공하는 지원의 질일 것이다. 튜터가 조직에서 받는 지원에는 플랫폼을 포함한 기술적인 지원과 교수로부터 받는 수업 운영 지침에 대한 아이디어 지원 등이 있다. 둘째, 자신이 경험하는 교육내용의 질이다. 튜터도 학습자와 마찬가지로 코스의 교육내용을 평가할 것이기 때문이다. 셋째, 수업 진행 과정에서 학습자들이 어떤 방식으로 참여하고 어떤 학습 결과를 산출하는지를 보고 객관적으로 내리게 되는 질 판단이 포함될 것이다. 넷째, 자신의 튜터링 행위와 그 과정에서 배우게 된 새로운 지식과 경험 등이 질 판단에 영향을 미칠 것으로 생각된다.

이에 반해 묵스를 개발한 교수들은 학문 분야의 관점에서 강의 내용의 질과 학습자의 참여 및 학업 성취 결과를 중심으로 교육의 질을 평가할 것으로 생각된다. 반면, 대학의 경영자들은 묵스가 대학 경영에 어떤 실제적인 도움을 줄 수 있는가의 관점에서 평가할 가능성이 높으며, 벤처자본가들은 투자비를 회수할 수 있는 지속 가능한 교육 모델 수립의 관점에서 교육의 질에 관심을 가질 것이다. 그러나 정책입안가들은 묵스의 특징을 확인하고 그것이 고등교육 전반에 미칠 수 있는 영향력의 관점에서 묵스의 질에 관심을 가질 가능성이 클 것으로 생각된다.

이상은 묵스의 고객 혹은 이해관계자가 다양하고, 그들의 관심에 따라 묵스의 질을 판정하는 기준 역시 각기 다름을 보여 준다. 그렇다면 이해관련자의 다양한 질 관점은 묵스의 질 관리 및 질 개선에 무엇을 시사하는가? 또 이들 관점의 다양성은 묵스의 질 개선에 어떻게 고려되고 반영될 수 있는가? 질 개선을 논하기 위해서는 질의 관점에서 묵스의 교육적 특징을 먼저 이해하는 것이 필수적이다. 이에 다음 절에서는 묵스의 핵심 특징인 개방성을 중심으로 그것의 의미를 살펴보고자 한다.

3. 묵스의 특징: 개방성과 융통성

지금까지 여러 온라인 코스가 있어 왔지만 묵스가 전 세계 학습자의 선풍적인 관심과 인기를 한껏 받을 수 있었던 가장 핵심 요인을 고른다면 그것은 아마도 묵스가 가진 교육의 개방성과 융통성이라고 할 수 있을 것이다. 묵스는 전통적인 대학의 내부 학생이 아니고서는 직접 경험하기 어려운 대학의 강의들을, 그것도 소수의 특권으로만 여겼던 스탠포드대학교, MIT, 하버드대학교와 같은 미국 유명 대학의 강의들을 인터넷을 기반으로 누구나 수강할 수 있도록 무료로 개방하였다. 여기서 개방성이란 일반적으로 학습자의 연령, 거주 지역, 성별, 학습 시간 등에 대해 가능한 한 제한을 두지 않는 것을 말하는데, 이를 위해서는 기술을 활용한 교육적 장애의 제거 외에 교육에 수반되는 행정적 장애까지도 제거한다는 개념이 포함되어 있다. 실제로 대학교육의 확대 및 개방은 지난 100여 년간 세계 각국의 중요한 고등교육 정책의 하나였다. 특히 성인 원격교육은 국가의 이런 정책과 맞물려 성장해 왔기 때문에 교육의 개방성 및 융통성은 지난 100년간 원격교육을 이끄는 교육 이념 내지 철학으로 인식되어 왔다. 묵스는 이와 같은 교육 서비스의 개방성 수준을 지금까지 어디에서도 시도하지 않은 획기적인 수준으로 확대했다. 그 결과 묵스가 구현하고 있는 개방성의 의미는 과거에 비해 크게 확장되었다고 할 수 있는데, 이를 구체적으로 살펴보면 다음과 같다.

첫째, 경제적인 측면에서의 개방성이다. 지금까지의 많은 대학의 코스들이 학교 밖 학생들을 위해 개설되고 운영되어 왔지만, 코스의 교육 서비스를 모두 완전 무료로 누구에게나 개방한 적은 없었기 때문이다. 이는 원격 대학에서도 마찬가지다. 이런 시도가 가능할 수 있었던 것은 학습자의 수에 따라 교육기관의 코스 운영비가 크게 증가하지 않는 구조였기 때문이다. 그러나 경제적인 측면에서의 완전 개방은 수익 구조가 없기 때문에 이러한 개방성이 학점이 인정되는 형태의 코스에서는 그대로 유지되기는 어려울 것으로 예상해 볼 수 있다.

둘째, 수강생의 학습 준비도에 관계없이 개방되었다는 점이다. 모든 대학이 나름의 입학 조건을 가지고 있고, 각각의 코스들은 대부분 저마다의 수강 조건을 가지고 있다. 이것은 원격 대학에서조차 마찬가지다. 이 때문에 대부분의 대학 코스는 원한다고 아무나 곧바로 등록하고 수강할 수 있는 것이 아닌 것이다. 그런데 묵스는 이와 같은 수강생의 선수학습조건을 두지 않았다. 따라서 코스 선택에서의 모든 장벽이 사라졌기 때문에 코스를 선택하고 적절성을 판단하는 권한은 전적으로 학습자에게 부여된다.

이로써 비영어권 국가의 학생들도 자신의 영어 성적과 상관없이 자유롭게 수강신청을 할 수 있게 되었다. 그러나 그 결과는 높은 중도 탈락률 혹은 낮은 코스 이수율로 나타났다.

셋째, 교육 서비스의 구매 단위를 교육과정이 아니라 코스 단위로 내리고, 코스 내에서도 학습자가 원하는 이수 조건에 따라 서비스의 내용을 분절하여 판매하는 시도를 하고 있다는 점이다. 가령, 이수증을 원하는 학생과 단순 수강생을 구분하고 이수증을 원하는 학생에게만 평가를 위한 모듈을 구매하도록 한 것이나 교재 역시 구매를 원하는 수강생에게만 판매한 것 등이 이에 해당한다. 이에 반해 지금까지의 고등교육 서비스는 원격교육마저도 대부분 일정 수준 이상 패키지화된 형태로 제공되어 왔다. 이 때문에 묵스의 등장은 지금까지의 교육 서비스가 여러 면에서 아직 폐쇄적으로 운영되고 있는 부분이 많음을 자각하게 만드는 계기를 제공했다.

넷째, 가장 중요한 교수 모형 측면에서의 개방성이다. 이는 앞의 세 가지 개방성, 즉 무료에 가까운 코스 수강비, 학습자의 등록 조건 폐지, 교육 서비스의 분절화가 이루어진 상황에서 가능한 개방성으로, 묵스는 전 세계 학습자들이 국가나 기관의 장벽을 넘어 아무 조건 없이 자신의 의지와 필요에 따라 서로 모이고, 정보를 공유하고, 협력하면서 사회적 네트워크 기반의 연결된 학습을 추구할 수 있다는 것이다. 이것은 학습이 교실 혹은 수업시간에 국한된 것이 아니라 더 큰 사회로 연결되는 것을 용이하게 할 뿐 아니라 비슷한 주제에 관심 있는 사람들끼리 협력 그룹을 보다 잘 형성하도록 돕는다. 특히 씨묵스(cMOOCs)는 지역사회에 국한되어 있던 의미 협상의 과정을 지리적 경계를 초월하여 전 세계 기관 간 의미 협상을 가능하도록 하는 인터넷 기반의 교수 모형을 추구하고 있다.

4. 묵스의 개방성과 교육의 질

그렇다면 이와 같은 묵스의 개방성은 교육의 질과는 어떤 관계가 있을까? 그간의 원격교육 역사는 원격교육의 질이 개방성과는 일정 부분 서로 상충되는 관계에 있음을 보여 준다. 특히 경제적인 관점에서의 개방성은 교육의 질에 가장 부정적인 영향을 주는 것으로 이해된다. 무료 혹은 저렴한 학비는 교육기관으로 하여금 양질의 서비스를 제공하기 어렵게 하는 가장 중요한 요인이기 때문이다. 심지어는 지금의 묵스가 무료이기 때문에 언제까지 이 서비스가 제공될 수 있을지 지속 가능성 자체를 의심하는 이도 있다. 이에 지속 가능한 묵스를 위한 사업 모델 논의도 일각에서 나타나고 있다.

둘째, 수강생의 학습 준비도에 대한 개방 역시 교육의 질에 부정적으로 작용할 가능성이 높다. 수강생의 선수학습조건은 학습의 성공을 결정짓는 데 중요한 영향을 미치는 요소이기 때문이다. 따라서 선수학습조건을 없애고 개방하면, 이는 결국 학습자의 낮은 학습 성공률 혹은 코스 이수율로 나타날 것이다.

셋째, 교육 서비스의 구매 단위를 잘게 분절화하는 것 역시 교육의 질에 부정적인 영향을 미칠 가능성이 높다. 교육 서비스의 구매 단위를 교육과정에서 코스 단위로 내리고, 코스 내에서도 학습자가 원하는 이수 조건에 따라 교재, 평가 등을 선택적으로 구매할 수 있도록 하는 등의 개방성은 학습자의 유형이 매우 다양하므로 이들의 다양한 서비스 요구 수준을 충족시키는 데는 긍정적일 수 있으나 코스 종료 시점에서 학습자가 느끼는 최종 학습의 질이나 코스의 질에는 부정적인 영향을 줄 가능성이 높기 때문이다.

넷째, 교수 모형 측면에서의 개방성은 교육의 질에 대체로 긍정적으로 작용하지만 상황에 따라서는 때로 부정적으로 작용할 가능성도 있다. 일반적으로 온라인 코스에서 학습자의 다양성과 이들 간의 관계 형성은 학습과정에서 학습자들이 느끼는 고립감을 해소하고, 학습동기를 유발, 유지하는 데 도움을 주고, 지식 및 경험의 공유와 협업을 통해 학습 과정과 학습 결과에도 긍정적인 영향을 미칠 수 있다. 그러나 때로는 논점에서 빗나간 토론, 오류가 포함된 학습자 간의 피드백 등으로 학습의 비효율성, 오개념 형성 등이 발생할 수도 있다.

이상에서 보듯 묵스는 다양한 학습자의 요구를 하나의 코스에서 모두 수렴할 수 있도록 최대한 개방된 서비스를 제공하는 형태로 운영되고 있지만, 이러한 개방성이 궁극적인 학습의 질에는 다소 부정적으로 작용할 가능성이 있다. 따라서 교육 서비스의 질 혹은 학습의 질이 보다 중요한 맥락에서는 코스에 따라 이와 같은 제 측면에서 개방성 수준을 달리하는 방안을 고려할 필요가 있다.

5. 역사를 통해 본 기존 원격교육의 질 관리 전략

앞서 묵스가 채택한 무료 서비스 정책과 같은 경제적인 측면의 개방성은 교육의 질에 부정적인 영향을 줄 수 있으며, 나아가서는 묵스 서비스의 지속 가능성에도 문제가 될 수 있음을 살펴보았다. 이것은 묵스의 지속 가능한 서비스 모델을 찾는 것이 교육의 질 확보와도 매우 깊은 관련이 있음을 보여 준다. 그렇다면 기존의 원격교육은, 많은 나라들이 학습자의 이용률을 높이기 위해 낮은 교육비 정책을 채택하는 상황에서, 어떻게 교육의 질을 확보하는 방법을 찾았을까? 지난 세기의 원격교육 역사는 교육의 질과 교육의 개방성을 동시에 확보해 가는 타협의 과정을 보여 준다.

먼저 원격교육의 초기는 인쇄매체와 우편제도에 기반한 원격교육으로, 당시 원격교육의 주요 질 이슈는 교육이 곧 교사-학생 간의 대화라고 인식하는 시대 상황에서 어떻게 하면 교사-학생간의 부족한 상호작용을 보완할 수 있는 원격교육 모형을 수립할 수 있을 것인가에 집중되었다. 이를 보완하기 위한 첫 해결 방안은 친밀한 어조의 편지였다. 그러나 편지는 학생 수의 증가로 인해 인쇄 교재로 대체되는데, 인쇄 교재에서도 교사-학생 간의 대화를 보완하기 위한 노력은 계속되었다. 그리하여 등장한 것이 바로 마치 교사가 옆에서 설명해 주는 듯한 느낌의 이해하기 쉽고 친절한 대화체의 교재 개발이었다.

다음으로 TV와 멀티미디어 기반 원격교육 시대의 교육의 질 확보 전략이다. 이 시기는 양질의 교육을 위해 다양해진 매체를 보다 체계적으로 활용할 수 있는 방안 마련에 주력했는데, 그렇게 하여 등장한 것이 코스팀을 통한 잘 구조화된 양질의 콘텐츠 개발이다. 여기서 코스팀이란 멀티미디어 기반의 코스 하나를 개발하기 위해 4~5인 이상의 전문가가 모인 집단을 일컫는데, 특정 분야의 내용 전문가뿐만 아니라 교수 설계자, 각종 영상 및 음성 등 미디어 전문가들(그래픽 디자이너, 영상 제작자, 인쇄업자, 오디오전문가 등)이 포함되어 있다. 그러나 이 방법은 양질의 콘텐츠를 개발하는 데는 유리했으나 상당한 규모의 초기 투자 비용을 필요로 하는 단점이 존재했다. 그럼에도 저렴한 학비를 강조하는 원격교육 맥락에서 이렇게 높은 초기 투자비의 개발 방식을 사용할 수 있었던 것은 늘어난 교육 수요로 인해 대규모의 학생 집단이 있었기 때문이다. 이 때문에 피터즈(Peters,

1988)는 이런 방식의 원격교육 모형을 '규모의 원리'에 기반을 둔 '산업화 모형'이라고 명명했다. 그 이유는 질 좋은 교육 자료의 개발을 위한 고비용의 초기 투자가 산업사회의 상품 개발에 비유될 수 있고, 대규모 학생 집단은 값싸고 품질 좋은 상품을 구매하는 대규모 소비자에 비유될 수 있다고 보았기 때문이다.

그러나 인터넷의 등장으로 대인 간 상호작용이 원활해지고 콘텐츠의 제작과 수정이 과거보다 용이해지자 원격교육의 질 확보 전략은 다시금 변화를 겪게 되는데, 그것은 바로 대인 간 상호작용을 강조하게 된 것이다. 물론 비용 절감을 위해 코스의 성격에 따라 양질의 콘텐츠 확보와 대인 상호작용 서비스 간의 균형점을 찾으려는 노력이 강조되고 있기는 하다. 하지만 전반적으로 토론과 협동을 통한 비판적 사고력 및 문제해결력 신장이 강조되는 등 대인 상호작용의 확대와 고도화를 통한 질 확보 전략이 많이 나타나고 있다. 그 결과 인터넷 기반의 온라인 코스 대부분은 콘텐츠 개발에 대한 투자와 상호작용에 대한 투자를 동시에 제공하면서도 코스의 성격에 따라 콘텐츠 개발에 좀 더 심혈을 기울이는 코스와 대인 간 상호작용에 좀 더 집중하는 코스로 구분된다. 중요한 것은 이와 같은 대인 상호작용의 증가로 인해 과거 20% 내외에 머물던 원격대학의 졸업률이 80~90%를 상회할 정도로 개선되었다는 점이다.

그런데도 비슷한 구조로 운영되는 묵스의 코스 이수율은 대략 10% 미만이다. 위키피디아(Wikipedia)에 따르면, 듀크대학교의 2012년 가을학기 강좌 생체전기학(Bioelectricity)의 예를 보면, 12,725명의 학생이 등록하였으나 코스 시작 첫 주부터 참여율이 급감하여, 7,761명(약 60.9%)이 비디오 강의를 수강했으며, 3,658명(약 28.7%)이 퀴즈에 응했고, 345명(약 2.9%)이 기말시험에 응시하여 313명(약 2.5%)이 통과하여 이수증을 받았다. 이것은 등록생의 약 39%는 단순 호기심에 등록한 이들로서 첫 주에 대부분 그만두며, 32% 정도의 학생은 비디오 강의만 대충 수강하는 청강생임을 의미한다. 따라서 퀴즈에 임하는 등 학습에 어느 정도 열의를 보이는 사람은 30% 미만이며, 이들 중 10% 정도(즉, 전체 등록자의 약 3%)만이 기말시험에 응하고, 기말시험 응시자의 90%(즉, 전체 등록자 기준으로는 2.5%)가 이수증을 취득한다.

　이들 수강생의 유형 비율을 유심히 들여다보면 기말시험에 응시하고 이들 중 이수증을 취득하는 학생의 비율이 기존의 유료 온라인 코스와 비슷한 것을 알 수 있다. 이것은 묵스의 등록생은 기존 온라인 코스의 등록생과는 다른 요구도를 가진 사람이 많이 포함되어 있음을 의미한다. 이들 중에는 단순히 묵스가 무엇인지 체험해 보고 싶은 사람에서부터 특정 분야의 동향을 알고 싶은 사람도 포함되는데, 묵스는 이들의 요구를 충족시키는 데 매우 효과적으로 기여한다는 것이다. 그렇다면 지금까지 묵스가 취한 질 관리 전략은 무엇일까? 그것의 성과와 한계를 진단해 보자.

6. 묵스의 질 관리 전략과 성과 및 한계

　지금까지 묵스 기업들의 교육에 대한 질 관리 전략은 크게 네 가지로 나누어 볼 수 있다. 첫째는 기존의 유명 대학에서 인기 있는 코스들을 이러닝화함으로써 그 코스가 가지고 있는 기존의 명성에 기대어 질을 확보하는 전략이다. 이것은 사실상 묵스에서 말하는, 대규모(massive) 강좌가 되기 위한 조건이 되는 동시에 묵스의 교육 콘텐츠는 오프라인상에서 이미 그것의 질이 검증된 것이라는 사실을 사회적으로 보여 주고, 나아가 소비자에게 소위 좋은 콘텐츠를 확보해 두었으니 '대중이여, 와서 즐기라.'는 식의 광고 메시지를 던지는 효과가 있을 수 있다. 어쨌든 어떤 코스를 묵스의 대상으로 삼을 것인가의 의사결정 단계에서 질을 확보하기 전략으로, 투입 요소에 대한 질 관리 전략 중 하나라고 할 수 있다.

둘째는 학습자가 코스의 이수증을 받기 위해서는 강의의 시작부터 기말시험에 응시하기까지의 코스에 포함된 모든 학습활동을 수행해야 하고, 또 기말시험에서 일정 수준 이상의 점수를 획득해야 가능토록 함으로써 이수증의 가치를 확보하는 전략이다. 이것은 묵의 이수증이 코스에 등록하거나 수강 활동을 했다고 아무나 받을 수 있는 것이 아니며, 학습자가 일정 수준 이상의 학습활동을 수행하고 성취했음을 보여 주며, 따라서 사회적으로 일정 수준 이상 신뢰해도 될 만큼의 가치가 있음을 보여 준다. 이것은 이수생의 학습 수준에 대한 관리 전략으로 산출에 대한 질 관리 전략으로 볼 수 있다.

셋째는 다양한 첨단기술을 활용하여 학습자가 제공받는 서비스가 지금까지의 어느 온라인 강의보다 접근이 용이하고, 편리하며, 융통성 있는 교육이라는 생각이 들도록 하고 있다는 점이다. 코스의 홍보와 운영에 메일이나 페이스북과 같은 다양한 SNS 도구들을 적극적으로 연계하여 활용하고, 또 많은 접근 경로를 열어 두는 점도 학생들에게는 친근하고 매력적으로 느껴질 수 있다. 이는 묵스의 서비스가 기술적으로도 우위에 있다는 인상을 준다.

넷째, 등록은 무료로 하고 이수증을 원하는 학생에게만 평가용 패키지를 구매하도록 하는 등의 서비스의 분절화 전략이다. 이것은 코스에 대한 대중의 진입장벽을 낮춤으로써 누구든지 이 서비스에 접근할 수 있게 하는 한편, 원하는 사람만 선택지의 서비스를 이용할 수 있도록 함으로써 이

서비스의 운영 방식이 보다 합리적이고 장기적인 관점에서 투자되는 신뢰
로운 서비스라는 인식을 가져오게 한다.

이렇게 볼 때 묵스의 초기 실험 단계에서 사용된 질 관리 전략은 상당
부분 긍정적인 평가를 받을 수 있을 것으로 생각된다. 세계 유명 대학의
강의를, 그것도 무료로 공개하는 것에 많은 사람이 열광했고, 교수들과 학
생들도 이 실험에 적극 동참하고 있기 때문이다. 게다가 묵스의 인기에 힘
입어 해당 대학의 인지도까지 상승하는 등의 홍보 효과도 있기 때문이다.
무엇보다도 가장 성공적인 것은 묵스의 인지도가 높아짐에 따라 묵스에
대한 학습자와 대학의 관심도 높아졌다는 것이다. 점차 연구자들과 정책
입안자들의 관심 또한 높아지면서 지속 가능성에 대한 관심과 논의가 크
게 증가했으니 말이다.

그러나 묵스의 대중적인 인기를 떠나 이 서비스가 과연 학습자가 인식
하는 교육의 질 측면에서도 성공적이었는가는 자세히 따져볼 필요가 있
다. 이를 위해 묵에서 학습자가 수행하는 학습활동을 자세히 살펴보면 이
들은 크게 세 가지 유형으로 구분된다. 첫째, 비디오 강의를 수강하는 것,
둘째, 퀴즈나 시험 수행, 셋째, 토론 참여나 과제 수행 및 과제에 대해 동
료 평가를 수행하는 것이 그것이다. 비디오 강의 수강과 퀴즈 및 시험과
같은 개인 학습활동 및 평가가 주로 사용되는 강의를 엑스묵(xMOOC), 비
디오 강의 수강을 기본으로 토론 참여나 서로의 과제에 대해 동료 학습자
가 서로 평가해 주는 등의 학습자 간 상호작용과 협동이 주로 사용되는 강
의를 씨묵(cMOOC)이라고 하는데, 어떤 강의 형태를 따르건 묵에서의 인
적 서비스는 최소화하는 전략이 사용된다. 학생 수가 워낙 많기 때문이다.

이와 같은 묵스의 운영 전략이 가져오는 교육 효과에 대한 평가는 긍정
적인 반응과 부정적인 반응이 공존한다. 긍정적인 평가는 최소의 비용과

시간으로 수많은 학생이 동시에 한 코스를 수강할 수 있고, 반복 학습과 즉각적인 피드백이 가능하며, 자발적인 교재 읽기와 학생들 간의 협동 및 상호작용만으로도 수준 높은 학습 경험을 할 수 있다는 것이다. 이것은 강의실 기반의 면대면 강의를 개선하기 위해 묵을 활용할 때의 이점에 대해 많은 시사점을 제공한다.

그러나 묵 형태의 온라인 강의에만 의존하는 교육에 대해서는 부정적인 반응도 만만치 않다. 진지한 학습을 바라는 학습자들은 그렇지 않은 학습자들로부터 도움이 되지 않는 피드백을 받을 가능성이 높으며, 교수의 정교한 피드백은 기대하기 힘들기 때문이다. 이에 라이스대학교의 모쉬 바르디 교수(Vardi, M., 2012)는 "오늘날 성행하는 모든 고등교육이 그렇지만 특히 짧고 단순한 영상, 시청각 기반의 온라인 퀴즈, 소셜 네트워크가 융합된 콘텐츠와 같은 빈약한 형식의 온라인 강의에 기반하는 묵스는 교육적으로 심각한 결함이 있다. 적절한 분석과 치밀한 준비 없이 진행될 경우, 고등교육 업계의 큰 퇴보가 될 수 있다."고 지적한 바 있다. 앰허스트대학교도 묵스에 대한 교수들의 부정적인 평가와 반대 때문에 에드엑스(edX)와의 학습 협약 체결이 결렬되었다.

한편 실제로 묵스를 직접 수강하며, 수강생들이 묵스를 통해 무엇을 경험하고 배우는가에 대해 연구해 온 묵스 저널리스트 조나단 하버(Jonathan Haber)는 묵스 수강생의 절반 이상이 미국 외의 국적이며, 이들의 절반 이상은 영어를 말할 줄 모른다고 밝히고 있다. 그들이 등록한 강좌의 비디오 강의와 사지선다형 문제는 영어 능력을 필수로 요구하고, 영어로 읽고 쓰는 능력이 있어야만 토론과 과제 수행과 같은 학습활동에 참여할 수 있는데도 말이다. 그 결과 토론방은 쓸데 없는 포스팅이 많고, 일부 사람만 좋은 게시물을 올리는 실정이며, 토론에서는 댓글이 종종 잘못된 내용을 포함하고 있고, 긴 토론은 흑백논리로 빠져들곤 하며, 과제에 대한 동료평가 및 상호 채점은 종종 잘못된 결과를 낳기도 한다고 보고하기도 하였다.

이러한 비판은 무료의 혹은 값싼 묵스에만 의존하는 교수 모델로는 교육의 질을 담보하기가 쉽지 않음을 보여 준다. 게다가 개방과 무료 학비에 매몰된 이념으로는 지속 가능한 사업 모델을 구축하기도 어렵다. 이렇게 볼 때 무료로 개방되는 이러닝 형태의 원격 강의로는 학점을 취득할 수 있는 코스가 되기도 어렵고, 나아가 이를 학위와 연계되도록 하는 것도 어려울 것으로 예상된다. 그러나 이런 상황에서도 묵스 기업들은 언젠가는 이 서비스가 앞으로도 지속될 수 있는 사업 모델을 찾는 데 성공할 수 있을 것으로 예상되는 바, 그것은 곧 유료 코스와 무료 코스의 양분화 전략이 아닐까 생각된다. 즉, 이전까지의 실험 단계를 거쳐 고객의 유형을 분류하고, 그들의 요구에 따라 서비스를 차별화하고, 학점을 필요로 하는 학생에 대해 합리적인 수준의 학비를 요구하는 방식으로 발전될 수도 있을 것이라는 의미다.

7. 묵스의 질 확보를 위한 미래 과제

그렇다면 묵스가 양질의 교육과 지속 가능성을 담보하기 위해 해결해야 하는 과제는 무엇일까? 여러 가지가 있겠지만 가장 시급한 과제는 바로 코스의 성격과 학습자의 요구 수준에 따라 사용될 수 있는 묵스의 유형을 다양화하고 이를 학습자의 요구와 매칭하여 양질의 교육을 담보할 수 있는 다양한 교수 모델을 마련하는 것이 최우선 과제일 것이다. 그리고 그에 필요한 다양한 연구와 질 관리 체제의 구축도 필요할 것이다. 이들을 하나씩 살펴보자.

1) 교수모델의 다양화

묵스의 교수모델은 흔히 엑스묵스와 씨묵스로 분류되어 왔다. 하지만 이러한 분류는 묵스의 특징을 제대로 드러내고 미래지향적이고 대안적인 교수모델을 제시하기에는 단순하고 제한적이다. 실제로 묵스는 보다 다양한 교수모델을 구현할 수 있는데, 그 예로 다운스(Downes, 2010)는 묵스의 교수모델은 자율성, 다양성, 개방성, 상호작용성의 기준에서 더 다양하게 분류될 수 있다고 보았으며, 클라크(Clark, 2013)는 이 기준에 따라 묵스 유형을 여덟 가지로 구분하여 제시하기도 했다. 첫째, 기존의 코스를 묵으로 전환하는 형태의 전환형 묵스, 둘째, 양질의 온라인 교육을 위해 각종 동영상과 상호작용 자료를 보다 혁신적이고 효과적으로 사용할 수 있도록 만드는 개발형 묵스, 셋째, 하나의 코스를 수강하는 학습자들이 모두 정해진 날짜에 시작하고 마치는 동시형 묵스, 넷째, 코스의 시작일과 종료일이 정해지지 않고 학습자에 따라 과제 마감일이 유연한 비동시형 묵스, 다섯째, 코스에서 생산되는 역동적인 평가와 데이터 수집에 근거하여 개인 맞춤형 학습 경험을 제공하는 적응형 묵스, 여섯째, 소집단 협력 학습을 강조하는 집단형 묵스, 일곱째, 동료간 네트워크와 연결을 강조하는 연결주의형 묵스, 여덟째, 전통적인 대규모 묵보다 소규모로 운영되는 소규모형 묵스 등이 있다.

한편 코놀(Conole, 2013)은 다운스(Downs, 2010)의 네 가지 기준에서 훨씬 나아가 묵스의 유형은 모두 열두 가지 차원에서 구분될 수 있다고 보았는데, 개방성 수준(degree of openness), 참여자 규모(massification), 멀티미디어 활용 수준(amount of multimedia use), 소통 수준(degree of communication), 협동 수준(degree of collaboration), 학습자의 학습 경로 결정 수준(learning pathway), 질 관리 수준(quality assurance), 요구되는 반성적 활동의 양(amount of reflection), 이수 및 인증 수준(certification), 형식교육–무형식교육 차원의 수준(formal-informal learning), 자율성(autonomy), 다양성(diversity) 등이 그것이다. 여기서 학습자의 학습 경로 결정 수준은 학습의 자율성과 유사한 개념으로 학생 중심, 교사 중심, 구조화된 코스 중심의 학습경로 등이 있다.

이러한 묵스 분류 기준의 다양화는 그만큼 묵스의 교수모델 역시 그 기준에 따라 매우 다양한 수준의 형태가 있을 수 있음을 의미한다. 이것을 묵스의 질 관점에서 보면 앞으로의 묵스는 교육목표에 적절하면서도 학습자의 요구에 부합하는 수업 모델을 개발하는 과정에서 각 기준의 측면을 어떻게 고려할 것인지 대안을 마련하고 가장 효과적이고 적합한 교수모델을 개발하는 것이 필요함을 보여 준다.

2) 묵스 학습자의 특성 및 요구도 이해

교육의 질을 평가하는 궁극적인 고객은 결국 학습자다. 따라서 양질의 교육을 설계, 운영하기 위해 가장 중요한 것 중의 하나는 학습자를 제대로 파악하고 그들의 요구를 이해하는 것이라 할 수 있다. 따라서 개별 코스가 적정한 교수모델을 개발하고 선택하는 데 필요한 묵스 학습자들의 특성과 다양한 요구를 이해하기 위한 연구는 필수적이다. 이런 차원에서 학습자들을 이해하기 위한 연구가 속속 이루어지고 있다.

지금까지 파악된 묵스 학습자의 일반적인 특징은 묵스가 국경을 넘나드는 공개 강의인 관계로 학습자의 소속 국가가 194개국에 이를 만큼 다양하고, 남성이 80% 이상에 이를 정도로 다수를 이룬다. 한편, 하버드엑스 묵스(HavardX MOOCs)를 기준으로 학습자의 인구학적 데이터를 조사한 네스테르코 등(Nesterko et al., 2013)의 연구에 따르면, 묵스의 수강생은 미국 42.3%, 인도 9.47%, 캐나다 3.81%, 호주 2.8%, 나이지리아 2.11%, 브라질 1.96%의 순이며, 이들의 하버드엑스 묵스 활용도는 국가 총인구, 영어 사용 가능 인구, 시장의 차이, 인터넷 접근성, 교육의 가치에 대한 인식 차이, 미국 교육에 대한 관심 등에 따라 차이가 있을 수 있지만 그중에서도 영어 가능자의 인구 규모가 가장 중요한 변수임을 보여 준다. 이유는 상위 10개 나라의 학습자 규모가 모두 그 나라의 영어가능자 규모에 상당 수준 비례하고 있었기 때문이다. 이것은 다른 언어권의 묵스 요구도 또한 상당히 있을 수 있음을 시사한다.

그들의 참여 동기 역시 지식과 기술의 획득에서부터 재미로, 호기심에서, 개인적인 도전 과제로 삼기 위해서, 취업 및 경력 개발을 위해서, 사회적 이해와 친구 관계 확대를 위해서 등으로 매우 다양하다. 이들은 기존 대학의 학생인 경우도 있고 아닌 경우도 있다. 이에 키질섹 등(Kizilcec et al., 2013)은 그들의 학습목표에 따라 학습자를 네 집단으로 분류하기도 했다. 단순수강형(auditing), 완수형(completing), 비참여형(disengaging), 자료수집형(sampling)이 그것이다. 이것은 묵스가 어떤 것인지 혹은 그 코스의 내용이 무엇인지 간단히 훑어보기를 원하는 학습자들은 제외하더라도 코스의 내용에 관심을 가지는 다양한 학습자 집단을 효과적으로 분류하고, 그들 각각의 수요를 효과적으로 수렴할 수 있는 차별화 전략이 필요함을 의미한다.

3) 학점 및 학위 과정과의 연계를 위한 질 관리 체제 구축

학습자를 포함한 이해관계자들의 묵스에 대한 요구는 앞으로 굉장히 다양해질 수 있다. 그에 따라 경제적인 측면은 물론, 학점 인정 수준에서도 다양한 종류의 교수모델이 등장할 수 있다. 그렇다면 단순히 이수증을 발급하는 수준에 있는 지금의 묵스 서비스가 학점 취득 및 학위와 연계될 수 있을 정도로 자유롭게 이용할 수 있는 양질의 교육 서비스가 되려면 국가와 교육기관의 질 관리 노력에는 어떤 것들이 요구될까?

국가는 주로 교육기관 및 교육 프로그램에 대한 평가 근거나 제도를 마련하고, 그 준거에 기반해 조직 외부의 전문평가자 집단이 평가를 수행할 수 있도록 하는 평가체제 구축에 관심을 가진다. 때문에 외부의 전문평가자가 주축이 되어 수행하는 일회성의 평가 활동 중심으로 질 관리가 전개되며, 평가 결과는 대중에게 공개되거나 교육 프로그램에 대한 인증에 활용함으로써 고등교육의 질에 대한 사회적 관심을 불러일으키고 교육기관 스스로 교육의 질 개선에 집중하도록 간접적인 영향력을 행사한다. 이때 중요하게 고려되는 평가 요소는 교육에 대한 투입 자원, 성과, 소비자 요구에 대한 충족도, 평판 등이다. 반면, 교육기관에 의한 자체적인 질 관리는 각종 평가 활동이 외부의 평가전문가가 아닌 조직의 구성원인 자신에 의해 지속적으로 수행되며, 궁극적으로 교육의 질 개선에 집중된다는 특징이 있다. 이 때문에 교육기관의 질 관리 활동은 인적 자원, 물적 자원, 행·재정적 자원은 물론, 이념적이고 절차적인 자원에 이르기까지 모든 자원을 통합하여 교육의 질과 경영을 조화시킬 수 있는 모형 개발과 교수 및 직원들이 어떻게 하면 교육 서비스의 질 개선에 집중하도록 할 것인지에 대한 방안 마련으로 나타나는 특징이 있다.

이렇게 본다면 묵스 역시 무료 코스부터 학점 인정이 되는 코스를 모두 포함하는 방향으로 발전하기 위해서는 국가사회적인 수준은 물론 기관의 수준에서 다양한 질 관리 체제를 구축해야 한다. 국가사회적인 수준에서는 학점 인증에 대한 사회적 논의와 대학들의 합의 도출 과제 외에도, 한국의 경우를 예로 들면 학점인정제와 같은 기존 제도와의 연계 및 관련 제도 수립, 콘텐츠나 솔루션 또는 서비스 공급자의 품질 인증에 필요한 기관이 구축될 필요가 있으며, 질 관리를 위한 평가도구 마련과 인증 과정 관리를 위한 가이드북의 개발 등과 같은 과제가 있다.

한편 묵스를 제공하는 기관의 수준에서는 앞서 언급한 바와 같이 일차적으로 교육 및 서비스 모델의 다각화가 필요하다. 학습자 집단을 단순 브라우징, 정보수집형, 참여형, 이수형 혹은 학점 인정형 등으로 분류하고, 이들의 요구에 따라 각 코스의 교수-학습활동과 상담 및 안내 등 서비스의 질적 수준을 다각화하여 운영하는 모델을 구축해야 할 것이며, 그에 따라 지속 가능한 사업 모델도 구축해 나가야 한다. 또한 이들 교수모델 및 서비스 모델을 지원하는 기술적 지원 체제의 지속적인 개선도 필요하다. 그 외에 교육제공기관으로서의 국가사회적 수준의 질 관리 체제와 연계한 내부 질 개선 체제의 구축도 필요하다.

이상에서 묵스가 대중을 위한 교육 모델로 지속 가능하기 위해 질 관리 측면에서 해결해야 할 과제들을 살펴보았다. 다음 이야기는 평범한 사람의 입장에서 묵스를 통한 학점 이수와 학위 취득이 가능한 미래 상황을 가정한 가상 시나리오다.

"내 나이 55세. 지금의 내가 이 직장에서 일하기 시작했던 것이 27년 전이다. 자동차회사의 영업직에서 시작해 관리직에 이르기까지 여러 직

책을 거쳤으며 이제 은퇴가 얼마 남지 않았다. 은퇴 후 진로에 대한 고민
은 다소 오래전에 시작했지만 은퇴 이후의 새로운 직업을 위해 아직 구체
적인 행동으로 옮긴 것은 없다. 그러다 50대에 접어들면서 관심을 끄는
분야가 생겼는데, 사회복지 분야의 일이 바로 그것이다. 삶의 후반부는
어려운 이웃의 생활과 생로병사에 좀 더 직접적으로 관련된 일을 하면서
삶의 진정한 의미와 보람을 찾을 수 있는 일을 하고 싶어서다. 지금까지
직장에서 해 온 일은 물론 사회복지 업무와는 상당히 성격이 다르지만 어
려운 이웃의 필요를 고객의 요구로 이해하고 접근한다면 업무 처리 측면
에서는 오히려 도움이 되는 부분도 많을 것으로 생각된다. 그럼에도 지금
까지 경험이 없는 사회복지 분야의 일을 하려면 몇 가지 일이 선행되어야
하는데, 그것은 바로 이 분야에 대한 이론적 · 실천적 공부와 사회복지사
자격증을 취득하는 것이다.

　사회복지학을 공부하고 학사 학위와 자격증을 동시에 취득하는 가장
일반적인 방법은 면대면 교육에 기반하는 전통적인 대학이나 혹은 방송
대학, 사이버대학과 같은 원격대학에 진학하는 것이다. 그러나 최근에는
처음부터 학위 과정에 등록할 필요 없이 관련 교과목을 코스 단위로 골라
서 수강해 보고 또 원하는 경우 그 학점들을 모아 학사 학위나 사회복지
사 자격증 취득으로 연계할 수 있는 묵스를 수강하는 방법도 있다. 묵스
는 기존의 대학들이 자신의 학내 강좌를 온라인 형태로 만들어 개방하는
코스로서 이를 이용하면 코스 단위로 전 세계 대학의 강의들을 수강할 수
있을 뿐 아니라 비용이 매우 저렴한 것이 특징이다. 반면 전통적인 대학
에 진학하는 것은 공부가 전업인 일반 학생들에게는 적합할지 몰라도 직
장생활과 가정생활을 병행하는 나 같은 사람에게는 어려움이 많은 것이
사실이다. 따라서 전통적인 대학을 제외하면 방송대학이나 사이버대학과

같은 원격대학에 진학하는 방법과 묵스를 이용하는 방법이 남는다. 그렇다면 이제 이 두 가지 중에서 어느 방법이 더 적합할지 혹은 더 효과적인 방법일지 결정하는 일이 남았다.

그래서 나는 두 방법의 공통점과 차이점을 살펴보기로 했다. 둘 다 학교를 오가지 않아도 되고, 내가 가능한 시간에 언제든지 공부할 수 있다는 점과 학비가 전통적인 대학에 비해 저렴하다는 점이 공통점이자 장점이다. 그러나 큰 차이도 있다. 원격대학에 진학하는 방법은 대학이 학위취득에 필요한 전 코스들을 제공하고 있어서 학생이 어떤 코스들을 수강할 것인지 고민하지 않아도 되고, 학습 공동체가 장기적이고 동일하기 때문에 학위 과정을 이수하는 비교적 긴 시간 동안 대학의 교수 및 학생들과 상호작용하면서 친분을 형성할 수 있다는 장점이 있다. 그러나 학비가 묵스를 수강하는 데 비해 비싸고, 다양한 교수의 강의를 수강하는 데 제약이 따른다는 단점이 있다.

한편 묵스는 학위 취득을 원하는 경우에는 학점으로 인정될 수 있는 강의를 학생 스스로 선택해야 할 뿐 아니라 학위나 자격증 취득에 필요한 과목들을 빠뜨리지 않고 수강하도록 스스로 교육과정을 계획하고 차근차근 공부해 나가야 하는 주의가 요구된다. 게다가 사회복지사 자격증과 학사 학위를 동시에 취득하기 위해서는 학사 학위에 필요한 교과목과 사회복지사 자격증에 필요한 교과목 및 관련 규정을 스스로 확인하고 그에 필요한 이수 계획을 스스로 세워야 한다. 이와 같이 학습자 스스로 교육과정 구성이 가능하다는 것은 학습자의 특성에 따라 장점이 될 수도, 단점이 될 수도 있다. 그리하여 나는 지금의 나에게는 무엇보다 이 분야가 정말 내 관심에 부합하는지를 탐색하는 것이 필요하다고 보고, 저렴한 비용으로 다양한 집단의 학생들과 공부할 수 있는 기회가 있고 세계의 다양한 교수진의 강의를 접할 수 있는 묵스를 일단 활용해 보기로 결정했다."

참고문헌

Astin, A. W. (1985). *Achieving Educational Excellence*. San Francisco: Jossey-Bass Publishers.

Barnett, R. (1992). *Improving higher education: Total Quality Care*. Buckingham: Society for Research in Higher Education and Open University Press.

Clark, D. (2013) *MOOCs: taxonomy of 8 types of MOOC*. Donald Clark Plan B. Retrieved from. http://donaldclarkplanb.blogspot. co.uk/2013/04/moocs-taxonomy-of-8-types-of-mooc.html.

Conole, G. (2013). MOOCs as disruptive technologies: Strategies for enhancing the learner experience and quality of MOOCs. *Revista de Educacion a Distancia. 39*. Retrieved from http://tinyurl. com/qb4oz8h.

Downes, S. (2010). *Fairness and equity in education*. Huff Post Education.

Green, D. (1994). What is quality in higher education? Concepts, policy and practice'. In Green, D. (Ed.), *What is Quality in Higher Education?* pp. 3-20 (Buckingham, Open University press and Society for Research into Higher Education).

Kizilcec, R., Piech C., & Schneider, E. (2013). Deconstructing disengagement: analyzing learner subpopulations in massive open online courses. http://lytics.stanford.edu/wordpress/wp-content/uploads/2013/04/Kizilcec-Piech-Schneider-2013-

Deconstructing-Disengagement-Analyzing-Learner-Subpopulations-in-Massive-Open-Online-Courses.pdf.

Kizilcec, R., Piech, C., & Schneider, E. (2013). Deconstructing disengagement: analyzing learner subpopulations in massive open online courses. Proceedings of *the Third International Conference on Learning Analytics and Knowledge,* pp.170?179. Retrieved from: http://www.stanford.edu/cpiech/bio/papers/deconstructingDisengagement.pdf

Nesterko, S., Dotsenko, S., Hu, Q., Seaton, D., Reich, J. Chuang, I., & Ho A. (2013). Evaluating geographic data in Moocs. Retrieved from http://nesterko.com/files/ papers/nips2013-nesterko.pdf.

Peters, O. (1988). *Distance Education in Transition: Development and Issues.* BIS-Verlag.

Vardi, M. Y. (2012). "Will MOOCs destroy academia?" *Communications of the ACM, 55*(11), 5. doi:10.1145/2366316.2366317. Retrieved 23 April 2013.

참고사이트

Degree of Freedom: http://degreeoffreedom.org/

Wikipedia: http://en.wikipedia.org/wiki/Massive_open_online_course (massice open online course 검색)

14 묵스의 미래 전망*

대형 온라인 공개강좌(Massive Open Online Course: MOOC)라는 이름이 등장한 것은 2008년, 이전의 OCW가 등장한 것은 2002년, 그리고 '묵(MOOC)의 해'라는 타이틀로 대변되듯이 묵이 한껏 세간의 이목을 집중시킨 것이 2012년이다. 이후 2013년 묵에 대한 반발이 일어나기도 하고 이에 대한 심각한 논란과 초기의 연구가 진행되면서 약 2년 여 남짓의 시간이 경과하였다. 짧은 역사에도 묵은 이미 고등교육계는 물론 교육계 전체에 상당한 영향력을 행사하고 있다고 보아야 할 것 같다. 세계의 유명 대학 대부분이 현재 많든 적든 묵 강좌를 제공하고 있다는 것만으로도 이미 영향력은 증명된 것이다. 묵은 북미 대륙에서 일어나기 시작하여 유럽 제국들을 적극적인 참가자로 만들었으며 중국을 비롯한 아시아 제국으로 확

*나일주(서울대학교 교육학과 교육공학전공 교수, iljurha@snu.ac.kr)

산되고 있어서 수년 내로 남미와 아프리카 제국을 포함한 전 세계적인 현상이 될 것으로 보인다. 앞 장들에서 살펴본 내용을 토대로 하고 그간의 실천과 연구의 결과를 기반으로 묵에 대해서는 다음과 같은 몇 가지 잠정적 결론을 내릴 수 있을 것 같다.

　첫째, 세계 도처에 묵을 원하는 학생이 다수 존재한다.
　둘째, 묵의 제공자가 다양화되고 숫자도 늘고 있다.
　셋째, 묵의 전개 과정에는 언어 장벽이 존재하며 이것은 긍정적으로도 ,
　　　부정적으로도 작용할 수 있다.
　넷째, 묵 코스는 수료가 쉽지 않다.
　다섯째, 묵은 계속 변화하며, 변화의 폭과 속도는 일반대학의 상상을 초
　　　월한다.

　이 장은 묵의 미래를 전망하는 장이다. 모든 미래 전망이 그렇듯이 미래의 전망은 현재와 과거의 연결선을 상정하고 그 연결선상의 미래의 궤도를 짐작하는 방식으로 이루어진다. 이 장에서는 전통적 고등교육과 미래의 묵을 연결시키는 선을 상정해야 할 것이다. 재미있는 것은 미래에 대한, 특히 가까운 미래에 대한 학자들의 전망은 거의 맞은 적이 없는 점이다. 필자의 전망도 마찬가지일 것이다. 여기에서 필자는 불분명한 미래 전망 대신에 묵에 대한 각 이해집단들, 즉 학습자, 교수자, 운영기관(대학)의 대응 전략을 제안함으로써 이 책의 결론에 갈음하고자 한다.

1. 묵 현상을 이해하기 위한 네 가지 개념 도구

묵을 성공적으로 시작하고 이를 실행해 내기 위해서는 여러 여건을 고려하여야 한다. 앞 장들에서 다룬 여러 현상을 종합해 보면 묵을 이해하는 데에는 크게 페다고지, 협력, 테크놀로지, 역량이라는 네 가지 요소가 작용함을 알 수 있다.

묵스(MOOCs)의 운영은 페다고지와 테크놀로지의 상호작용에 의해 이루어진다. 묵스를 통해 실현하고자 하는 교육적 이상이 존재하지 않는다면 묵스를 추진하기 위한 이념적 동인이 결여될 것이고 기술적인 실현 가능성이 존재하지 않는다면 묵스의 추진은 공염불에 불과할 것이다. 이 두 가지 요소를 근간으로 하여 협업과 역량이라는 2개의 또 다른 요소가 첨부되는 것으로 보인다. 묵스는 하나의 기관이 단독으로 진행하거나 일개 개인이 실현해 내기에는 어려움이 많다. 반드시 횡적·종적 협력 관계를 맺을 필요가 있다. 에드엑스(edX)나 코세라(Coursera)는 물론 영국의 개방대학 외 퓨처런(FutureLearn)이나 스페인의 미리아다 엑스(Miriada X)의 예는 협력 관계의 중요성을 반증한다. 또한 묵스는 묵스를 실현하거나 활용하는 입장에 있는 당사자에게 특별한 역량을 요구한다. 교수자, 학습자, 교수 설계자, 행정가들은 묵스를 개발하고 이를 수업으로 실현시키고, 이를 통해 학습하며, 행정적인 지원과 배려를 구안하기 위한 역량을 갖추어야 한다. 이러한 네 요소의 모습을 시각적으로 표현하면 [그림 14-1]과 같다. 의사소통의 편의를 위하여 네 요소의 영문 두문자를 따서 이를 'PCTC 모형'이라 부르기로 하고 각 요소는 영문자 한자씩으로 쓰기로 한다. 이 모형은 페다고지, 협력, 테크놀로지, 역량이라는 조합에 의해 묵스가 시간축을

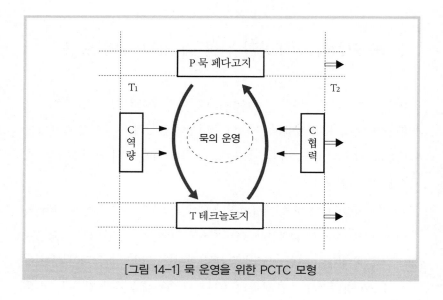

[그림 14-1] 묵 운영을 위한 PCTC 모형

따라서 운영됨을 보여 준다.

　첫 번째 요인은 묵 페다고지는 묵의 교육적 이념을 정립하는 것이다. 묵을 대학교육의 외연을 확장한다고 볼 것인가(xMOOC), 아니면 학습과 교수의 주체들 간의 연결적 성격을 중시할 것인가(cMOOC), 또는 대상을 분명히 하는 방식으로(TOOK) 할 것인가 아니면 일반 대중을 대상으로 할 것인가 등을 정하는 것이 포함된다. 두 번째 요인은 묵의 수행 주체와 객체 간에 협업 관계를 수립하는 것이다. 영국의 퓨처런은 대영박물관과 다른 원격 교육기관들과의 협력을 전제로 하고 스페인의 미리아다 엑스는 스페인어를 사용하는 국가들의 여러 대학과의 협력 협약을 수립한 후에 서비스를 시작하였다. 이러한 협력은 대학과 대학 사이에만 존재하는 것이 아니고 대학과 기업, 크고 작은 정부의 부서, 문화 단체들과도 이루어질 수 있다. 세 번째 요인은 묵 테크놀로지는 플랫폼, 네트워크 스피드, 모바일 환경, 학습 도구 등 다양한 요소를 포함한다. 현재의 묵은 대개 텍스트와 비디오 강의 형태로 서비스되지만 점차 모바일 형태로 변모할 것을 예상하기는 어렵지 않다. 묵을 운영하기 위해서는 속속 등장하는 학습 관련 기술 도구에 민감하지 않으면 안 된다. 네 번째 요소인 역량은 교수자, 학습자, 개발자, 행정가의 역량을 모두 포함한다. 교수자의 교수 방법에 대한 역량, 학습자의 자기주도학습과 자기주도적 동기 조절 능력, 개발자의 요구 분석 역량과 교수 설계 역량 등은 묵의 개발과 수행 그리고 궁극적으로는 학습자의 학습의 질에 영향을 준다.

이러한 개념 틀에 입각하여 묵의 주체들 각각의 대응 전략을 P, C, T, C 라는 각 요소별로 제안해 보기로 한다.

2. 학습자 입장에서의 묵 대응 전략

학습자 입장에서 보면 묵은 더 없이 반가운 것이다. 모든 대학생을 비롯한 성인 학습자는 퓨처런이나 에드엑스, 코세라 등 메이저급 묵을 한 번쯤은 방문해 볼 필요가 있다. 방문해 보면 알겠지만 이들 사이트들은 친절하고 디자인이 멋있고(쿨하고) 잘 정돈되어 있으며 제공하는 서비스를 쉽게 파악할 수 있게 설계되어 있다. 여느 대학의 강의실이나 교수학습센터의 온라인 웹사이트보다 뭔가 고급스러운 느낌이 든다. 겁먹지 않아도 되며 항상 그만두고 싶을 때 그만두면 된다. 여기에는 선택의 여지가 있고 학생을 인정해 주려는 분위기가 느껴진다. 특정한 대학의 강의실과는 대조적이다. 대화방이나 비디오 콘퍼런스 등을 통해 직접 강의실 방식에 가까운 직접적 강의 수강도 가능하지만 구경꾼처럼 구경하듯 강의를 듣는 것도 가능하다. 대리출석도 필요 없고 노트를 빌릴 필요도 없다. 등록도 쉽고 그만두기도 쉬우며 등록금을 내지 않아도 된다. 어찌 보면 '학습자의 천국'이란 이런 것인가 싶을 정도다.

문제는 그다음 단계다. 등록을 하고 학습을 시작해 본 사람이라면 누구나 알게 되는 일이지만 각 강좌는 학습자의 시간과 노력을 요구한다. 보통은 강의실 강의에서 요구하는 것보다 훨씬 많다.

교육을 상품으로 보았을 때 이 상품은 다른 일반적인 상품과 확실히 다른 점이 존재한다. 농산품이나 공산품은 누가 '공짜'로 준다면 그저 받기만 하면 된다. 받는 것이 힘들지도 않고 시간이 많이 걸리는 일도 아닌 것이 보통이다. 교육 상품은 다르다. 비록 '공짜'라 하더라도 그저 받기만 할 수가 없다. 받는 사람의 노력이 필요하다. 교육은 공짜로 제공된다 하더라도 이를 받아들이는 사람으로부터 시간과 노력의 제공이라는 '매칭 펀드'를 요구한다. 또 어떤 경우에는 시간과 노력을 들이고도 이를 받아들일 수 없는 경우도 있다. 준비가 되어 있지 않은 학생에게 수준 높은 교육이 무료로 제공된다고 하여도 이것은 무의미하다. 또 재미있다고 하여 아무 내용이나 공부할 수도 없다. 세계적으로 많은 강좌가 저렴하거나 무료로 제공되어 학습 기회가 늘어나는 것은 반가운 일이나 이 기회를 어떻게 살릴 수 있는가에 대해서는 자신의 판단과 신중한 결정이 필요하다.

- P: 학습자 입장에서 보면 페다고지는 크게 두 가지다. 첫째, 묵을 학습하여 얻고자 하는 목적을 설정하는 것, 둘째, 자신의 학습 스타일에 맞는 묵을 선택하는 것, 즉 엑스묵(xMOOC)인가 아니면 씨묵(cMOOC)인가를 선택하는 것이다. 우선은 자신의 성향을 파악하고 접근할 일이다. 자신이 원하는 내용의 강좌가 여러 곳에서 제공되고 있는 경우

에는 선택할 수 있는 여지가 있을 것이나 그렇지 않은 경우도 많다는 점을 유의하여야 한다.

- C: 협력 부분은 학습자 입장에서는 크게 고려하지 않아도 되는 부분이다.
- T: 테크놀로지는 자신에게 가능한 기술 환경을 점검하는 것이다. 네트워크 속도나 모바일 수강 가능 여부 등에 따라 자신의 테크놀로지 역량도 강화하여야 한다. 필자는 다운로드 방식의 모바일 수강이 가능하도록 엘아이비스터디(libstudy)라는 안드로이드 기반의 무료 앱을 제공하고 있다. 자신의 기술 환경을 점검하고 자신의 학습에 적합한 학습도구를 갖추는 것은 묵을 최대한 활용할 수 있게 하는 좋은 전략이 된다.
- C: 역량은 주로 자기주도학습 능력과 자신의 동기를 조절하는 능력일 것이다. 묵의 수료율은 극히 낮다. 그만큼 많은 노력이 필요하기 때문이다. 시간을 관리하고 계획을 세우고 반성적 사고를 하는 등의 역량을 강화하여야 한다.

3. 교수자 입장에서의 묵 대응 전략

묵은 교육자에게 많은 생각을 하게 만든다. 교육자 입장에서 보면 묵은 전통적인 교실 상황을 뛰어 넘는 교육의 기회를 제공하는 것으로 인식된다. 수천수만의 학습자가 자신의 강좌에 등록하고 수강한다면 그 사실만으로도 충분히 흥분할 만한 일이 된다. 내 강좌가 현재의 강의실에 국한되지 않고 세계적인 강좌가 되는 것이다.

문제는 그다음 단계다. 과연 묵으로 제공되는 코스가 전통적 강의보다 더 낫거나 적어도 비슷하다고 할 수 있을 것인가? 학습자를 적극적으로 학습하도록 끌어들일 수 있는 방안은 있는가? 강의를 진행하는 본인은 행복할 것인가? 처음 강의는 그렇다 치더라도 다음 번 강의는 누가 맡아서 진행할 것인가? 한 번 강의를 맡으면 의무적으로 정기적인 강좌를 개설해야 하는 것인가? 등 수많은 생각이 따르게 된다.

교수자의 입장에서 묵은 기회가 될 수도 있으나 부담스러운 것이 될 수도 있다. 묵은 강의자가 세계적인 명성을 얻을 수도 있는 기회를 제공한다. 성공적으로 강좌가 운영되었을 때의 결과다. 그 반대도 될 수 있다. 명성이 높은 강의자가 묵 강좌를 통해 실망스러운 결과를 얻고 퇴조할 수도 있다. 연구력이 높은 것과 강의 능력이 좋은 것이 일치하지는 않는다는 것이 일반적인 교육 연구가 말하는 결과다. 대개 명성이 높은 교수들은 연구력이 높은 교수일 경우가 많다.

그래도 기회가 된다면 묵을 해야 하는 것인가? 필자는 묵 강좌를 권하는 입장이다. 젊은 교수자인 경우 더욱 그렇다. 묵은 강의 능력뿐만 아니라 기획 능력, 계획 능력, 시간 관리, 성실성, 인내심 등 여러 능력을 요구하며 덧붙여 사회적 능력도 요구한다. 그 능력은 교수자의 자기 발전에 큰 도움이 될 것이다.

교수자의 입장에서 PCTC에 입각하여 묵에 대한 대응 전략을 살펴보자.

- P: 교수자의 입장에서 보면 페다고지는 자신이 가르칠 과목의 성격에 따라 엑스묵인가 씨묵인가 아니면 툭(Tooc)인가를 결정하는 일이다. 무엇보다 중요한 것은 교수하는 과목에서 지향하는 목표와 교수의 진행 방법이 되도록 일치하여야 한다는 점이다. 다만 교수자 입장에서

익숙지 않아 실행이 불가능해 보이는 방법은 택하지 않는 편이 좋다. 최선을 다해 익숙한 방법으로 진행하는 것도 훌륭한 방안이 된다.

- C: 협력의 대상자들은 다른 교수자나 연구자 또는 출판사 등이 될 수 있다. 강의를 위한 자료를 개발하는 데에는 저작권 등 다양한 법적 문제가 있을 수 있기 때문이다. 이들과의 협업은 문제의 소지를 사전에 차단해 준다. 교수 설계자와의 협업은 필수적이다. 혼자서 진행하는 교실 강의와 묵은 다르다. 전문적인 구성과 진행이 필수적이며 이때 교수 설계자의 도움은 선택이 아니라 필수가 된다.

- T: 테크놀로지는 저작도구나 학습 관리 시스템(Learning Management System: LMS) 또는 기타 강의도구에 익숙해지는 것이 우선일 것이다. 비디오 레코딩, 녹음, 촬영, 소셜미디어 다루기, 스카이프나 구글 행아웃 등의 비디오 컨퍼런싱 도구 다루기 등이 모두 도움이 된다. 필자가 제공하는 엘아이비 강의 시스템(L.i.B Study)에도 익숙해질 수 있다면 학생들에게 자신이 제작한 강의나 자료를 모바일 다운로드 방식으로 쉽게 제공할 수 있다. 테크놀로지는 보다 편한 방식으로 변하지만 점점 더 정교화되는 특징이 있다. 여기에 적응하여야 한다. 그리고 과감하게 시도해 보는 자세가 필요하다.

- C: 역량은 강의 기술이 우선이다. 이는 기본 역량이기도 하다. 다양한 형태의 강의에 익숙해지는 것이 자신의 지식을 자유자재로 전달할 수 있고 의도한 교육 효과를 거둘 수 있는 방안이 된다. '고집'보다는 '융통성'이 더 필요하다. 학습자와의 의사소통 능력은 반드시 필요한 역량이다. 특히 비주얼 문자시대(Rha, 2014)의 다양한 아이콘에 익숙해지는 것은 필수적이다.

4. 운영기관(대학)의 입장에서의 묵 대응 전략

묵스에 대한 얘기가 나오면 대학을 비롯한 많은 고등교육기관이 한결같이 궁금해하는 두 가지 질문이 있다. 첫째는 '과연 묵스를 해야 하는 것일까?' 하는 질문이다. 이 질문은 묵스가 하나의 유행처럼 곧 사라질 것인지 아니면 교육의 한 형태로 자리 잡게 될 것인지를 묻는 질문도 된다. 또 하나의 질문은 '묵스가 대학이나 고등교육기관의 운영에 도움이 될 것인가?' 하는 질문이다. 이 질문은 과연 묵스를 통해 무언가 가치로운 것을 대가로 얻을 수 있을 것인지, 묵스는 그 자체로 지속 가능한 속성을 가지고 있는 것인지를 묻는 질문이다.

첫 번째 질문에 대한 답변으로는 묵스는 유행이 아니며 교육의 한 형태로 자리를 잡고 오랜 기간을 머무를 것이라는 전망이 우세하다. 묵스는 '여기에 머무르기 위해 왔다.'는 것이다. 각국의 유명 고등교육기관들이 속속 참여하고 있는 데에서도 그 대답은 찾아볼 수 있다. 물론 지금 그대로의 묵스가 아니라 변화된 형태로서의 묵스일 것이다.

두 번째 질문에 대한 답변은 긍정적이다. 묵스는 대학에 무언가 가치 있는 것을 가져다주고 있다. 묵스의 비즈니스 모델이 없다는 현실적인 문제에 봉착하고 있는 현 시점에서도 나름대로 잘 버텨 내고 있는 것으로 보아 무언가 생명력이 있다는 것을 알 수 있다. 굳이 재차 답변을 하자면 묵스는 변화를 계속하지만, 지속 가능한 속성을 가지고 있다고 보는 것이 옳을 것 같다. 관련 사항은 앞 장을 참조하기 바란다.

그렇다면 묵에 관심을 가지고 있는 대학이나 기관은 각 요소에 대해 어떻게 대응하여야 하는가?

- P: 묵에 대한 교육적 이념을 정립하는 것이다. 묵은 운영의 대상이기 전에 교육이라는 점을 분명히 인식하고 교육의 방법과 내용에 대해 생각해야 한다. 묵을 대학 강의의 외연적 확장으로 볼 것인가 아니면 연결주의 관점에서 지적인 연결과 의사소통의 과정으로 볼 것인가에 따라 엑스묵에 더 치중할지 아니면 씨묵에 더 치중할지가 결정될 것이다. 또 교육 대상을 소수일지라도 확실한 그룹만으로 한정할 것인가 아니면 일반 대중을 대상으로 할 것인가 등을 정하는 것도 여기에 포함된다. 그 요소들에 대해서는 제3장에서 자세히 다룬 바 있다.

- C: 묵은 무료로 시작한다고 해서 많은 학생이 몰리는 것은 아니다. 누군가의 협력이 필요하다. 에드엑스나 코세라 등의 플랫폼 제공기관을 파트너로 하거나 여러 대학을 연계하거나 기업과 함께 하는 것도 모두 협력의 일환이 될 것이다. 또 교육과 관련이 되는 많은 자료를 보유하고 있는 기관들과의 협력도 생각할 수 있다. 박물관이나 출판사 등은 자신이 카피라이트를 보유하고 있는 많은 자료가 있다. 이들과의 협력도 좋을 것이다. '누구와 손을 잡고 묵을 해 나갈 것인가?'의 문제다. 영국의 퓨처런은 다양한 대학과 원격교육기관은 물론 대영박물관과 손을 잡았다. 스페인의 미리아더 엑스는 스페인어를 사용하는 28개 대학과의 협력 관계를 성립시킨 후에 서비스를 시작하였다.

- T: 묵은 학습자의 수가 많고 온라인으로 제공되는 만큼 기술적인 지원을 많이 필요로 한다. 과연 기술적으로 묵을 실현해 낼 만큼의 테크놀로지 인프라가 갖추어져 있는지 점검이 필요하다.

- C: 역량은 기관 구성원들의 역량과 대상이 되는 학습자의 역량을 모두 고려하여야 한다. 묵은 새로운 교수 방법의 실험이기도 하기 때문에 묵을 운영하려는 대학의 문화와도 관련이 된다. 개방적이고 실험

정신이 조장되는 문화라면 바람직하다. 또 묵은, 적어도 초기에는, 비용이 든다. 재정적인 뒷받침 등 자원의 동원 능력 등이 여기에 속할 것이다. 묵을 수행해 가는 동안에 교수자, 학습자, 교수 설계자, 행정가의 역량이 계발되는 것을 기대할 수도 있다.

5. 에필로그

1957년 미국 뉴욕에서 '선라이즈 시메스터(Sunrise Semester)'라는 TV 강좌가 개설되었다. 아침 6시에서 6시 반에 시작하는 이 강좌는 6, 7, 8월에 개설되는 여름학기의 성격을 띠었고 학점당 25달러라는 저렴한 비용으로 뉴욕대학교의 교수의 강의를 듣고 학점을 따는 방식으로 진행되었다. 역사, 철학, 비교문학 등 다양한 강의가 진행되었다. 이것은 약 25년간 지속되다가 1982년에 중단되었다. 이 강좌는 텔레비전이라는 비교적 저급의 테크놀로지를 사용한 원격교육과 묵스의 예라 할 수 있다(Smith, 2015).

묵스는 비디오를 통해 강의 장면을 보여 주고 온라인으로 시험을 보게 한다. 또 학생들은 학점을 인정받기 위해 비용을 지불하기도 한다. 이는 선라이즈 프로젝트와 유사하다. TV 강의가 비디오 강의로 변했을 뿐이다. 묵스가 시작되었을 때 많은 교육정책가는 이것이 전통적인 교실 수업과는 다른 무언가 세계화된 형태의 교육을 가능하게 하고 대학 수준의 지식을 폭넓게 확산할 것으로 기대하였다. 교육의 방법이나 교육을 하기 위한 기술적인 수단에 큰 변화가 있을 것으로 기대하였다. 그러나 그 결과는 전통적인 교육의 교실 상황을 그대로 인터넷에 옮겨 놓은 것에 불과하다는 비판이 되어 돌아온다. 묵과 강의 모두 '낡은 스타일'이라는 것이다(Smith,

2015). 아직은 그렇다는 것이다. 이에 대한 연구와 개선안은 향후의 묵의 모습을 바꾸어 놓을 것이다(Reich, 2015).

현재의 묵스는 교육의 방법과 관련하여 크게 두 가지 도전에 직면해 있다. 첫 번째 도전은 일반 강의와의 차별화다. 현재의 묵스는 교실에서의 강의를 중개하거나 그와 유사한 방식의 교수 방법을 사용한다. 이러한 방법이 과연 혁신적인가는 의문이다. 두 번째 도전은 학습자를 학습에 몰입시키는 것이다. 낮은 수료율이 말해 주듯이 학습자는 몰입하여 학습하지 않는 것처럼 보인다. 많은 학습자가 처음에 시작하고 끝까지 수료하지는 못한다. 많은 묵스 코스는 '윈도우 쇼핑'의 대상에 불과한 것이 현실이다. 많은 수강자가 수강 신청을 하지만 그중 10퍼센트 정도만이 과제물을 제출하고 학습 자료를 읽고 토론에 참가한다.

필자가 미래에 대한 전망을 회피하고 대응 전략을 제시하기는 하였으나 역시 미래는 궁금증의 대상이다. 향후 묵스가 전개될 수 있는 다양한 가능성이 있는 만큼 여기에서는 묵스의 미래를 다양한 묵스 현상의 분기점에 대한 관전 포인트 형태로 두 가지만 제시하고자 한다.

6. 묵스의 미래: 묵스 현상의 관전 포인트

1) 유명세 vs. 교수 설계

이는 유명 대학의 유명 교수가 강의하면 성공적일 것인가? 아니면 잘 설계된 코스가 성공적일 것인가에 관한 문제다. 현재의 묵은 유명 학교의 유명 교수를 간판으로 하여 대규모의 학생 집단을 모집하고 있다. 그리고 현재까지는 성공적인 것으로 보인다. 그러나 오랜 기간의 교육 방법과 원격 교육의 방법을 적용해 본 현장에서는 유명한 강사보다는 잘 가르치는 강사가, 또 유명한 강사의 상식적인 방법에 의한 강의보다는 연구를 통해 밝혀진 교육의 원리를 적용한 잘 설계된 강의가 효과적이라는 것을 결론으로 삼고 있다. 그렇기에 원격교육기관들은 '교수 설계 팀'이라는 것을 운영하며 전통 대학의 기관으로 '교수학습개발센터'와 같은 수업 컨설팅과 매체 활용, 교수 방법에 대한 서비스를 목적으로 하는 기관이 생겨났다. 그러나 묵의 현장에 교수 설계자가 등장하는 경우는 드물다(Spector, 2014). 즉, 현재까지의 묵은 '개인의 명성'에 의존하면서 교육적 요소나 교육의 체제적인 방법을 적용하는 비중이 작았다. 과연 이러한 현상은 지속될 수 있을 것인가?

2) 묵스 vs 툭스

묵스는 대학의 강의를 대중에게 무료로 개방하는 방식을 취한다. 강좌 자체의 목적은 교수자가 소속된 특정 대학의 특정 학년 특정한 수준의 학생이 자신이 전공하고자 하는 분야에 대해 보다 넓은 분야에서 보다 좁고 깊은 분야로 진행되고 있는 강의를 '선수 지식이나 선수 과목을 지정하지 않고' 개방한다. 그 결과 수료율은 4~6% 정도에 머무르고 있다. 어찌 보면 소속 대학생이 아닌 수강생은 '탈맥락적인' 상태에서 강의를 듣게 되는 결과가 된다. 강의명만 보고 수강 신청을 하거나 강사의 이름만 보고 수강 신청을 했다가 '구경만 하고' 나오는 경우가 속출한다. 이 책의 필자인 정인성 교수가 제안하는 툭스(Targeted Online Open Courses: TOOCs)는 그와 반대의 생각을 표현한다. 숫자에 구애받지 말고 목표가 되는 특정 대상자들을 상대로 도움이 되는 강의를 제공하자는 생각이다. 이 생각은 이미 유럽의 알리슨(Alison MOOC)이나 유데미(Udemy) 등에서 일부 현실화되고 있다. 과연 종국에는 어떠한 형태를 띠면서 세련되어 갈 것인가?

참고문헌

Reich, J. (2015). Rebooting MOOC research. *Science, 347*(6217), 30–31.

Rha, I. (2014). Emerging visual culture in online learning environments. In I.S. Jung, & C. Gunawardena (Eds.), *Culture and online learning: Global perspectives and research* (pp.45–53). Sterling, VA: Stylus.

Smith, IV, J. (2015, January 21). *Free online courses are still falling short of their ultimate promise.* Retrieved from http://observer.com/ 2015/01/free-online-courses-are-still-falling-short-of-their-ultimate-promise/ Free Online Courses Are Still Falling Short of Their Ultimate Promise

Spector, M. (2014). Remarks on MOOCS and mini-MOOCS. *Educational Technology Research and Development, 62*(3), 385–392.

찾아보기

《인 명》

구본혁 255
김미화 91
김선영 91
김영애 234

나일주 48

박구만 247
백영태 236

서승일 91
신호균 234

이병현 234
이세훈 236
이준 238
이충구 247

임철일 91, 167

장상현 183
조용상 258

한송이 91

Andersen, R. 53
Aparicio, M. 209

Bacao, F. 209
Barnett, R. 133
Bates, A. 58
Bauerova, D. 234
Bruff, D. O. 60

Caffarella, R. S. 133

Carroll, F. 233
Chen, J. C. 123
Clark, D. 303
Conole, G. 303
Coughlan 78

Daniel, J. 34, 273
Downes, S. 50, 303

Eaton, K. 61

Fisher, D. 60

Gaebel, M. 34

Kay, J. 231
Kizilcec, R. F. 251
Koller, D. 22, 78, 84
Kolowich, S. 79
Kop, R. 233

Lewin, T. 79
Littlejohn, A. 65, 171

Margaryan, A. 53, 171
McEwen, K. E. 60
Mezirow, J. 48
Milligan, C. 53, 171

Ng, A. 22, 78

Norvig, P. 54

Oliveira, T. 209

Perryman, L. 259
Peters, O. 296
Ponti, M. 53
Powell, S. 34

Rha, I. 321
Roth, M. S. 264
Rusinov, A. 275

Sandeen, C. 32
Selingo 54, 57
Siemens, G. 34
Smith, B. E. 60, 324
Swissnex 125

Thrun, S. 22
Thrun, S. 54

Vardi, M. 301

Washburne 267
Wikipedia 77
Williams, S. A. 89

Yuan, L. 34

《내 용》

가디언 99
가상공간 상담시간 57
갓코 125
강좌 21
강좌책임자 86
개념화 132
개방교육자료(OER) 17, 48, 143, 184
개방성 수준 304
개방원격교육 16
개별 책무감 110
공개 강의(OCW) 21, 184, 263
공개교육자료 16, 256
공개형 API 253
공급망 관리 87
기계학습 85

네트워킹하기 53

단순수강형 305
단일 매체 다중 사용(OSMU) 248
대규모 오픈 소셜 러닝 111
대형 온라인 공개강좌(MOOC) 16, 31,
  99, 122, 143, 183, 207, 230, 263,
  285, 313
동남아시아 국가연합(ASEAN) 121

로컬 플랫폼 126

목적 적합성 288
무들(Moodle) 137, 193, 236
미리아다 엑스(Miriada X) 23, 266

반성적 활동의 양 304
배지(Badges) 212
버살(Versal) 199
베두싸 39
베이비시터양성과정 157
브이묵스 68
블렌디드 러닝 111, 220
비즈니스 모델 86

사회관계망 서비스(SNS) 234
사회적 학습 269
사회프로그램의 평가 177
생체전기학 297
소규모 사적 온라인 강좌(SPOC) 270
스마트 러닝 239
씨묵(cMOOC) 32, 33, 40, 48, 49, 111,
  208, 232, 293, 318

앤드로고지 47
에드엑스(edX) 22, 58, 77, 80, 102,
  103, 123, 163, 191, 231, 315
엑스(Miriada X) 315
엑스묵(xMOOC) 32, 34, 40, 48, 54,
  208, 232, 300, 318
엑스묵스(xMOOCs) 88, 111, 210
연결주의 33
오유제이묵(OUJMOOC) 236
오픈 러닝 129
오픈 배지 시스템 138
오픈 에스에이 23
오픈 에이치피아이 23

오픈 코스 월드 23
오픈 클래스룸즈 23
오픈러닝 124
오픈에듀케이션 236
오픈투스터디 185
온라인 공개강좌 16, 77
완전학습 88, 267
유나우 23
유니버시아 106
유다시티(Udacity) 22, 56, 58, 103,
    123, 189, 213, 250, 266
유데미(Udemy) 103, 189
유럽 학점교환체제 115
이코노미스트 104
인터넷 공개강좌(OER) 144

자체 개발 플랫폼 200
저작도구 191
제이묵(JMOOC) 24, 32, 159
지식스퀘어 136

칸아카데미(Khan Academy) 24, 184,
    268
케이묵(KMOOC) 24, 32, 144, 159
코세라(Coursera) 22, 58, 77, 102,
    103, 123, 163, 188, 212, 266, 315
코스톡(Coursetalk) 251
크로마키(가상 스튜디오) 247

툭스 68

퍼스트 비즈니스 묵 23
퓨처런(FutureLearn) 23, 58, 99, 163,
    184, 266
플립러닝(Flipped learning) 39, 111,
    187, 278

하이브리드묵 40
학습 관리 시스템(LMS) 190, 231, 236,
    321
학습 콘텐츠 관리 시스템(LCMS) 237
한국형 묵스(KMOOCs) 189

저자 소개(가나다순)

김선영(8장, ksystj@snu.ac.kr)
서울대학교 교육학과 교육공학 박사
현 서울대학교 교수학습개발센터 이러닝콘텐츠개발부 부장/연구조교수

김종범(11장, thinkout21@snu.ac.kr)
한국방송통신대학교 대학원 이러닝학 석사
현 서울대학교 평생교육원 수석팀장

나일주(1장, 14장, iljurha@snu.ac.kr)
미국 Indiana University 교육공학 박사
현 서울대학교 교육학과 교수
대표저서: 교육공학 관련 이론, 원격교육의 이해

박소화(6장, jaynuri2@gmail.com)
서울대학교 교육학과 교육공학 박사
현 서울사이버대학교 아세안사이버대학 사무국 부국장

성은모(12장, emsung@nypi.re.kr)
서울대학교 교육학과 교육공학 박사
현 한국청소년정책연구원 부연구위원
대표저서 학습과학 원리와 실천적 적용, 스마트 미디어의 이해

유미나(5장, minayoo@snu.ac.kr)
서울대학교 교육학과 교육공학전공 박사수료
현 서울대학교 교육학과 교육공학전공 박사과정

이선화(10장, springvil@empas.com)
서울대학교 교육학과 교육공학전공 박사수료
현 서울대학교 교육학과 교육공학전공 박사과정

이지현(2장, leeji@cau.ac.kr)
서울대학교 교육학과 교육공학 박사
현 중앙대학교 교육학과 연구교수

이태림(7장, trlee@knou.ac.kr)
중앙대학교 응용통계학과 박사
U. of North Carolina, 보건통계 Post Dr.
현 한국방송통신대학교 정보통계학과 교수
대표저서 통계조사론, 대학수학, 통계적자료분석 SAS

임철일(4장, chlim@snu.ac.kr)
미국 Indiana University 교육공학 박사
현 서울대학교 교육학과 교수
대표저서 교수설계이론과 모형, 원격교육과 사이버교육 활용의 이해, 교육방법의
        교육공학적 이해

장상현(9장, shjang@keris.or.kr)
동국대학교 컴퓨터공학과 박사
미시간대학교 HICE 연구소 초빙연구원
현 한국교육학술정보원 고등교육정보부장
대표저서 UDL(Universal Design for Learning) 분석 및 디지털교과서 적용 방안

정인성(3장, isjung@icu.ac.jp)
미국 Indiana University 교육공학 박사
현 일본 국제기독교대학 교육학과 교수(http://epiaget.com)
대표저서 Quality Assurance and Accreditation in Distance Education and
        E-Learning, Culture and Online Learning

정현재(10장, cem@kaoce.org)
부산대학교 경영학과 졸업
현 한국U러닝연합회 사무총장
대표저서 플립러닝성공전략,이러닝지도실무

최경애(13장, adela3@joongbu.ac.kr)
서울대학교 교육공학 박사
현 중부대학교 원격대학원 교수학습컨설팅학과 교수
대표저서 교사 및 예비교사를 위한 교수체제설계, 대학의 교수학습방법과 실천전략

최효선(5장, goodluck@snu.ac.kr)
서울대학교 교육학과 교육공학전공 박사수료
현 서울대학교 교육학과 교육공학전공 박사과정

글로벌 학습시대
묵스의 이해

2015년 3월 20일 1판 1쇄 인쇄
2015년 3월 30일 1판 1쇄 발행

지은이 • 김선영 · 김종범 · 나일주 · 박소화 · 성은모
　　　　유미나 · 이선화 · 이지현 · 이태림 · 임철일
　　　　장상현 · 정인성 · 정현재 · 최경애 · 최효선
펴낸이 • 김진환
펴낸곳 • (주) **학지사**
　　　　121-838 서울특별시 마포구 양화로 15길 20 마인드월드빌딩
대표전화 • 02)330-5114　　팩스 • 02)324-2345
등록번호 • 제313-2006-000265호

홈페이지 • http://www.hakjisa.co.kr
커뮤니티 • http://cafe.naver.com/hakjisa

ISBN 978-89-997-0668-4 03370

인터넷 학술논문 원문 서비스 **뉴논문** www.newnonmun.com

이 도서의 국립중앙도서관 출판시도서목록(CIP)은 서지정보유통지
원시스템 홈페이지(http://seoji.nl.go.kr)와 국가자료공동목록시스템
(http://www.nl.go.kr/kolisnet)에서 이용하실 수 있습니다.
(CIP제어번호: CIP2015009187)